Je suis un Maasaï

Dans la même collection

Antoine, *Voyage aux Amériques*
Angelo d'Arrigo, *L'Homme oiseau*
Manu Bertin, *De la mer jusqu'au ciel*
Jean Buathier, *Aux confins de la Chine*
Gérard Chaliand, Patrice Franceschi, Jean-Claude Guilbert, *De l'esprit d'aventure*
Gérard Civet et Jérôme Delcourt, *L'Île aux éléphants*
Christophe Cousin, *Le Bonheur au bout du guidon*
Catherine Destivelle, *Ascensions*
Daniel Duhand, *Chiens de traîneaux*
Maurice Herzog, *Annapurna Premier 8 000*
Francis Joyon, *Le Tour du monde absolu*
Philippe Lemonnier, *Le Chemin oublié de Compostelle*
Véronique Lerebours, *Bernard Moitessier au fil des rencontres*
Guido Magnone, *Sculpteur de cimes*
Ewan McGregor et Charley Boorman, *L'Échappée belle*
Paul Molga, *Tragédies au K2*
Umberto Pelizzari, *L'Homme et la mer*
Amandine Roche, *Nomade sur la voie d'Ella Maillart*
Jean Troillet, *Un homme : des 8 000*

LA TRAVERSÉE DES MONDES

Je suis un Maasaï

Xavier Péron

ARTHAUD

La Traversée des mondes :
une collection ouverte sur l'aventure...

87, quai Panhard-et-Levassor
75647 Paris Cedex 13
Composition : Nord Compo
Réalisation du hors-texte : Delphine Delastre

ISBN : 9-782-7003-0002-4

À ma fille Gabrielle, pour qu'elle vive
une ère de lumière, d'amour et de progrès spirituel

Le malheur de l'Occident est de n'avoir jamais
rencontré un autre en face de soi,
qui lui dise ce qu'il est... Il est grand temps
que, venant d'autres cultures,
ne pratiquant pas, ou pas encore, les mêmes
jeux de langage, les mêmes jeux formels,
des observateurs, des créateurs, inventeurs de
mots, maîtres du langage, maîtres de la croisée
des chemins, témoins de l'altérité, nous aident
à nous reconnaître, en nous nommant,
en nous disant, à leur tour, qui nous sommes,
et à nous orienter en sortant de l'autisme
et de la confusion qui caractérisent les
relations de l'Occident avec le reste du monde.

Alain LE PICHON.

Du même auteur

L'Occidentalisation des Maasaï du Kenya, essai, Paris, L'Harmattan, 2 volumes, 1995.

Maasaïitis, récit, préface de Pierre Rabhi, Blanc Silex, 2003.

Sagesse Maasaï, Blanc Silex, 2004.

L'Être à Voir, la résistance intérieure des Maasaï, Monde Global, à paraître en mars 2007.

Filmographie :

Maasaïitis, documentaire de 52', coréalisé avec Cédric Klapisch, Canal+, 1991.

Maasaï, Terre interdite, documentaire de 52', coréalisé avec Kristin Sellefyan, Dev-Tv, TSR, 2006.

Pour en savoir plus : www.xavierperon.com

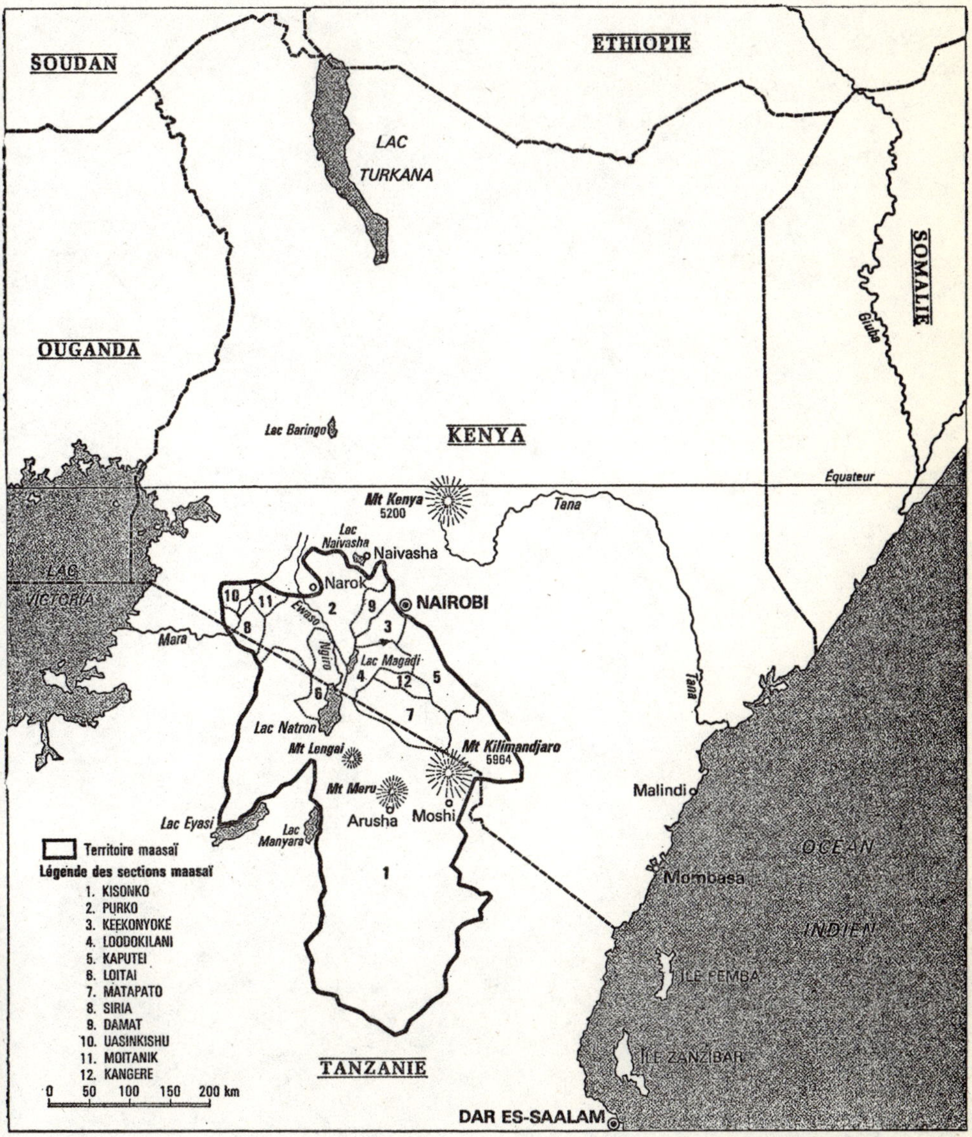

© *Les Maasaï, guerriers de la Savane*, Jacqueline Roumeguère-Eberhardt, photographies : Yann Arthus-Bertrand, Berger-Levrault, Paris, 1984.

Note de l'auteur

POURQUOI CE TITRE ?

Je ne voudrais pas que le lecteur se méprenne. En déclarant « Je suis un Maasaï », je ne désire aucunement mettre en avant un ego qui, faute d'une réelle initiation, n'eût rien capté d'autre que l'écho de ses manques, mais faire entendre l'énergie que les Maasaï m'ont donnée, pour la transmettre à mon tour.

Parce qu'il y a urgence. Un peu comme lorsque le président américain John Fitzgerald Kennedy s'écria devant le mur de Berlin : *« Ich bin ein Berliner ! »*

J'ai aussi voulu rendre hommage à S.E. Abdou Diouf, secrétaire général de la Francophonie, qui a saisi cette énergie jusque dans mes photographies et s'est lui-même donné ce titre : « Xavier Péron a reflété la profondeur intime de l'humanisme maasaï. Ses images méditatives sont le reflet d'une osmose troublante, mystérieuse et hors du commun avec des hommes que je considère comme mes frères d'âme. Avec lui, avec elles, je puis proclamer et écrire : « *Je suis un Maasaï !* » (préface à *L'Être à Voir, la résistance intérieure des Maasaï*, de X. Péron, Monde Global, 2007).

PROLOGUE

Vous êtes le résultat de ce que vous avez pensé.

Le BOUDDHA.

D*imanche 8 octobre 2006,* *Karrec-Hir, pays pagan, grande marée d'automne, coefficient de 114, une heure avant l'étale de basse mer*

Une fine bruine tombe sans bruit d'un ciel uniformément gris ; je foule à grandes enjambées un long moutonnement de dunes aux lourds relents de pourriture iodée. Pays breton de la fin des terres habitées, pays de mon enfance, pèlerinage des marées d'équinoxe que je ne manque sous aucun prétexte. Leur exhalaison suffit souvent à me remémorer en une suite rapide de sensations vives les scènes clés de mes premières années, mais aussi leur raison d'être au regard de ce que j'ai vécu depuis en des lieux pourtant si différents. Cette année ne fera pas exception. J'y revois les épais tapis de goémon séchant sous la surveillance étroite d'alouettes suspendues en l'air. Je me souviens que le varech entassé qui fermentait sous une calotte de terre formait comme des huttes rondes, somme toute pas très éloignées des habitations maasaï, sortes de paniers renversés recouverts de terre et de bouse, que je connaîtrais plus tard. Le décor de plis et de bosses à l'infini d'herbes blondes qui, dans un fondu de brume grise, fourmille des pépiements de myriades d'oiseaux des marais – bécasseaux, pluviers, barges et aigrettes – renforce cette évocation du pays maasaï. À l'inverse, au Kenya, combien de fois ne me suis-je imaginé, au sommet d'une ondulation couleur de blé, soûlé d'une même cacophonie de limicoles, franchir cette dune-ci pour me retrouver face à la mer.

Coïncidences mystérieuses, à l'instar de la place qui est la mienne au sein de ma fratrie : neuvième et dernière position, quand le neuf est le chiffre sacré des Maasaï. La numérologie, avec une rare obstination, m'a toujours indiqué la voie de quelque chose d'essentiel. Si je replonge par exemple (c'est le cas de le dire) à la date du 9 septembre 1962 et d'une autre grande marée, j'y revis un événement capital de mon enfance, quelques plages plus au nord. Âgé de six ans, je me grisais de vitesse sur un vélo auquel on venait d'ôter les petites roues ; je n'avais rien trouvé de mieux pour m'élancer qu'une cale s'enfonçant en pleine mer ! Si je ne me suis pas noyé ce jour-là, je le dois à ma sœur Odile, qui me sortit in extremis des flots tumultueux. 9.09.1962, en additionnant ces chiffres, n'est-ce pas encore à neuf que j'aboutis ?

Le rideau de bruine a détrempé la plage, mes pieds nus s'enfoncent dans le sable mou. D'immenses éboulements rocheux, que la mer a désertés pour quelques heures, se découpent, immobiles. Dans ce coin de Kerlouan, réputé le plus sauvage de la Paganie, l'histoire foisonne de récits de pilleurs d'épaves. Les Maasaï ne m'ont jamais cru lorsque je leur racontais comment les vaches étaient utilisées, la nuit, pour tromper les capitaines des navires qui croisaient trop près des mortels labyrinthes de pierre de ces hauts-fonds. Des vaches qui cavalaient sur ces dunes, du charbon de bois incandescent entre les cornes, pour faire croire à un balisage lumineux...

Le visage déjà inondé malgré le capuchon de mon ciré, je dépasse la lisière de goémon marquant la limite du dernier flot. Je cours à présent, tout excité, sur une surface qui s'apparente à une tôle ondulée à perte de vue, où l'on ne décèle nul indice de vie humaine. Le mauvais temps ! me dis-je. Tant mieux, personne n'aura fait mes trous ! Je m'engage dans l'un des nombreux dédales de pierres et d'eau, en prenant pour repères des blocs de granit aux formes sculpturales familières. Dans cet horizon somptueux mais hostile, rien ne ressemble plus à un tas de cailloux qu'un autre tas de cailloux. Mais, dès mon plus jeune âge, j'y ai suivi mon père, comme lui-même mon grand-père, et il n'y a pas une roche dont je ne connaisse la forme ni ce qu'elle est susceptible de cacher. Sachant où je vais, je me faufile machinalement entre les rocs glissants aux borborygmes inquiétants. Du ruissellement de l'eau sous les éboulis grimés d'algues, de toutes les tailles et de toutes les couleurs, s'élèvent des gargouillis de vie.

Car c'est bien de vie qu'il s'agit : je ne suis jamais aussi vivant que lorsque je patauge dans ces flaques, trébuchant avec jubilation parmi les touffes gluantes. Dans le même temps, entre deux rochers à explorer, toute mon existence défile également dans ma tête, au rythme du jusant. Ici, tout reprend sa place, mon esprit est clair. Pleinement relié à cette nature inviolée et aux astres qui commandent le flux et le reflux, le simple fait de vivre l'instant présent me donne à voir comme à livre ouvert ce qui constitue, je le pressens, le point central de ma vie, depuis ma naissance jusqu'à aujourd'hui.

À l'âge de six ans, brusquement plongé sous l'eau, je n'avais pas eu le réflexe de fermer la bouche – peut-être en souvenir de notre mode respiratoire originel. J'ignorais alors que cet événement, dont je mesure aujourd'hui la portée, allait bouleverser ma vie. Peu après cet épisode a priori traumatisant, en effet, j'ai commencé à faire un rêve, toujours le même, environ cinq à six fois par an jusqu'à l'adolescence. J'y étais guidé par un homme drapé de rouge, dans un environnement qui ressemblait beaucoup à celui-ci. Il m'introduisait dans une ronde sans fin de milliers d'enfants qui se donnaient la main, autour d'un rocher titanesque de forme parfaitement sphérique.

À ma grande stupéfaction, en 1982, je rencontrai cet homme qui avait visité mes rêves pendant des années – en chair et en os ! Il m'a pourtant fallu attendre 2006 pour décrypter enfin le sens profond de ce rêve. Si le voile se lève à peine, c'est sûrement que s'achève l'initiation dont je n'ai pas bénéficié dans mon pays mais que les Maasaï m'ont fait vivre, souvent à mon insu pour éviter tout artifice. Aujourd'hui je me sens bien, presque accompli, non pas d'avoir atteint cinquante ans, ce qui ne veut rien dire en soi, mais parce que cela fait vingt-quatre ans que je suis pour la première fois rentré physiquement en contact avec eux et donc que mon initiation a débuté.

Or, chez les Maasaï, il faut compter entre vingt et vingt-cinq années de temps initiatique pour se prétendre un être à part entière, équilibré, responsable et cocréateur ! Que cherchait donc à me dire mon rêve ? Une chose fort simple, selon moi. Le rocher rond tout d'abord n'était autre que la Terre, qui gravite, contre vents et marées, autour d'un point central, le Soleil. Quant à la disposition en cercle des enfants à la périphérie de la sphère, elle était destinée à me faire comprendre cette leçon donnée par l'intelligence cosmique, que l'on retrouve dans l'infiniment petit car la moindre de nos cellules se structure également autour d'un noyau central : pour qu'un organisme soit vivant, il faut qu'un point central lie, retienne, maintienne tous les éléments qui le composent. C'était cela la force de mon rêve, m'amener à percevoir, dans ma vie intérieure future, la nécessité absolue d'un point central autour duquel mobiliser toutes les forces qui sont en moi.

Aussi invraisemblable que cela puisse paraître, ce rêve d'enfant où me guidait un Maasaï qui allait devenir mon ami, ce rêve suivi d'une longue initiation, m'éclaire désormais concrètement sur cette loi de la nature consistant à rechercher le point central qui est en chacun de nous. Merci, mes frères maasaï, merci de m'avoir libéré du poids de l'indécision, merci de m'avoir fait rentrer dans le monde réel, qui est en moi et non à l'extérieur de moi ! Depuis que j'ai compris qu'il est vain de gaspiller son énergie en tout sens, je suis apaisé, équilibré physiquement et psychiquement.

Le plaisir d'être ici, en vie, me fait oublier la bruine. Courbé en deux, l'haveneau à bout de bras, j'ai commencé à sonder le dessous d'un grand rocher plat couvert d'un magma de goémons encore dégoulinants d'eau de mer. Dans quel état d'excitation cette traque des « chevrettes », les grosses crevettes roses de Bretagne, me met-elle ! Un état que je contrôle à grand-peine. Mon cœur bat la chamade, quand toute la difficulté consiste précisément à garder son calme.

Le pêcheur doit faire corps avec le manche, afin qu'aucun effet de force ne vienne perturber le mouvement du filet et que celui-ci épouse sans heurts la grotte et ses secrets. Car, au moindre contact équivoque, le bouquet, doté de longues antennes ultrasensibles, saute d'un formidable coup de queue dans une anfractuosité inaccessible, et vous ne le revoyez plus ! C'est à force d'observer mon père pratiquer cette pêche réputée difficile que j'ai réussi, après de longues années, à maîtriser le geste parfait pour enfin rapporter un peu plus qu'un ravier.

Adulte, j'ai amené ici Claudia, cette jeune Allemande dont j'étais tombé passionnément amoureux, pour lui faire découvrir, pensai-je, la magie du lieu et les joies de la pêche à la crevette. La partie a tourné court. Non seulement elle n'en a pris aucune, malgré mes tentatives pour lui en glisser en catimini dans l'épuisette, mais elle était si terrorisée à l'idée d'être aspirée de l'autre côté du miroir déformant de toutes ces algues mouvantes que j'ai dû rebrousser chemin en la portant comme un bébé.

Nulle nostalgie dans ce souvenir, plutôt une tendresse qui perdure. J'avais rencontré Claudia en 1981 à Cambridge, en Angleterre, alors que je travaillais sur les archives maasaï de la période coloniale. Elle ignorait pour sa part jusqu'à l'existence de ce peuple et notre coup de foudre n'était dû qu'à une commune inscription à la Lennox Cook School, l'école de langues où je perfectionnais mon anglais. Pourtant, la première fois où je pénétrai chez elle, ou du moins dans la vaste demeure victorienne où elle louait une chambre – 9, Barton Road –, une découverte inattendue fit passer mes sentiments au second plan l'espace d'un instant.

« Mais... ce sont des colliers maasaï ! » m'écriai-je. Des bijoux authentiques, je l'avais repéré immédiatement, pas cette verroterie pour touristes qu'on rapporte d'un safari au Kenya. Le hall d'entrée en était tapissé. J'appris ce jour-là que le propriétaire du second étage était Richard Waller, grand spécialiste anglais de l'histoire maasaï ! Cette synchronicité fut pour moi un encouragement royal à poursuivre dans la voie que j'avais prise, mais aussi le signe fort que j'aurais beau faire, rien ne pourrait désormais me faire dévier du chemin qui me mènerait jusqu'à eux. Ce jour-là déjà, je pressentis que ma recherche s'apparenterait plus à une quête personnelle qu'à un simple travail universitaire. Impression confirmée lorsque je rencontrai le susdit historien, tout droit sorti du « tout petit monde » de David Lodge. « Tout a été étudié en ce qui concerne les Maasaï, vous devriez aller chercher du côté de l'Afrique de l'Ouest ! » m'asséna-t-il. En sortant de chez lui, je me jurai de ne jamais lui ressembler si jamais un jour je devais moi aussi devenir universitaire !

Fébrilement, je ramène le cercle de fer du filet vers moi, et avant même que j'y jette un œil, je sais au son caractéristique des vifs clapotis occasionnés par les bonds de bouquets pris au piège que mon haveneau en a la poche gonflée. J'en retire une bonne poignée, de la taille d'un doigt, fasciné par la délicatesse de leurs rostres et de leurs corps tigrés aux teintes si foncées qu'on les confondrait avec le goémon. Mais, en ce qui me concerne, pas de confusion possible. « J'ai dû être une crevette dans une autre vie ! » dis-je tout haut, prenant à témoin un énorme goéland argenté qui vient de se poser à deux mètres de mon panier. « Ou un Maasaï ! » pensé-je aussitôt, en une étrange association d'idées. Enfant déjà, alors que je n'avais pas encore fait le rapprochement entre mon rêve récurrent et les Maasaï, je songeais en effet, fort curieusement, énormément à eux à chaque fois que je me retrouvais dans cet univers luisant aux mouvances irréelles. Il est vrai que je lisais et relisais en boucle à cette époque *Le Lion* de Joseph Kessel, dont j'aimais déclamer au vent les passages appris par cœur, n'attendant pour cela que l'instant où mon père se fût engouffré dans une faille : *« Chez les trois marcheurs qui cheminaient vers nous la fierté sans pareille qui érigeait leurs têtes, l'indicible liberté de leur corps et de leurs mouvements, leur nudité superbe, leur démarche enfin, nonchalante et cependant ailée, désignaient leur race illustre.*

« Ces trois hommes étaient des Maasaï... »

Je m'aperçois aujourd'hui que tout a concouru depuis mon plus jeune âge à ce que je m'intéresse aux Maasaï. Signes troublants et coïncidences mystérieuses se sont succédé sans compter depuis ma noyade à bicyclette. Mieux encore, alors que j'étais lycéen dans la ville « lunaire » de Landerneau, ma sœur Brigitte, qui est aussi ma marraine, partit s'installer avec son mari au Kenya ! L'année du bac, elle m'envoya un billet d'avion, ils voulaient entreprendre avec moi un périple aux quatre coins du plateau est-africain.

Je ris soudain tellement fort que le goéland décolle sans demander son reste, vexé à en juger par son petit rire de gorge. Je revois en effet ma pauvre mère désemparée lorsque je lui avais annoncé que la date de départ de mon avion supposait mon absence le jour de l'affichage des résultats du bac. Je m'entends encore lui dire : « Mais maman, je vous jure que je l'aurai du premier coup, c'est mon destin ! » Elle l'avait pris, et je la comprends, pour une marque d'orgueil de ma part, alors que pour moi, c'était tout simplement écrit. Il était primordial pour mon avenir et surtout mon devenir que je m'en allasse exulter, faire le plein de nouvelles énergies sur les « dunes » mythiques des hautes terres du Rift.

Je ne retins de ce voyage que l'essentiel, c'est-à-dire l'impression de force intérieure inexpugnable émanant des Maasaï, alors même que nous ne fîmes, à mon grand regret, que traverser leurs terres. Si bien que ma décision était prise dès mon retour : j'organiserais mes études en fonction d'un seul but, vivre un jour avec eux.

PRÉAMBULE

Avant de vous emmener dans le voyage personnel qui m'a fait découvrir la culture maasaï de l'intérieur et qui m'a construit en tant qu'homme, dans mes relations personnelles autant que professionnelles, jusqu'à mon intronisation en tant qu'« aîné » chez les Maasaï et que « chercheur » dans l'université française, c'est-à-dire avant de vous faire co-naître l'essence de la culture maasaï, je vous propose ci-dessous quelques repères historiques et ethnographiques. Libre à chacun de les utiliser comme cadre préalable pour ne pas partir à l'aventure de la lecture sans bagages, ou d'y revenir une fois le voyage terminé pour l'enrichir d'un savoir plus théorique.

Maasaï, un peuple qui dérange...

Le mythe occidental du Maasaï prend naissance au milieu du XIXe siècle, lorsque les premiers explorateurs allemands et britanniques découvrent l'Afrique orientale. Ce sont eux qui doivent ouvrir la voie au commerce européen dans cette région, et plus particulièrement vers le très riche royaume du Buganda. Toutefois, une vaste zone encore inexplorée, qui s'étend du Kilimandjaro jusqu'à l'Ouganda, en interdit l'accès. Afin de sauvegarder leur monopole, les commerçants arabo-swahili de la côte dissuadent en effet les Blancs de pénétrer cette région – qui n'est autre que le pays maasaï –, en prétextant qu'elle recèle les barbares les plus sanguinaires de la planète ! Les officiels britanniques en poste à Mombasa, sur la côte kenyane, ne se privent pas de relayer la mise en garde, dès 1850, en avisant les candidats explorateurs contre l'immense danger qu'ils encourraient en cas de « traversée du pays des redoutables guerriers maasaï ». Plusieurs expéditions finissent pourtant par voir le jour, dont celle de Johann Hildebrandt, botaniste allemand, en 1877 ; mais toutes échouent à cause de l'immense peur qu'inspirent les Maasaï, déjà entrés malgré eux dans la légende. La rumeur se charge de forger leur image avant même qu'ils n'aient été directement observés. Rumeur qui se métamorphose d'ailleurs très vite en vérité scientifique lorsque sir Henry Morton Stanley, journaliste au *New York Herald*, surtout célèbre pour avoir retrouvé en 1870 le missionnaire explorateur David Livingstone, déclare avec solennité à la tribune de la fameuse Royal Geographical Society que « les Maasaï ont une prédilection pour le sang » ! Il poursuit en les comparant aux Comanches et aux Apaches d'Amérique du Nord : « S'il en est parmi vous ce soir qui ambitionnent de devenir des martyrs, je n'ai qu'une chose à vous dire : en vous rendant en pays maasaï, vous le serez plus vite que partout ailleurs dans ma longue liste de voyages ! »

En 1885 pourtant, et pour la toute première fois, le pays maasaï est traversé sans encombre par un jeune Écossais du nom de Joseph Thomson, géographe. Grâce à un contact réel, il observe et met en évidence des valeurs profondément humanistes et spirituelles qui contredisent absolument le mythe. Tout comme Ludwig von Hohnel, découvreur des lacs Rodolphe et Stéphanie, qui s'oppose radicalement à la prétendue agressivité des Maasaï : « Une connaissance plus intime de ces guerriers tant redoutés avait fini par nous convaincre que nous n'encourions aucun risque, bien au contraire... » Mais le mal est fait, et ces découvertes ne font que le rendre plus facile à commettre : les colonisateurs savent désormais qu'ils pourront « amadouer » les Maasaï par la ruse, tout en continuant d'utiliser le mythe comme caution à la spoliation à grande échelle qu'ils préparent déjà. Car si, jusqu'en 1901, les ambitions des Anglais étaient de renforcer leur présence en Ouganda, les impératifs économiques changent la donne avec la construction, achevée à grands frais, du chemin de fer destiné à désenclaver ce protectorat de l'intérieur depuis la côte kenyane. L'unique solution envisagée est d'encourager l'installation, le long de la ligne ferroviaire, de fermiers et de grands propriétaires venus d'Europe, d'Australie et surtout d'Afrique du Sud suite à la guerre des Boers.

Les pâturages de la vallée du Rift et du plateau de Laïkipia, c'est-à-dire les hautes terres du pays maasaï, décrits par les officiels britanniques comme les meilleurs du monde, deviennent en un éclair la proie idéale du chasseur de terre ! Le pays de l'homme blanc est né... Il suffit d'évincer les Maasaï de chez eux et de les placer dans une réserve. Le problème est loin d'être insurmontable, d'autant que la Couronne dénie aux Africains l'existence de tout concept juridique de propriété collective, ce qui lui permet de s'approprier toutes les terres jugées « vacantes et sans maîtres ». Le Foreign Office, soucieux de sauvegarder l'apparence qu'il s'engage à protéger les intérêts des populations africaines, est tout de même partisan de rechercher une solution solennelle pour que les Maasaï aient l'illusion d'un accord équitable. On confère alors au leader spirituel Olonana le titre de « chef suprême » (*Paramount Chief*) du peuple maasaï. Accompagné d'une dizaine d'anciens, on lui fait signer, le 9 août 1904, un premier « traité », en les obligeant à apposer l'empreinte de leurs pouces en face de leurs noms. Il est évident que les quelques Maasaï concernés étaient dans une situation très nette d'infériorité par rapport aux Britanniques et ignoraient la portée de cet acte. De plus, leur interprète était lui-même européen. Surtout, ils étaient persuadés que les Blancs ne feraient que séjourner sur leurs terres et qu'ils les récupéreraient à leur départ ! Quant aux autres, c'est-à-dire l'écrasante majorité, ignorant jusqu'à l'existence d'un tel traité, ils n'eurent d'autre choix que d'évacuer leur terre.

Le faux traité était ainsi rédigé : « Nous, Maasaï, avons librement décidé que, dans l'intérêt suprême de notre peuple, nous nous déplacions avec nos troupeaux au sein de deux réserves aux frontières reconnues, à distance du chemin de fer et de toutes les terres environnantes qui sont désormais destinées au peuplement européen... Nous sommes pleinement satisfaits par les dispositions de ce traité, car la création d'une double réserve, fixée une fois pour toutes, a été voulue pour le bienfait de notre race... » Très vite, malgré une clause de sauvegarde qui stipule que « le présent accord sera valable aussi longtemps que survivra la race maasaï, par conséquent nul colon ne pourra confisquer des terres incluses dans l'une ou l'autre des deux réserves », les éleveurs blancs qui n'ont pas eu la chance d'obtenir une concession de quatre-vingt-dix-neuf ans dans le premier service convoitent les herbages courts et suaves de la réserve septentrionale de Laïkipia. Une fois encore, le statut autoritairement conféré à Olonana, reconnu par la Couronne comme le véritable chef traditionnel des

Maasaï et en tant que tel seul habilité à décider, au nom de l'ensemble des sections tribales, du devenir de leur territoire, va utilement servir les intérêts du tout nouveau gouvernement de protectorat du Kenya. On profite en effet de sa mort, opportunément survenue le 7 mars 1911, pour lui faire dire, par le truchement de l'empreinte de son pouce collectée sur sa dépouille, que les Maasaï ont décidé d'évacuer Laïkipia afin d'être réunis au sein d'une seule réserve, au sud de Nairobi ! Un nouveau simulacre de traité est signé sur cette base, le 29 mai 1911. En voici un passage mémorable : « Les Maasaï sont pleinement satisfaits, au nom à la fois des plus grands intérêts de la tribu et de l'opportunité qui leur est ainsi offerte, de vivre enfin unis au sein d'une seule réserve... de consentir à l'unanimité et en toute liberté à l'accord suivant... »

Non seulement les Maasaï perdent plus de la moitié de leurs terres et la quasi-totalité de leurs cours d'eau permanents, mais la nouvelle réserve est qualifiée non sans cynisme de « jardin d'Éden » ! En fait, elle est à plus de cinquante pour cent inexploitable, renfermant une majorité de pâturages relativement médiocres, partiellement infestés de tiques et de mouches tsé-tsé. C'est cette réserve qui constitue, côté kenyan, le pays maasaï que l'on connaît aujourd'hui. Nous ne dirons jamais assez combien l'aliénation de leurs riches pâturages du Rift, autour des lacs Naïvasha, Elmenteïta, Nakuru et Baringo et des rivières permanentes qui s'y déversent, a étranglé les Maasaï et leur mode d'exploitation en rotation des ressources pastorales. Ce second déplacement massif de populations a provoqué de nombreuses pertes humaines et animales, et il n'est pas exagéré d'affirmer qu'avec ces fameux « traités maasaï », la Couronne britannique a réalisé la spoliation de terres la plus importante de toute l'histoire de son empire colonial.

Le danger qui risque alors de mettre en péril l'existence des Maasaï est la surexploitation d'un territoire considérablement réduit et beaucoup plus aride. Pourtant, malgré les critiques qui pleuvent tout au long du siècle sur leurs méthodes jugées arriérées, malgré les spoliations et autres horreurs qu'ils continuent à subir, les Maasaï parviennent une fois encore à plus ou moins s'adapter.

Avec l'indépendance, le découpage territorial est revu et la réserve divisée en deux districts. Puis, dans les années soixante-dix, une réforme foncière radicale, instituant des *group-ranches* (ranchs collectifs), s'impose aux Maasaï du Kenya. Désormais, les familles sont contraintes de se regrouper de façon définitive sur des portions de terre délimitées, avec des titres collectifs de propriété. L'objectif, tenu secret par la Banque mondiale, est de tirer un trait final sur le pastoralisme traditionnel, jugé archaïque, pour ne garder qu'une minorité d'entrepreneurs privés. Les hommes politiques y contribuent en plaçant sous leur domination absolue les comités directeurs de ces ranchs qui, au lieu d'en référer à leurs membres, n'obéissent qu'à leurs puissants « patrons » et leur livrent des parcelles qu'ils prélèvent en toute illégalité sur les terres collectives ! La grande braderie a commencé...

Marginalisés durant trente ans par leurs propres leaders corrompus, les Maasaï en sont venus à se résigner à la privatisation de leurs terres communautaires. Comme en 1904, ils ignorent les véritables enjeux. Un réseau d'hommes politiques et de hauts fonctionnaires organise un racket foncier à grande échelle, avec exclusions des cadastres, fausses déclarations, substitutions de noms, manipulations des empreintes de pouces, remplacements de vrais titres par des faux ; des procédés multiples, mais un seul résultat : le dépouillement du Maasaï traditionnel ! La théorie officielle soutient ce vol depuis la colonisation, puisqu'elle a toujours considéré que les Maasaï incarnaient la « barbarie », tandis que les Européens puis l'État post-colonial étaient LA civilisation. Tout mouvement d'un pôle vers l'autre est donc synonyme de progrès. N'ayant pas de culture, ils doivent laisser leurs terres à des « civilisés ». Mais, à la différence des autres ethnies du Kenya, les Maasaï n'ont jamais accepté le postulat de l'inégalité sociale et la supériorité du modèle occidental...

Depuis les années quarante, ils se trouvent confrontés à une nouvelle manifestation de cette supposée « civilisation » : dans une même logique d'exclusion et sur les meilleures terres qui leur restent, fleurissent désormais des politiques drastiques de conservation de la faune sauvage. Priorité est donnée depuis cette époque à la création tous azimuts d'espaces protégés appelés « réserves » ou « parcs nationaux ». Encore une fois, les Maasaï gênent, ils sont cette fois les empêcheurs de rationaliser en vase clos l'écologie. De parfaits boucs émissaires ! On leur dénie toute responsabilité dans la gestion des équilibres écologiques, pourtant – est-ce vraiment une coïncidence ? – les nouvelles terres qu'on leur soustrait renferment les plus grandes densité et variété de *wildlife* au monde : Serengeti-Maasaï-Mara, Ngorongoro, Tsavo, Amboseli, etc., la liste est longue de ces lieux magiques extorqués aux Maasaï et donnés en pâture au tourisme de masse en le berçant de l'illusion que la nature sauvage qui s'y trouve circonscrite est demeurée inviolée depuis les origines. Dogme, mensonges ! Ici, plus que partout ailleurs, ce sont les Maasaï qui, par leurs activités purement pastorales et leur spiritualité, ont façonné cette nature dite inviolée, et permis l'épanouissement de cette exceptionnelle biodiversité. Mais on ne recule devant rien lorsqu'il s'agit de la première rentrée en devises du pays... Il faudrait pourtant leur dire, à ces touristes, que si le monde animal a été réellement menacé d'extinction, ce n'est certainement pas à cause des Maasaï, que l'on s'est empressé de brocarder « sauvages en quête de trophées », mais à cause des chasseurs blancs qui allaient de carnage en carnage et que, paradoxalement, l'on appelait, eux, les grands « amoureux de la nature qui partent en safari » ! Exemple célèbre : au cours d'un seul safari au Kenya, le président américain Theodore Roosevelt tua pas moins de cinq mille animaux provenant de soixante-dix espèces différentes, dont neuf rhinocéros blancs ! Qui sont les sauvages ?

Je ne peux m'empêcher d'appliquer ici l'explication psychologique donnée dans les années quatre-vingt par l'anthropologue George Condominas : « Je est un autre, l'Autre, le plus distant culturellement de moi, qui me permettra de lui faire prendre en charge tout ce que je renferme d'inavouable. "Je" devient ce Maasaï-là, dans ce que le moi a de plus haïssable ! »

Ce que je me tue à proclamer depuis plus de vingt ans, dans toutes les langues et sous toutes les latitudes, les plus grands spécialistes en biologie animale et en faune sauvage le disent à leur tour aujourd'hui – sans doute par nécessité, car les derniers chiffres parlent d'une chute brutale, ces vingt dernières années, de trente pour cent du nombre des animaux sauvages dans les parcs ! Les recherches les plus récentes reconnaissent enfin l'interaction vitale qui existe depuis des siècles, voire – j'en suis pour ma part convaincu – des millénaires, entre les vaches maasaï et les ruminants sauvages : les seconds se nourrissent de l'herbe courte préalablement broutée par les premières. On ne peut donc isoler les parcs : ce sont de grands écosystèmes intégrés où la faune sauvage et les vaches des Maasaï ont de tout temps migré ensemble. Si l'on persiste à mettre les animaux sauvages dans les parcs et les vaches dehors, c'est certain, la faune sauvage finira par disparaître au profit de zoos clôturés ! Alors, l'image galvaudée des Maasaï atteindra des sommets dérisoires et de plus en plus de caricatures de moranes attendront le touriste, peinturlurés à l'excès dans des imprimés en Nylon de supermarché...

Le peuple de la vache

Les Maasaï, ceux qui parlent le maa (dérivé du mot *ilmao*, les jumeaux, en référence à leur spiritualité fondée sur l'expérience que toutes choses sont reliées à d'autres pour former des paires d'éléments complémentaires) sont originaires de la boucle du Nil, ce sont donc des Nilotiques. C'est à peu près tout ce que nous apprend la science sur leurs lointaines origines car, à l'image de leurs villages végétaux dont il ne reste rien quelques mois seulement après avoir été désertés, ou encore de leurs dépouilles laissées à la faim des animaux nécrophages, ils pratiquent ce que les anthropologues nomment la teknonymie. En effet, s'ils associent les événements de leur histoire récente à leurs classes d'âge, ce qui nous permet de remonter tout de même jusqu'au XVIIIe siècle, ils s'appellent entre eux par des termes d'âge si impersonnels (morane, aîné, ancien...) qu'ils en oublient les liens généalogiques exacts au sein du clan. De plus, le père et la mère se font souvent appeler par le nom de leur fils aîné, tandis qu'à l'inverse l'enfant prend comme nom le prénom du père, etc. L'intérêt d'une telle amnésie est de permettre à chacun de déterminer avec une incroyable souplesse ses liens de parenté, sans devoir se référer à une entité parentale formellement organisée.

En fait, les Maasaï eux-mêmes se nomment en tant que peuple *Inkishu*, c'est-à-dire littéralement « les

Vaches ». Ce choix marque notamment une relation exclusive avec des bêtes à cornes considérées comme sacrées. La garde des quelque quatre millions de vaches – en fait, le troupeau de zébus le plus important d'Afrique – que possèdent aujourd'hui les huit cent mille Maasaï répartis entre le Kenya et la Tanzanie, est en effet, avec les enfants et la terre pour faire paître leurs animaux, l'élément capital de leur vie. Cela n'est pas uniquement lié à des raisons économiques mais avant tout, et j'insiste sur ce point, à la valeur hautement spirituelle qui leur est attribuée. L'une des croyances fondamentales des Maasaï est ainsi qu'Enkaï *narok*[1], symbole du Père-Mère originel(le), les a chargés de garder toutes les vaches du monde. Mais par ce don, il a aussi scellé avec eux une alliance sacrée qu'un de leurs proverbes[2] signifie clairement : « Enkaï nous a donné les vaches et les pâturages, nous ne séparons pas les bienfaits qu'il nous a confiés. » Ils se sont donc engagés à respecter toutes les formes vivantes de la Création, à ne se nourrir ni de gibier ni de poisson et à ne pas éventrer la surface de la Terre-Mère. Cet engagement a eu deux conséquences, l'une à caractère nutritionnel, l'autre en termes d'habitat.

Pour ce qui est de la première donc, pendant des siècles, l'agriculture même étant pour eux un sacrilège, les Maasaï se sont nourris exclusivement des produits de leurs vaches, et essentiellement de lait. Dès le IXe siècle, un chroniqueur chinois rapportait ce témoignage : « À l'intérieur de *Popali* (l'Afrique orientale), il est des gens qui se nourrissent de lait et de viande à l'exclusion des cinq graines (...). Par une saignée sur leurs vaches, ils extraient du sang frais qu'ils boivent ensuite, mélangé

1. Le dieu-déesse des Maasaï, Enkaï, a deux aspects : Enkaï *narok*, le noir du Ciel, et Enkaï *nanyokie*, le rouge de la Terre.

2. Les proverbes ont une place centrale dans la culture orale maasaï. Ils sont aujourd'hui encore très utilisés par les aînés.

à du lait. » C'est pourquoi, à l'opposé de ce que requiert aujourd'hui l'élevage commercial, plus de cinquante pour cent de leur cheptel est constitué de vaches laitières. Pour sa consommation journalière, j'ai calculé que deux à trois vaches sont nécessaires à un adulte à la saison des pluies, entre dix et quinze à la saison sèche et jusqu'à trente en période de sécheresse ! Fait unique, grâce à cette alimentation hyperspécialisée basée sur le lait de vache non pasteurisé, les Maasaï comptent parmi les rares populations de la planète ignorant les pathologies cardio-vasculaires. Le faible taux de cholestérol qui l'explique est dû à un trait biologique spécifique, acquis sur une très longue période. Le professeur Kang-Jey a constaté chez eux une forte présence d'immunoglobuline IgA, qui leur a permis d'absorber la teneur considérable en mauvais cholestérol de leur nourriture si grasse. Selon son étude, il a fallu à l'évidence plusieurs millénaires d'un tel régime alimentaire pour laisser à l'immunoglobuline le temps de se fixer génétiquement à l'échelle de toute une population.

Quant à la seconde conséquence de l'alliance avec Enkaï, elle s'illustre dans le rapport des Maasaï à l'« environnement » (pour utiliser le terme moderne). Se sachant de bref passage ici-bas, ils reconnaissent aux autres êtres vivants un égal accès aux ressources, au maintien en équilibre desquelles ils ont la mission sacrée de veiller en permanence. Ils comparent d'ailleurs la nature à une immense toile d'araignée, menacée de mort si un seul de ses fils n'a pas été respecté ! Les arbres, en particulier, ont chez eux une très haute valeur spirituelle, au point que leur abattage arbitraire est un épouvantable tabou. Seul un rituel de prières préalable peut permettre d'éviter les conséquences de sa transgression. Mais la coupe des arbres reste de toute façon très exceptionnelle. Les points d'eau tels que les rivières, les sources, les marais et les puits sont des lieux tout aussi sacrés et nul village n'a le droit de s'y implanter sur un rayon de cinq kilomètres carrés. Inspiré, baigné dans cette conception unique de leur rapport au monde, leur mode de gestion de l'environnement – et cela vraisemblablement depuis des millénaires – s'est exclusivement attaché à mettre en œuvre sans aucun effet de force des activités purement pastorales liées à leurs vaches et à l'interdépendance avec toutes les espèces.

La stabilité de leur pur pastoralisme dépend de l'accès à toute une gamme d'écosystèmes différents. Pour ce faire, les Maasaï se sont rendus maîtres, au sens de « protecteurs de la terre » selon leur spiritualité hautement écologique, d'un gigantesque territoire s'élevant entre mille et deux mille mètres au-dessus du niveau de la mer, et épousant sur environ douze cents kilomètres les caprices topographiques de la grande dépression du Rift, du nord du Kenya jusqu'au milieu de l'actuelle Tanzanie. On a parlé des Maasaï comme d'un peuple « errant ». Mais leur mobilité est une stratégie vitale pour récolter les ressources sans les épuiser, elle n'a jamais été fortuite. Elle obéit au contraire systématiquement au cycle des saisons : pâturages d'altitude, mieux arrosés, pour la saison sèche ; pâturages de plaine pour la saison des pluies. Chaque année, ils les utilisent en alternance. Leurs mouvements servent aussi ponctuellement à fuir la présence d'insectes indésirables tels que la mouche tsé-tsé et les tiques, vecteurs de maladies mortelles pour leurs vaches, ainsi que pour les moutons et chèvres élevés en grand nombre comme nourriture d'appoint ou d'échange.

Il faut bien comprendre que la « maîtrise » du territoire par les Maasaï n'est pas une façon de se l'approprier. « Nul n'est propriétaire de l'herbe ! » énonce avec force un autre de leurs proverbes : la terre ne leur appartient pas, puisqu'elle est à Enkaï, et ils ne sont là que par sa seule grâce. Elle ne peut donc être possédée de façon permanente. C'est la raison pour laquelle les Maasaï interdisent aux membres d'un même clan de corésider sur une même portion de territoire, de peur qu'ils ne soient tentés de se l'approprier. Pour éviter encore toute appropriation par un groupe au détriment de la communauté, les Maasaï ont créé des sections tribales-territoriales (*iloshon*) – quinze en tout – fondées sur l'inclusion par la corésidence et le voisinage, et non pas sur l'exclusion par des critères de parenté. Les deux plus importantes sont les *Ilpurko*, dont le territoire se situe dans l'actuel Kenya, et les *Ilkisonko*, que l'on trouve en Tanzanie.

Mais il faut dire aussi que les Maasaï ne seraient jamais restés aussi longtemps les *Lords of East Africa*, selon l'expression de l'historien britannique Richard Waller, s'il n'y avait en permanence eu une dynamique d'échanges entre trois modes de vie complémentaires : le pastoralisme, l'agriculture et la chasse-cueillette. Certes, le pastoralisme maasaï représentait l'idéal à atteindre, la référence indiscutable, mais il existait entre les trois une remarquable mobilité interethnique sans laquelle la reproduction du premier eût été illusoire. Cela valait non seulement pour des Maasaï destitués de leurs vaches à la suite d'une sécheresse ou d'une épidémie et qui pouvaient revêtir l'identité de leurs voisins le temps de rebâtir un cheptel, pour ensuite réintégrer leur culture d'origine, mais aussi pour tous les autres qui, après avoir constitué un troupeau, pouvaient aspirer à leur tour à devenir des Maasaï ! Le respect du principe de l'égal accès de tous aux ressources pastorales a de tout temps servi de fondement aux structures sociales maasaï les plus importantes : les clans, les unités de résidence que sont les sections, et enfin les classes d'âge.

Les Maasaï sont organisés patrilinéairement, pratiquent la polygynie et connaissent la résidence patrilocale. La famille composée (*olmarei*) est symbolisée, au sein de chaque village (*enkang*) par une barrière faite de deux rondins de bois plantés verticalement dans le sol à hauteur de la clôture d'épineux, par où sortent le matin et rentrent le soir les vaches du « chef de famille ». Cette barrière symbolise sa pleine indépendance, on l'appelle *enkishomi* (barrière familiale) et chaque homme marié en possède une. Ses épouses successives construisent leur maison de part et d'autre de la barrière selon un ordre précis : la première, à droite ; la seconde, à gauche ; la troisième à droite ; la quatrième, encore à gauche, etc. Chaque poteau (*entaloïshi*) sert par extension à distinguer deux groupes au sein de la famille, selon l'emplacement des maisons à droite ou à gauche de la barrière.

Ce qui est concrètement valable pour l'installation des familles dans les villages l'est aussi virtuellement dans la représentation que chacun a de sa propre filiation avec l'ensemble de la communauté, rangée de la même façon, à égalité et en parfaite symétrie, de chaque côté de la barrière ! Ainsi, chaque homme et chaque femme sont intégrés à la naissance, ou par adoption, à l'un des six clans – *Laïser, Lukumaï, Molelian, Mokesen, Tarosero, Mamasita* – que compose la société, eux-mêmes situés à gauche ou à droite de la barrière familiale originelle. Selon son clan, la personne appartient soit à la moitié droite *Odomong'i* (Celui qui est rouge comme les bœufs de couleur rouge) soit à la moitié gauche *Orokiteng* (Celui qui est noir comme les bœufs de couleur noire). Lorsque vous êtes dans un village maasaï et que vous demandez à une femme mariée à quel côté de la barrière familiale elle appartient, vous êtes en général surpris de l'entendre répondre par la moitié à laquelle son clan est affilié : c'est-à-dire celle de droite s'il s'agit du clan *Molelian*, *Mokesen*, *Tarosero* ou *Mamasita*, et celle de gauche si son clan est *Laïser* ou *Lukumaï*. Les noms de ces deux moitiés résulteraient des temps des origines, où les deux premiers fils de l'ancêtre fondateur occupaient équitablement les deux côtés de la barrière familiale, l'un ayant eu la préférence pour des bœufs rouges et l'autre pour des bœufs noirs. Il est très révélateur de leur culture qu'au lieu de proclamer les noms de leur père fondateur et de ses deux fils, les Maasaï aient choisi de retenir les couleurs de leurs vaches préférées ! Ce qui compte chez eux, comme le prouve cet exemple, c'est de se sentir, grâce à cette analogie avec la barrière familiale, intimement liés à l'ensemble de la communauté par des rapports de parenté d'une étonnante souplesse. Le leadership politique n'est pas individuellement confié à des personnes spécialisées mais est collectivement placé sous la responsabilité de tous les aînés, qui sont les hommes mûrs, à travers le système des classes d'âge.

Existant uniformément au-delà des sections tribales-territoriales, bien qu'organisées séparément au sein de chacune d'elles, ce sont à n'en pas douter les classes d'âge (*ilporori* ou *ilajijik*) qui, en forgeant l'identité maasaï de chaque personne au cours d'un cycle initiatique très lent de vingt à vingt-cinq années (je parle ici essentiellement des hommes, car les jeunes filles et les femmes, qui appartiennent à la classe d'âge de leur père puis de leur époux, développent entre elles des activités rituelles spécifiques) cimentent le plus la cohésion de la société en dehors des particularismes de la parenté.

La cérémonie *emowuo olkiteng* (de la Corne du bœuf) n'est accomplie qu'une seule fois et par une seule section : les *Ilkeekonyokie*. Par souci de coordination, elle sert de point de départ, à l'échelle du pays maasaï tout entier, à la formation d'une nouvelle classe d'âge. Puis, dans chacune des quinze sections maasaï, la cérémonie dite de la Danse (*enkipaata*) autorise l'ouverture d'une période de recrutement de quatre à six ans, période durant laquelle les postulants, âgés entre treize et seize ans, sont habilités à être circoncis. Pour éviter qu'un trop grand écart d'âge ne s'instaure entre les membres d'un même groupe, la plupart des sections (hormis les *Ilkisonko*) le subdivisent en un premier groupe appelé « circoncision de la main droite » (*emurata tatene*), suivi quelques années plus tard d'un second groupe appelé « circoncision de la main gauche » (*emurata kedianye*). L'instruction au sein de chacun de ces deux groupes est alors suivie séparément durant l'ensemble du cycle initiatique, et ce jusqu'à ce qu'ils atteignent ensemble le grade de l'aînesse. Après leur circoncision, les jeunes gens, nommés *ilmurran* (moranes) quittent leur habitation familiale pour aller vivre plusieurs années, parfois jusqu'à neuf, avec leurs compagnons d'âge, dans de grands villages appelés *emanyata* (pl. *imanyat*). Ce sont eux qui ont alimenté à leur insu le mythe occidental destructeur du « Caliban sanguinaire », et ce sont encore eux aujourd'hui qui permettent au mythe de la sauvagerie de perdurer, même si les cartes postales et le papier glacé des magazines l'atténuent en apparence. Voici ce qu'on pouvait encore lire tout récemment dans le plus grand quotidien kenyan : « ... Les jeunes moranes sont désœuvrés et engagés sur la voie du crime. Il leur faut regagner le village de leurs parents et chercher du travail pour contribuer à la construction de la nation... En éradiquant le moranisme, les Maasaï doivent désormais délaisser leurs lances et accepter la seule lance qu'il leur reste, le stylo, pour être capables d'ouvrir de meilleures avenues à leur développement... À notre époque, nous n'avons pas les moyens d'avoir une section de notre communauté engagée dans les vols de bétail, errant à travers les plaines, vêtus de drapés ; un peuple assoiffé de trophées de lions qui ne sont rien d'autre que du braconnage ; une communauté qui enlève les jeunes des écoles pour passer des années dans le bush à s'autoadmirer, faisant pousser des chevelures recouvertes d'ocre rouge, et à sauter toujours plus haut ! » Derrière tant de haine et d'incompréhension, il y a surtout, qu'on ne s'y méprenne pas, l'intention cachée de s'attaquer à ce qui n'est autre que la pierre angulaire de la culture et du mode de vie des Maasaï. Le terme *olmurrani* (morane) lui-même est abusivement et malhonnêtement traduit par celui de « guerrier », bien qu'il dérive du mot *emurata,* qui signifie « circoncision » ! Les moranes ne sont autres que des garçons circoncis et par extension des jeunes en phase d'initiation au sein d'une classe d'âge en formation. Aucune connotation guerrière là-dedans, même si en effet l'une de leurs activités consiste à assurer la défense du pays maasaï, mais ils s'appliquent aussi et surtout à observer le mouvement des nuages et l'éclosion de certaines plantes, autant de signes précoces qui avertissent de l'imminence des pluies, d'une sécheresse ou de tout autre désastre naturel, détails précieux qui permettent aux anciens de prévoir la façon optimale dont ils devront utiliser les ressources. Ce sont aussi les moranes qui repèrent et calculent les meilleures configurations possibles herbe-eau en périodes sèches, accompagnant les vaches lors de leurs migrations et traquant les animaux perdus... Je dirais que les *imanyat,* grands villages spécifiques où résident les moranes, sont ni plus ni moins l'école traditionnelle des Maasaï. Ils y apprennent les secrets d'un environnement plein de dangers, où il convient de vivre en se faisant respecter des lions, léopards, buffles et serpents extrêmement venimeux, tout en les respectant aussi. Les jeunes gens y font l'expérience de l'esprit de corps et du partage, en respectant la préséance de la maturité individuelle. Car le but de tout ceci est bien de faire l'apprentissage intérieur de la dualité, pour atteindre l'aînesse transformé au point de devenir cocréateur avec Enkaï, comme le proclame l'aphorisme : « Les Maasaï et Dieu sont égaux ! » Toutes ces années de vie commune pour que ces écoliers d'Enkaï apprennent à opérer comme dans la Vie par paires, des mouvements de navette entre deux points, deux éléments, deux êtres ou deux états : homme et femme, droite et gauche, jour et nuit, aube et crépuscule, naissance et mort, temps horizontal et éternité, noir et rouge, espoir et désespoir, etc. Tous forment des paires qui s'alternent, s'opposent mais dépendent les unes des autres. Chaque initié y fait ce dur apprentissage en apprenant par l'expérience le comportement qu'il doit avoir avec ses compagnons d'âge. Un comportement tout en équilibre et en sagesse, où la familiarité la plus personnelle s'exprime à travers luttes, moqueries, chamailleries et insultes réciproques, tout en prenant soin de ne pas apparaître par trop arrogant ni condescendant pour respecter la pleine indépendance et la liberté de chacun. C'est enfin dans les *imanyat* qu'émergent les leaders, les orateurs talentueux, les porte-parole qui, plus que quiconque, assument leurs qualités sans chercher à se rehausser ni à rabaisser. Sept à neuf années après l'inauguration de la classe d'âge, les moranes de la main droite célèbrent durant de longs mois leur *Eunoto* (Plantation), la plus prestigieuse de toutes les grandes cérémonies maasaï collectives, qui met un terme à leur mode de vie séparé et leur permet de fonder une famille. Puis, durant plus d'une décennie, toute une succession de rituels les libèrent progressivement des interdits auxquels leur état de jeune initié les soumettait, jusqu'à ce que la section des *Ilkisonko* décide de clôturer le cycle rituel de cette classe d'âge en célébrant la dernière grande fête collective, appelée *Olngesher* (Claie à viande), qui leur confère un nouveau nom, définitif, et offre à chacun le statut d'aîné. Alors, et alors seulement, les autres sections sont autorisées à accomplir la leur, qui s'appelle la cérémonie non plus de la Claie à viande mais du Village des tabourets (*enkang olorikan*). C'est à cette occasion également que la main gauche, qui a elle aussi franchi toutes les étapes mais dans un laps de temps plus court, fusionne avec la droite, pour ne plus former qu'une seule classe d'âge.

La véritable dimension de cette longue initiation est évidemment l'éducation que le système des âges dispense à chaque jeune homme, en vue de bâtir son indépendance sans égoïsme ni domination. Cette éducation, relativement informelle, est surtout dispensée par le truchement de la particulièrement importante relation *olpiron*, qui mérite qu'on s'y attarde.

L'*olpiron* est le bâton mâle que l'on introduit dans un support femelle et fait pivoter entre ses mains jusqu'à ce que s'allume le feu. La flamme qui jaillit de la friction des deux bâtons à feu symbolise une nouvelle entité, le bâton mâle étant considéré comme son créateur. Par extension, *olpiron* désigne le lien de solidarité qui unit les membres de deux classes d'âge non pas successives mais alternées. Le droit de faire le feu rituel d'un groupe d'âge en formation est exclusivement confié aux aînés du groupe d'âge situé deux classes au-dessus. Ils sont appelés *iloopapaaï enkimaï*, c'est-à-dire les « pères de mon feu » par les jeunes membres de la classe d'âge alternée d'en bas. Le lien *olpiron* s'apparente par conséquent à la relation générative entre pères et fils et, comme tel, induit des formes de respect entre les initiés et leurs parrains. Mais qui dit pouvoir éducatif ne dit absolument pas pouvoir coercitif. Les aînés ne détiennent leur pouvoir de parrainage que parce qu'ils ont eux-mêmes atteint la pleine maturité sociale. Ils ne font en somme que mettre leur expérience au service des jeunes hommes afin que par leurs conseils, ils l'acquièrent à leur tour en dehors de toute violence. Dans les *imanyat*, les aînés *olpiron* assistent, conseillent et supervisent les activités des moranes tout en évitant d'intervenir directement dans les affaires de leurs fils spirituels, afin qu'ils soient en mesure de faire eux-mêmes leur propre expérience des valeurs d'égalité, de solidarité et de réciprocité. Les Maasaï disent de tous ceux qui n'ont pas passé de temps dans une *emanyata* qu'« ils ne savent absolument rien de la Vie », car c'est en effet bien là qu'un homme, au contact de ses compagnons d'âge, apprend concrètement à se comporter en adulte, les aînés n'étant présents que pour l'éclairer de leur expérience jadis acquise de la même façon. Les aînés *olpiron* ont donc un rôle clé dans la transmission des valeurs maasaï. Responsables de la sauvegarde de l'héritage culturel, ils sont eux-mêmes l'exemple vivant de la façon dont les jeunes gens doivent se comporter.

Pour finir, je citerai quelques-unes de ces valeurs, les plus fondamentales, apprises à leur contact. Tout d'abord le respect (*enkanyit*) dont le sens varie du nôtre et exprime surtout un code social, régulant les relations inter-classes d'âge, et qui mesure le degré de maturité acquise par chacun en ayant su déployer d'autres valeurs telles que le courage, le sens profond de ses responsabilités et surtout la générosité (*enkaminino*), qualité la plus prisée. Enfin, il ressort de l'expression « être clair du regard et dans sa contenance, avoir une démarche alerte » que les Maasaï attachent une grande importance à ce que chaque personne socialement accomplie affiche clairement ses qualités jusque dans ses yeux et la façon de mouvoir son corps. C'est davantage à des gestes, à des attitudes et non pas seulement à des traits physiques ou à l'apparence vestimentaire qu'ils se reconnaissent entre eux immédiatement comme étant de purs Maasaï. Ce à quoi cette expression fait avant tout référence, c'est l'extraordinaire liberté qui habite chacun, et, avec elle, une attitude indépendante, franche, directe et juste vis-à-vis des autres et du monde en général. D'où aussi le fait que la société maasaï se vive comme une réelle démocratie sans chef, à l'opposé de tout système de domination où les relations de commandement-obéissance prédominent. Peuple en permanence relié à la Terre-Mère et à Enkaï, les Maasaï ne reconnaissent de statut supérieur qu'à leurs *iloïboni kitok*, c'est-à-dire à la fois grands prêtres, médiateurs divins, prophètes et hommes-médecine de très grande renommée. Même s'ils ne peuvent décider à la place des anciens, leur grand prestige et le respect supérieur qu'ils inspirent proviennent essentiellement de leur pouvoir de rendre des prophéties (*aïbonoki*) – véritable don de Dieu –, de prier Dieu (*aomon*) au nom de tous, de bénir (*emayian*) et de purifier (*aipok*) ceux qui vont devenir des aînés.

Ce qui suit est mon chemin dans cette voie.

1

— 1982 —

ADOPTÉ AU PIED DE LA MONTAGNE AUX LIONS

V***endredi 3 février**, piste Kajiado-Selengei-Kilimandjaro, 15:30*

Je suis calme, même pas un peu énervé, je n'ai pas peur non plus, non, je prends mon temps sans céder à une quelconque panique, et pourtant ! Mon pneu avant vient de craquer pour la troisième fois sous les coups de boutoir des caillasses et des ornières. J'ai mis trente minutes à réparer la première crevaison et vingt-cinq la deuxième, mais là, j'en suis déjà à quarante et je ne m'en sors pas. Qu'importe ! Je me suis assis sur une butte en surplomb de la piste, non pas pour reprendre des forces, mais pour jouir plus intensément du bien-être qui s'est emparé de façon parfaitement incompréhensible de la moindre de mes cellules. Ma transformation est palpable, et j'ai la sensation extraordinaire que rien, absolument rien ne m'arrivera de fâcheux, que le bonheur, ce doit être ça !

Le ciel a la teinte revigorante des voûtes azurées que nous connaissons chez nous en automne, la chaleur est douce ; je scrute au loin le dôme magique du Kilimandjaro, si clair que j'ai du mal à croire à sa réalité. Je suis pris d'un fou rire : je vis mon rêve, tout simplement. *Tu as voulu vivre avec les Maasaï, eh bien, maintenant, tu y es !* Je ne me plains pas, oh non ! J'essaie juste de ressentir et d'analyser la joie qui me rend visite, pour comprendre mais surtout retenir cet instant délicieux. Mais il ne s'en va pas, semblant me narguer ou plutôt interroger avec compassion les inquiétudes et les appréhensions qui me tenaillaient encore ce matin, à mon départ à l'aube de Nairobi, mais qui se sont dissipées d'un coup lorsque j'ai quitté le bitume de l'A104 pour cette piste, laissant place à cette sorte d'exultation de tout mon être. Est-ce l'énergie de ce lieu qui m'apporte un tel état de félicité ? Je pourrai donc m'en nourrir à volonté aussi longtemps que je résiderai en pays maasaï ?

Des girafes sortent soudain d'un bosquet d'arbres à fièvre, de leur démarche nonchalante, à l'amble chaloupé. Elles ont beau donner l'impression d'avancer au ralenti, elles – en principe si craintives – foncent droit sur ma mobylette dressée en contrebas sur sa béquille. Je me lève pour les faire dévier de leur trajectoire. L'ensemble du troupeau, car j'en compte au moins vingt-cinq, s'en retourne sans demander son reste à couvert de gracieux acacias au tronc bien jaune, de l'autre côté de la piste. Impossible de compter sur leur aide, pas plus que sur celle de mes semblables ! Depuis ma bifurcation, je n'ai guère rencontré que quelques chèvres sans surveillance, point de vaches ni de Maasaï. Très curieux. Les herbes sont certes elles aussi à dominante jaune, pourtant elles donnent au couvert végétal un aspect des plus attirants, si bien que je serais en droit d'y voir des milliers de zébus s'en délecter... Mais je n'y connais pas encore grand-chose.

En fixant à nouveau le regard sur mon vélomoteur dont la chambre à air sort pitoyablement du pneu avant, mon fou rire repart de plus belle. Il est tout de même temps de me remettre au travail : il se fait tard, je suis entouré d'animaux sauvages, mes frères humains ont disparu, j'ignore où je vais et mes pneus sont tout sauf adaptés au terrain. Pourtant je n'ai jamais été aussi heureux. Cherchez l'erreur ! Lorsque je suis allé voir les gens de chez Peugeot pour leur demander de me prêter une mobylette afin de me déplacer en pays maasaï, ils ont d'abord pris ça pour un canular. Je leur avais, il est vrai, présenté la chose sur le ton de la plaisanterie : « Puisque Peugeot est devenu synonyme de robuste et de rapide en swahili (la langue véhiculaire du Kenya), je prendrai en photo un lion, votre sigle, tentant en vain de me doubler... Cette publicité ne vous coûtera pas cher, et je suis sûr que grâce à elle vous multiplierez la production de vos deux-roues à moteur tant la demande sera forte ! » Convaincus ou pas, ils se sont empressés de me l'offrir. Il était hors de question pour moi de débarquer chez les Maasaï dans le confort d'une quatre roues motrices. Malgré trois crevaisons, je n'ai pas changé d'avis. Peut-être que si j'en suis toujours au même point à la tombée de la nuit...

Le plus dur, c'est d'identifier le ou les trous minuscules dans le caoutchouc sans eau – je l'ai gaspillée lors de mes deux premières interventions. Comme la poussière en revanche ne manque pas, je décide d'en faire un tas et d'y plonger minutieusement la chambre, par petits tronçons, après l'avoir regonflée à l'aide de ma pompe à vélo. Retenant mon souffle, quasiment le nez dans la bosse ocre, je guette d'éventuels minicyclones à sa surface. Le corps douloureux à force d'immobilité, je perçois enfin une très légère porosité et un non moins léger, très léger, souffle sur trois grains de sable à peine déplacés. Les yeux collés dessus, je cherche à tâtons d'une main le bout de papier émeri, la colle et la rustine posés sur mon sac à dos à proximité. Moi qui n'ai jamais été bricoleur, qui me suis toujours fait une montagne – sans doute parce que j'ai toujours pris un malin plaisir à m'en désintéresser – de tout ce qui touche de près ou de loin aux aspects matériels de la vie, je fais preuve d'une organisation étonnante ! Je me surprends même à y prendre goût. Une fois le trou repéré, j'achève le collage, la remise en place de la chambre et le réajustement du pneu dans la jante en un temps record par rapport aux deux précédents. La prochaine fois – car je ne doute pas qu'il y en aura une –, je pourrai envisager de m'inscrire au livre des records !

Avant de remonter en selle – je ne peux m'éterniser ici, le soleil est déjà bas –, je descends le bidon de cinq litres du porte-bagages et remplis le réservoir d'essence, qui est de petite contenance, sans oublier de verser trois capuchons d'huile à mélange. Puis, mon lourd barda sur le dos, je redémarre. Appréhension du novice... Ça marche ! Je suis ébloui devant ma prouesse.

Après deux ou trois kilomètres de progression au cœur d'une succession de collines et de ravines, les pieds posés sur le capot du moteur, un embranchement de la piste vient rompre ma rêverie. Dilemme, je pose pied à terre : dois-je obliquer à gauche ou à droite ? Le seul panneau de signalisation, un triangle de métal rouge et blanc, porte en son centre le dessin d'une vache noire. Vu la fréquentation automobile quotidienne, ou plutôt hebdomadaire, de cette voie, l'indication que des vaches peuvent la traverser à tout moment me semble pour le moins superflue. En revanche, personne n'a visiblement pensé à guider un voyageur de mon acabit. Que ma présence – et mon attelage – constitue une énigme pour des Européens, je comprendrais... mais suis-je aussi improbable pour les gens d'ici ?

Si j'en juge par la striation d'empreintes de roues, je dois prendre à droite – il n'y en a pas sur le chemin de gauche. Très content d'avoir su interpréter cet indice, je sors tout de même de la poche de ma veste débardeur une carte de la région, la plus détaillée que j'aie pu trouver. Mais, bien sûr, cette division de la route n'y figure pas. À tout hasard, je sors aussi le carnet à spirales où j'ai reporté les indications de Stanley ole Kenana, l'enseignant qui m'a donné des cours de maa ces trois derniers mois, à Nairobi, et qui m'a proposé comme point de chute le bourg de Mashuuru, chez ses amis Kasuku. Rien sur ce choix cornélien. Seul maître à bord, c'est décidé, je vire à tribord toute !

Le nez dans le guidon, je resserre mon champ de vision à sa plus simple expression : la piste, bordée à présent des deux côtés par une végétation touffue d'épineux. Pas question de crever ici, il est cinq heures et j'imagine les fauves tapis, prêts à bondir sur moi à la moindre occasion. J'accélère, du moins mentalement car dans la montée je ne suis pas loin de descendre pour pousser ma « petite bleue ». Arrivé tant bien que mal au sommet de cette portion très pentue, je tombe nez à nez avec des vaches en nombre, dont les cloches me bercent de leurs tintements familiers. À les voir prendre la tangente sur les bas-côtés, je les ai visiblement surprises. L'adolescent qui les accompagne y remet tout de suite bon ordre en sifflant de façon stridente pour qu'ils continuent de progresser ensemble le long de la piste, dans ma direction. Contrairement à ses ruminants affolés, il n'a pas l'air ébahi de me voir – comme s'il en passait toutes les heures, des énergumènes dans mon genre ! J'en profite pour tester *in situ* (pour reprendre la langue de bois des concepts universitaires) les rudiments de la langue que j'ai appris en théorie.

-« *Koree Mashuuru, Kelakua ?* » (Mashuuru, c'est par là ? C'est encore loin ?) Je crie pour couvrir le bruit de mon moteur et des beuglements. S'étant départi de son flegme, le jeune homme a du mal à me répondre tant il s'esclaffe. À présent intarissable, il se lance dans une explication dont je ne comprends pas un traître mot. *Bravo, la théorie !* Mais à le voir constamment pointer son long bâton de berger dans la direction que j'ai prise, je me dis que j'ai fait le bon choix. Il a au moins saisi le sens de ma question... Peu après, à flanc de colline, j'aperçois un immense village bâti en cercle à l'intérieur d'une haute clôture d'épineux, dont les maisons de terre rouge en forme de coupoles me font penser à des igloos. La nature respire, une lumière de miel s'est coulée à l'infini sur le moutonnement des steppes, la plénitude m'habite plus que jamais. Je ne suis plus tout seul, j'aurai un abri pour la nuit car je sais que l'hospitalité est l'une de leurs valeurs maîtresses, et j'aurai toujours le recours de rebrousser chemin.

La piste est devenue sablonneuse, j'ai l'impression de glisser ; prenant de la vitesse, je repose prudemment les pieds sur les pédales. Ma pétrolette a changé de tempo, régulier et assourdi. Des vanneaux me frôlent en virant sur une aile, comme pour me faire part de leurs commérages, une insistante série de *kii wiit wiit*. Le soleil sombre inexorablement, mais il semble lui aussi vouloir me lancer un message avant de disparaître. Un message d'espoir, car si ses derniers rayons m'aveuglent, c'est surtout qu'ils se réfléchissent sur des toits en tôle. Serait-ce le bourg de Mashuuru ? Une heure plus tard, alors que la nuit est tombée sans cette lente transition que nos étés connaissent, je désespère de rejoindre les maisons entrevues, qui paraissaient pourtant si proches. Elles n'ont eu de cesse de disparaître et de réapparaître au rythme devenu lassant d'une alternance de creux et de bosses. Pour être franc, la peur est revenue. Je me croyais invincible, mais les ténèbres me jouent des tours pendables. La paranoïa me guette : chaque touffe d'herbe qui dépasse un peu me fait sursauter, l'épine dorsale trempée d'adrénaline, croyant discerner la crinière d'un lion dans le faisceau tremblotant de mon phare de faible puissance. J'entame mon ultime courbe, me dis-je pour me redonner du courage. En effet, le ruban tourmenté débouche bientôt sur le hameau de Mashuuru, du moins c'est ce que j'en conclus ; de toute façon, je n'irai pas plus loin. Mon professeur de maa m'a parlé d'une église, en prenant le premier chemin à gauche, et la maison des Kasuku serait alors à trois cents mètres. Le problème, c'est qu'à part quelques boutiques en tôle, une dizaine en tout, qui ne dégagent elles-mêmes aucune flamme de vie, je ne vois rien ni âme qui vive. Je n'ose poursuivre la route, qui plonge tout de suite après dans l'encre devenue épaisse et noire d'une nuit sans lune. *Pas de panique, reprends-toi ! Tu dois essayer, as-tu cette fois vraiment le choix ?* J'avance donc, persuadé d'entamer une longue descente aux...

En fait, il y a bien une route, genre chemin de dune, qui prend à gauche. Est-ce la bonne ? Je m'y engage et avise bientôt un écriteau en anglais signalant une église pentecôtiste. Deux cents mètres plus loin, je passe devant un rectangle de pierre grise que j'aurais pris, n'eût été la croix barrant l'entrée, pour une grange. Je suppose que je tiens là le dernier indice qui me manquait. Je remonte un peu, et en effet, au sommet d'un mamelon, se dresse bien une maison, dont les nombreuses fenêtres reflètent jusqu'à moi les tressaillements de bougies ou de lampes à pétrole, en un mot la maison où je passerai au moins la nuit ! Des aboiements claquent, trois chiens jaunes, la croupe basse, se précipitent sur moi. Une peur abominable me noue les tripes, je suis en état de choc. Heureusement, un ange gardien doit veiller sur moi, car aussitôt une femme accourt à ma rencontre et les bêtes que je croyais féroces sont déjà reparties, la queue basse. « Je m'appelle Xavier, je suis français, un ami à vous, Stanley ole Kenana, m'a dit que je serais bien chez vous. Je fais une recherche sur les Maasaï et j'ai pensé... », dis-je d'un bloc en anglais, comme si je voulais la contraindre sans discussion possible à dire oui et surtout l'empêcher de me renvoyer dans les ténèbres. Mais elle ne me laisse pas finir ma tirade. « Oui, je m'appelle Agnès, je suis au courant, vous êtes le bienvenu dans ma modeste demeure », se contente-t-elle de répondre, en m'indiquant la véranda où garer ma monture. L'instant d'après, je suis confortablement installé dans un lourd canapé en bois, dont le dossier et les coussins sont recouverts de napperons de laine tricotés à la main.

« Vous m'excuserez, j'étais dans la cuisine en train de préparer le dîner.

— Je vous en prie, faites ! » Je suis tellement soulagé d'avoir survécu à cette fin de parcours pour le moins incertaine que je veux bien accepter n'importe quoi.

Le calme de l'endroit est contagieux, à nouveau je suis bien. Seul un léger souffle émane d'une lampe à acétylène qui anime un ballet d'ombres sous le plafond bas. Je ne sais pourquoi, je me croirais transporté dans l'ambiance faussement inquiétante du musée Grévin. La mouvance tamisée de l'éclairage fait ressortir, comme détourés, les bijoux maasaï dont les murs sont couverts, de même que le bouquet polychrome de fleurs artificielles posé sur une table basse. Mais cette atmosphère particulière, ombre et lumière, émane surtout d'un vieux Maasaï assoupi dans un coin, dont nul mouvement ni son ne trahirait l'existence si la lampe n'illuminait de ses teintes chaudes son visage impassible. Agnès revient vers moi, munie d'un broc d'eau et d'une bassine pour me laver les mains ; sans le lui demander, j'y ajoute la figure, pour des ablutions dignes d'une résurrection.

Le visage rond, très enjoué, mais l'allure fière moulée dans un pagne rouge vif, elle a ce piquant tranquille des femmes africaines ayant reçu les deux enseignements, traditionnel et moderne, aussi à l'aise à la ville que chez elles. Elle me tend à présent une assiette fumante, pleine à ras bord d'*ugali*, le plat national kenyan – un brouet à base de farine de maïs et d'eau absolument épouvantable –, accompagné de l'incontournable *sukuma wiki*, des feuilles de chou bouillies. Heureusement, elle a l'idée de me servir aussi une grande tasse de lait frais. Cela m'aidera à faire passer le « ciment » !

Le vieil homme s'est réveillé comme si de rien n'était, guère surpris lui non plus de me voir ; il échange en toute discrétion deux-trois phrases avec la maîtresse de maison, qui s'est assise en vis-à-vis sur un canapé plus petit, tout en alternant, en connaisseur, une gorgée de lait avec un morceau de fausse polenta. « Tu verras, demain lorsqu'il fera jour, de l'autre côté du bourg, il y a le lit très large d'une rivière qu'on appelle Olkerie. Eh bien, cet homme a son village sur l'autre rive. Comme il a perdu presque toutes ses vaches à cause des tiques, il s'occupe des miennes dans l'espoir de reconstituer plus vite son cheptel ! » J'acquiesce par politesse, mais tenaillé par la faim je suis avant tout occupé à alterner lait et brouet. Je crois bien que j'aurais mangé n'importe quoi, mais je n'aurai pas l'indélicatesse d'affirmer haut et fort que c'est précisément le cas !

Très vite, je me crois obligé de tout lui raconter, comme si elle avait besoin d'être rassurée. Elle m'écoute respectueusement, en ponctuant chacune de mes phrases d'un « *really !* », d'un « *oo !* » ou d'un « *éé !* ». Je ne manque pas d'évoquer la longue attente de ces trois mois passés dans la capitale, à faire chaque jour le siège de l'Office du président pour n'essuyer que des refus, jusqu'à la semaine dernière où j'ai enfin obtenu le sésame qui me donne le droit de circuler librement et de faire mes recherches en pays maasaï. Je conclus par son ami Stanley et lui tends une lettre qu'il a écrite à son attention. « Je suis au courant de ta venue ! » se contente-t-elle de répéter en toute quiétude, sans même prendre le temps de décacheter l'enveloppe pour lire ce qu'elle contient. Comment a-t-elle su ? Je suis interloqué. Stanley m'a en effet précisé qu'il lui serait tout à fait impossible de la joindre, d'où la lettre de référence en quelque sorte qu'il m'a confiée pour la rassurer. Une explication me traverse l'esprit lorsque je jette un regard circulaire dans la pièce aux trois quarts sombre et remarque sur les murs des prises et des interrupteurs. Mieux, tout au fond, près de la porte de la cuisine, je distingue un poste de télévision et un réfrigérateur ! Aurait-elle l'électricité, et donc pourquoi pas le téléphone ? « *Aï, aï, aï, aï, aï,* non, c'est un rêve, mais malheureusement inaccessible ! me confie-t-elle, en riant de bon cœur.

— Mais alors, comment avez-vous su que j'existais et que je vous solliciterais ainsi ?

— Les choses sont beaucoup plus simples que tu ne le penses. Tu es bien un Européen, il faut toujours tout expliquer avec vous, non ? Détend-toi ! Tu as besoin de te reposer. Mais d'abord, écoute-moi bien : ta moto, tu la laisseras ici, il n'y a rien à craindre ; lorsque tu en auras besoin, tu reviendras la chercher – tu me trouveras facilement, je suis institutrice à l'école primaire de Mashuuru. Ensuite, demain matin, à l'aube, tu iras à pied jusqu'à Entepesi, le village de Takuna, tu y seras parfaitement heureux pour mener tes recherches comme bon te semble. Tu n'auras aucune difficulté à le trouver, je t'expliquerai en détail comment t'y rendre avant ton départ. Dernière chose : pour ton courrier, j'ai une boîte postale à Kajiado, le chef-lieu du district, si tu désires recevoir des lettres, ça te sera utile... ! » Je suis tellement abasourdi que je réponds juste « oui », et même si je désire ardemment en savoir plus, il est hors de question de lui montrer mon impatience. J'ai aussi l'intuition que tout ce que j'ai à vivre chez les Maasaï – que je ne connais pas encore, si ce n'est par le rêve, les livres, les archives, Stanley, ou pour avoir un jour traversé leur pays en voiture – est et sera hors du commun.

Samedi 4 février, à pied entre Mashuuru et Entepesi, 7:30

Je marche d'un bon pas, plongé dans mes pensées. Je réfléchis à mon sort et ne peux que m'en réjouir. Je suis là, libre, plein de vie et de force, avec la perspective de trouver au bout du voyage un village où m'installer et commencer enfin ma recherche. Je sais que je suis censé venir chez les Maasaï dans un but précis, l'étude de terrain de ma thèse de doctorat, mais en même temps je n'ai aucun programme et ne tiens pas à en avoir, pour éviter de faire coller mon expérience à des a priori. D'un autre côté, tout me semble couler de source : mes premiers tours de piste à mobylette, ces rencontres, Stanley, Agnès, à qui, comme avec les Maasaï en général, j'ai le sentiment qu'un lien profond m'unit depuis toujours, une sympathie instinctive, proche de l'amour universel, et, plus encore, une identité de vues, une compréhension de la vie spontanément ressenties.

Passé le premier moment de malaise dû à la pénombre de l'aurore, la steppe d'herbes folles m'apparaît dans toute sa sauvage grandeur. Le jour s'annonce beau, dans une lumière vibrante sous laquelle des arbres torturés dont j'ignore le nom, peut-être des commiphoras, forment avec leurs branches entremêlées des lacis compliqués. Le ciel a perdu sa couleur gris plomb, il est ce matin bleu métallique, d'une extraordinaire pureté. On y distingue parfaitement les vautours qui planent, tournoyant à la queue leu leu dans un courant ascendant... Je me répète les mots d'Agnès, lorsqu'elle m'a confié un lourd bâton de marche en ébène, l'*esiare narok*, qui constitue ma seule arme : « Cela te suffira, fais du bruit avec, ainsi les animaux fuiront ! » Il n'empêche : par moments, des bruits étranges, comme des froissements de papier, me mettent sur le qui-vive. Et pour me rassurer, le « gros mamelon » dont la masse compacte doit guider mes pas, au nord-est, est connu sous le doux nom de... montagne aux Lions !

Pour l'instant, ne s'étend devant mes yeux qu'un plateau moutonnant jusqu'à l'horizon. Mais je ne m'en inquiéterais pas si le chemin, vague coup de crayon ocre dessiné dans le chaos sauvage de cette immensité pastorale, ne se diluait pas de temps à autre complètement dans un champ de latérite, avant de réapparaître comme une source quelques centaines de mètres plus loin. Mon parcours s'en révèle d'autant plus hasardeux, même si ce phénomène, d'une grande beauté, ne peut laisser insensible mon imagination lyrique... sans relâcher ma vigilance – merci le bâton ! qui a fait fuir un serpent couleur cendre sans doute aussi effrayé que moi.

La végétation est devenue nettement moins dense, les herbes, courtes et clairsemées. Je préfère ça. Depuis de longues minutes, je sursaute de plus en plus au moindre son suspect, sans parler des fréquentes explosions provoquées par l'envol de francolins, deux fois gros comme des perdrix... Le dos et les épaules endoloris par mon sac à dos, je marche depuis plus de deux heures lorsque j'arrive en haut d'une légère dépression. Je sors de ma léthargie avec un cri de joie. Face à moi, s'élève enfin la fameuse demi-sphère protectrice tant attendue. Elle domine un vallon qui étire à son entour une douce pelouse d'herbes rases. Entre les deux, une ligne de grands arbres à la noble stature qu'il me faudra franchir. D'après Agnès, ce sont des *iltepes*, acacias seyal dont la concentration a donné son nom à la région. Pourvu que ce soit bien ceux-là !

Le terrain plonge en pente douce, il n'y a plus qu'à descendre. Les arbres se font très vite moins rares et plus imposants ; sur ma droite, mon regard croise une gazelle girafe, dressée sur ses pattes de derrière pour tenter d'atteindre les extrémités, j'imagine plus tendres, d'un épineux. J'ouvre l'œil, d'autant plus aux aguets que le sentier zigzague entre des halliers et des amas de rochers ; il débouche sur un plateau couvert non plus de broussailles arbustives mais des grands acacias que j'ai aperçus plus tôt. Je décide de faire halte au cœur de ce monde magique et ombragé et pose à terre mon sac, sur lequel je m'assieds après en avoir extrait une gourde. Cette eau pourtant tiède me revigore, car le soleil qui tape déjà fort m'a littéralement liquéfié. Au-dessus de moi, de grosses fleurs jaunes s'épanouissent à profusion en dégageant un parfum capiteux, mais les formidables épines de dix centimètres qui montent la garde autour en rangs serrés me dissuadent d'aller y voir de plus près. Agnès m'a décrit ces épines, de même que la forme et la couleur de ces arbres, « élancés mais au faîte aplati, le tronc tirant sur le jaune pâle ». Ce sont bien eux...

J'avance désormais à longues enjambées, je ne veux pas m'éterniser sans visibilité. Tant que les animaux sont des antilopes, des gazelles et tous les ruminants de la terre, je ne crains rien évidemment, mais dès que je pense aux autres, mes jambes se mettent à flageoler. En franchissant la ligne d'arbres, mon soulagement est tellement grand que je crie à tue-tête. Je progresse ensuite longtemps sur un terrain plat à découvert, avant d'emprunter un chemin très étroit qui contourne en grimpant le dôme de la montagne aux Lions pour à nouveau changer de direction et plonger vers la gauche. Là, je n'en crois pas mes yeux : de tous côtés, des groupes de femmes marchent à la file, hiératiquement, la cape au vent ; elles convergent à angle droit vers l'ouest, sur des chemins perpendiculaires au mien. À mesure que je m'en approche, me parvient une musique lancinante, échappée de leurs bijoux entrechoqués. Leur cou, enduit d'ocre rouge, est cerclé de lourds colliers plats qui masquent leurs épaules. Des parures superbes. En m'apercevant, elles s'enfuient dans un concert de rires. J'accours à leur rencontre, et leur demande, hors d'haleine : « *Aewuo pee adol Takuna. Koree enkang enye ?* » (Je suis venu pour voir Takuna. Savez-vous où se trouve son village ?) Stupeur. S'ensuit un long silence. Je ne suis pas peu fier d'avoir réussi à formuler une phrase complète, certain qu'elles m'ont compris lorsque je les entends murmurer de timides « *éé* » (oui), que j'interprète aussitôt comme une invitation à les suivre. Je ne me fais pas prier, tellement heureux d'avoir enfin de la compagnie, mais surtout d'avoir réussi à m'en sortir seul, dans cet univers potentiellement hostile.

Même si la lumière de la mi-journée est maintenant intense et brûlante, je ne sens plus ma fatigue. L'excitation me la fait oublier. Quant à elles, elles se retournent fréquemment et rient à gorge déployée. Suis-je si ridicule ? Elles ont l'air en tout cas particulièrement heureuses de vivre. Des dizaines d'autres femmes me rattrapent et se joignent à nous, dans l'hilarité générale. De ma vie, jamais autant de femmes en même temps ne se sont intéressées à moi à ce point-là ! Puis, soudain, silence, mais pas un silence de gêne ou d'hostilité, comme il peut se produire entre des étrangers, plutôt un silence annonciateur. Je ne suis pas long à comprendre : à deux cents mètres à peine, les femmes pointent de leur index une gigantesque ceinture d'épineux, pareille à un nid géant qu'une tempête aurait plaqué au sol. Ce ne peut être que le village.

La procession des femmes y pénètre bientôt, à la faveur d'une trouée dans la clôture de branchages. Je vais pour les suivre, lorsqu'une voix d'homme m'interpelle : « *Olpayian, wou ene* » (Jeune homme ! Venez par ici.) En pivotant, je repère, légèrement en contrebas, deux hommes assis sur des tabourets à l'ombre d'un acacia. Un ancien au physique que je devine élancé, sans une once de graisse, me serre la main avec une chaleur non dissimulée et m'invite à prendre place moi aussi sur un tabouret de bois, à sa droite. Celui de gauche est occupé par un jeune homme d'apparence facétieuse et décontractée, portant polo et jean. « *Lo léé !* » me susurre l'ancien. Je lui réponds sans hésiter : « *Papaaï, oê !* » selon la règle de déférence due à un homme de la génération de mon père (merci Stanley, tes cours n'auront pas été inutiles !) « *Supa !* » me réplique-t-il après avoir marqué un temps d'arrêt. « *Ipa !* » lâché-je pour terminer ce préliminaire de politesse. Lorsque vous débutez sur de telles bases et que vous vous prenez pour le roi du monde – genre *c'est formidable, je débarque chez les Maasaï, je parle couramment leur langue du jour au lendemain !* –, il est à craindre que votre interlocuteur ne mette la barre plus haut et là, attention au retour de bâton. C'est en effet le scénario. La première phrase avec un sujet, un verbe et un complément s'apparente vite à mon oreille à un inaudible charabia. Je peste ! Il me la répète plus doucement : « *Kaji ing'uaa ? Wou inosakaki ilomon lenkang ino* »... Même constat d'échec ; je hoche la tête de dépit. « Je m'appelle Meeli, je suis son fils aîné ! » me lance l'autre personne, venue à ma rescousse dans un anglais impeccable. Il enchaîne : « Mon père veut juste savoir d'où tu viens et quelles sont les nouvelles. » Vexé, tout en gardant un sourire de façade, je parle cette fois moi aussi dans la langue de Shakespeare, charge à lui de traduire à son *papaaï*.

Pendant que je résume le pourquoi de ma présence, j'observe son beau visage, serein, grave et enjoué tout à la fois, guère surpris lui non plus de me voir. Après la rebuffade d'Agnès, je n'ose lui demander s'il était aussi au courant de ma venue. Depuis hier, je flotte dans une fiction, certes passionnante, mais ce n'est pas la réalité, ce ne peut pas être la vraie vie puisque ici je ne peux rien expliquer. C'est incroyable, décidément. Tout comme cette petite fille aux pieds nus sortie de nulle part avec une timbale bouillante ; elle me la tend avant de se courber respectueusement face à l'ancien, qui impose sa belle main droite au sommet de son crâne luisant. Un geste sacré empreint d'une grande émotion. Ses yeux malicieux paraissent d'autant plus grands que son crâne est rasé. Avant de reprendre la parole, *papaaï* remonte un pan de la couverture de laine pourpre dans laquelle il est majestueusement enveloppé, qui recouvre un simple drapé à carreaux noué à une épaule. La présence d'un traducteur me rend moins nerveux, je vais pouvoir me concentrer sur ce qu'il a à me dire. Toujours ébahi de ce que mes débuts se passent avec une telle déconcertante facilité, je l'écoute : « Takuna est également mon fils, il vient juste après Meeli, c'est le porte-parole de la classe d'âge des vingt, vingt-cinq ans. Tu es donc bien tombé, tu es le bienvenu dans notre village, sois ici comme chez toi, *ti Enkaï !* (à la grâce de Dieu !) Si tu l'acceptes, le mieux sera que tu partages ma maison... Dieu est imprévisible, il t'a fait arriver en ce jour qui représente beaucoup pour nous... »

Il parle tranquillement, d'une voix calme au son profond, magnétique. L'endroit où nous sommes installés est parfaitement protégé du soleil dru de midi. Seules les mouches, nombreuses, qui volettent autour de mes oreilles, provoquant de ma part de petits gestes nerveux, troublent l'harmonie. Je trempe mes lèvres dans le quart encore chaud, découvrant le goût subtilement caramélisé d'un thé au lait succulent. Il poursuit : « Aujourd'hui, nous fêtons Takuna qui, voici trois saisons sèches, à la même époque, a sauvé les Maasaï de l'esclavage. Un tyran appelé Arinkon, qui se prétendait maasaï, mais qui en fait terrorisait nos villages, nous avait intimé l'ordre de capturer cent mille puces et de les lui apporter. Nous avons pu relever le défi grâce au stratagème imaginé par mon fils, qui leur apporta à la place la peau d'un mouton noir dont il avait préalablement découpé les poils de telle sorte qu'avec le vent les légères particules pilées fussent réellement perçues comme des puces sautant dans tous les sens. Arinkon l'a cru et, pour la première fois, ne nous infligea aucune sanction. Il exigea alors qu'on lui apportât depuis chez nous une tasse de lait frais de vache ayant encore les bulles attestant de sa fraîcheur. Là encore, Takuna fit preuve d'une grande clairvoyance. Il emmena une vache jusqu'à proximité de son village, la réduction du temps de transport du lieu de la traite jusqu'à la maison du chef ayant eu pour effet de conserver au lait toutes ses bulles. Lorsque Arinkon nous mit au défi encore une fois, Takuna et son groupe d'âge décidèrent d'en finir en allant le trouver. Ils lui dirent tout simplement que nous refuserions désormais toute domination. Et, bien sûr, ça a marché. C'est ainsi qu'aujourd'hui, à chaque fois que nous sommes mis devant le fait accompli, nous faisons référence à cet épisode glorieux face à Arinkon, équivalant à une malédiction : *Arinkon inkoo ena niyieu !* (Prenez la décision que vous voulez, cela nous est bien égal !) »

Je reste sans voix pendant une éternité, tant je me sens secoué non plus seulement par des images, mais intérieurement. La richesse, la nouveauté et encore la sagesse des propos font sur moi l'effet d'une bombe. *Papaaï* le devine, car il me serre très fort les avant-bras, comme pour me consoler. Pour le moins paradoxal ; je meurs d'envie de lui déclarer que non seulement je vais bien, mais que je n'ai jamais été aussi bien. C'est comme si je venais de recouvrer d'un coup de baguette magique l'usage de mes cinq sens, et inversement je prends conscience subitement que je n'ai pas vraiment vécu durant toutes ces années. « Je vais te faire visiter le village. Mais d'abord, nous irons mettre tes affaires dans la maison de ma mère », me suggère Meeli en dépliant son corps athlétique, qui me rappelle que je ne suis pas encore un Maasaï accompli. Je salue le vénérable aîné, qui met tant de joie dans sa poignée de main que les calots incarnats suspendus à ses lobes distendus tournoient, comme deux pendules dont l'irrésistible giration serait la promesse que je suis entre de bonnes mains et que tout se passera bien.

Sans me l'avoir demandé, son fils porte négligemment mon sac à son épaule. Lorsque je pénètre dans l'enceinte à sa suite, des dizaines d'enfants qui devaient m'épier depuis la clôture se dispersent bruyamment, comme si je leur faisais peur. Le village est tellement vaste que je n'en vois pas le bout. Les maisons, des coupoles de terre de la même couleur ocre jaune que le sol, sont adossées aux branchages d'enceinte, autour d'une arène parfaitement circulaire recouverte de bouse. « Tout cet espace, à l'intérieur du village, on l'appelle *emboo* ; il est réservé aux vaches », me crie Meeli pour se faire entendre. Les gens se pressent de partout, un invraisemblable brouhaha m'emplit les oreilles ; l'effervescence s'est emparée du village et de ses invités. Les convives émergent à peine du brouillard cotonneux, provenant d'un site de rôtissage si j'en juge par le fumet prometteur qui s'en exhale. Nous longeons la périphérie ; à part la meute d'enfants qui va et vient, c'est à peine si l'on me remarque. « C'est ici ! » Meeli se racle la gorge à l'entrée du logis – ce doit être leur façon de signaler leur présence avant d'entrer. En effet, j'entends une femme répondre par habitude quelque chose comme « *tijing'u !* ». Je le suis, en penchant le buste, et je me retrouve dans une sorte de boyau en zigzag où l'obscurité totale me contraint à plaquer une main le long de la paroi pour me guider. Un voile opaque m'embue de larmes. Je progresse en épousant, centimètre par centimètre, les méandres de ce corridor enfumé qui me paraît interminable mais débouche finalement au cœur de l'habitation !

Une palette de teintes chaudes s'offre à mes yeux. J'ai la sensation d'entrer dans un décor, spécialement réalisé pour le tournage d'un film à grand spectacle dont je serais le héros. Il y règne une chaleur intense et un nuage dense, dont le blanc immaculé est accentué par un rai de lumière crue entrant par une sorte de meurtrière, semble collé au plafond de branches entrelacées. Meeli me prend la main et me force à m'asseoir à côté de lui, ce qui instantanément me soulage. Une grande peau durcie me reçoit, il y en a en fait plusieurs couches, sur une structure en bois, supports en rondins et lattes de grosses branches : le lit, je suppose. Une bouffée de senteurs étranges flotte dans l'air, complétée d'insolites encens qui explosent d'un feu de branchages et d'herbes séchées allumé à même le sol, entre trois pierres sculptées. Peu à peu, les contours de la pièce se précisent. À droite du foyer, une réserve de petit bois et de grosses bûches occupe tout l'espace jusqu'au toit. Face à moi, une femme entre deux âges, le crâne lisse et brillant recouvert d'ocre rouge, est assise, les genoux joints à cause d'un drapé cousu serré le long des cuisses, sur un lit du même type. Ce doit être sa chambre à coucher, d'ailleurs délimitée par un grand panneau, finement tressé de longues tiges entrelacées de lanières de cuir. « Appelez-moi *mamaï* ! » me lance-t-elle sans préliminaire, d'une voix rocailleuse au timbre joyeux.

Tout en continuant de stériliser une calebasse à l'aide de braises d'olivier sauvage extraites de l'âtre – explication simultanée de mon compagnon, très attentionné –, elle m'observe avec une bienveillance complice et comme familière. Le corps immobile, je m'imagine attendre quelque message venu des braises. Mais c'est surtout la gestuelle de *mamaï* dont je m'emplis ; je n'en perds pas une miette, au point que l'envie de sortir mon appareil et de la prendre en photo me démange. Il en va toujours ainsi lorsque l'on vit le plus improbable des moments : on voudrait l'immortaliser, le faire partager, mais aussi peut-être pouvoir crier haut et fort « J'y étais, j'ai vécu ce que personne d'autre n'a fait avant moi, c'est ma photo, c'est moi l'Aventurier et pas vous ! »

Mamaï a plongé deux longues tiges dans le récipient afin d'en ôter les cendres, l'une pour nettoyer les côtés, l'autre, prolongée d'une brosse de crin provenant de la queue d'une vache, pour achever d'en extraire les derniers copeaux de charbon de bois. Lorsqu'elle ouvre la bouche, sa voix grave a beau sonner sérieuse, je ne me méprends pas sur son air de plus en plus complice : « Tu partageras l'*eruat kitok* (le grand lit) avec *papaaï*. »

Je ne peux me résoudre à croire que ce que je vis depuis hier est bien réel. J'ai passé trois mois à Nairobi à me morfondre, à ne plus trop y compter, allant jusqu'à envisager de rentrer... Puis, au moment où je n'attendais plus rien, j'ai obtenu le permis et maintenant on m'offre le plus aisément du monde ce qui, de loin, me paraissait inaccessible !

Après avoir bu deux timbales de lait frais chacun, nous ressortons à l'air libre. Je cligne des yeux tant le contraste est grand entre la lumière chaude de l'habitat et le soleil blanc du zénith. Mais le lait m'a redonné toute mon énergie, au point que refaire le trajet de ce matin ne me ferait pas peur, malgré la chaleur. « On vient de m'annoncer que Takuna est à cent mètres, derrière cette entrée-ci. Il nous attend, me fait Meeli, allons-y ! »

J'avais remarqué que les maisons étaient rassemblées par groupes de deux ou trois, de part et d'autre d'une porte composée de deux pieux très épais plantés en plein milieu de la barrière végétale. Le frère aîné de Takuna précise : « Nous, les Maasaï, on fonctionne par paires, comme dans la vie où une joie est généralement suivie d'une peine, la saison des pluies d'une sécheresse, etc. Nos classes d'âge, nos familles sont toujours divisées en deux : un groupe de la main droite et un groupe de la main gauche. On retrouve cette division dans la disposition des maisons. Ici, c'est une barrière familiale, sauf qu'il n'y a qu'une seule maison car mon père ne s'est marié qu'une fois, mais prends celle d'à côté : il y en a deux de chaque côté, cela veut dire que ce chef de famille a quatre épouses. La première a construit sa maison à droite de la barrière, la seconde à gauche, la troisième, encore à droite, et la quatrième, à gauche. Ce qui fait que la première et la troisième femmes ainsi que leurs enfants sont reconnus comme la famille du poteau droit, et tous les autres, comme celle du poteau gauche... Deux groupes complémentaires et non pas opposés ! »

À l'ombre d'un acacia parasol, Takuna, vêtu de tuniques rouges, le crâne et la nuque enduits d'ocre moulu mélangé à de la graisse et de l'eau, s'affaire à confectionner un feu, ou plutôt à fixer en croix des tranches de viande qu'il plante à la lisière du foyer. Un tel dispositif, assure-t-il, permet de les griller tout en les maintenant saignantes à l'intérieur. Un délicat fumet me parvient en tout cas à la faveur d'une brise, qui a pour effet de réveiller ma faim. Takuna l'a peut-être deviné, car il déplie ses jambes musclées d'une longueur impressionnante – il pourrait facilement manger sur ma tête ; serait-ce son intention ? À voir sa tête droite, son attitude ni passive ni insolente me semble l'expression d'une nature profonde. Il s'est saisi d'une tranche rôtie des plus appétissantes, qu'il compte visiblement partager avec moi. Nous nous asseyons sur un tronc d'arbre mort pour la déguster. À distance respectable, deux chiens efflanqués s'en lèchent déjà les babines. Takuna a sorti son glaive de son fourreau et découpe, alternativement pour moi, Meeli et lui-même, un petit morceau de viande encore tout chuintant. Je m'en délecte malgré sa fermeté, sans doute due à sa fraîcheur, m'obligeant à le mastiquer tellement longtemps que les bouts qu'il me sert s'accumulent dans ma main...

Les deux hommes ne se ressemblent guère, ni physiquement, bien que longilignes tous les deux, ni dans ce qui émane d'eux. Autant Meeli, dont je viens d'apprendre qu'il est soldat, a une apparence de sportif kenyan sans qu'il en ressorte nécessairement une grande force intérieure, autant Takuna, tout à la fois féminin par la douceur de ses traits et la finesse de ses muscles et viril avec ses pommettes hautes et ses larges épaules, semble avoir atteint un équilibre parfait. Je m'attends à ce qu'il me pose des questions, en particulier d'où je viens, ce que je compte faire, enfin le minimum de choses que j'aimerais savoir d'un étranger si j'étais dans sa situation. Mais rien de rien, au lieu de cela il me gratifie de grandes plages de rire ; Meeli, il est vrai, doit s'empresser de lui raconter la teneur de notre conversation de tout à l'heure avec leur père. C'est ce que je conclus des deux ou trois mots que je saisis au passage. De mon côté, je viens d'arriver, je voudrais tout connaître tout de suite – c'est humain, après avoir tant attendu –, mais en même temps je sais que je dois continuer d'apprendre à cultiver la patience.

« Tu voudrais m'accompagner demain matin à la rivière ? » me demande Takuna d'un ton égal alors qu'il s'est levé pour nous apporter une autre tranche. Je bredouille : « À la rivière ?

— Un jour sur deux, j'y emmène mes vaches pour les abreuver à mon puits, tu pourras m'aider !

— Oui, oui, c'est super ! Je viendrai. »

Je sens bien qu'il me teste, ils me testent tous. Mais, en même temps, quelle délivrance : j'ai un toit, un terrain, un pays, tout ce dont rêverait le plus grincheux des chercheurs ! Alors, laissons-nous aller, vivons l'instant présent... Takuna a dû m'entendre, car il me suggère que nous allions rejoindre les groupes de chanteurs et de danseurs en train de se former dans l'aire des vaches.

Deux lignes d'hommes défilent en sens opposé, les crânes rouges se balançant en cadence au rythme des genoux pliés et des bustes maintenus bien droits. On dirait qu'ils se passent en revue, se congratulant en effleurant le haut de leurs épaules respectives d'un coup bref. Par vagues qui moutonnent avec grâce et vigueur, les chaînes humaines se mêlent et se démêlent sans cesse. Filles et mères se sont jointes à eux en masse et les pressent de tous les bords, recouvrant les puissantes basses des hommes de leurs chants haut perchés. Takuna et Meeli ne se sont pas fait prier, je goûte vraiment l'instant avec l'enthousiasme que j'avais enfant – preuve qu'il n'est jamais perdu, prêt à resurgir dès qu'on le titille un peu.

J'apprécie que personne ne me contraigne à danser ou chanter, je trouve cette attitude délicate. Finalement, je me jette à l'eau. Ce sont les femmes qui rient le plus, parce que je ne suis pas dans le rythme, je le sais bien, d'autant que pour l'être il faudrait que je parvienne à rattraper la cadence endiablée et l'indicible liberté de leurs mouvements. Quelle torture ! Je pense trop à l'image grotesque que je dois donner de moi-même, du coup je n'arrive pas à me lâcher. La foule des danseurs est de plus en plus compacte, elle ne fait plus qu'un – enfin deux, avec moi – à mesure que les femmes comblent les rares espaces encore libres...

***Dimanche 5 février,** en route vers la rivière Olkerie, 7:00*

J'ai passé une nuit incroyable, ma première nuit chez les Maasaï, dans leur maison végétale toute ronde, bois, terre et bouse. Malgré la dureté des peaux et les ronflements de *papaaï*, j'ai dormi comme un nourrisson, bercé par les sons si vivants des bûches qui crépitaient et les staccatos de la brousse. Ce matin, je suis dans un état d'excitation jamais connu, je vibre de tout mon être. Tout est plus grand, plus riche. Le feu du soleil levant a embrasé la steppe jusqu'au-delà de l'horizon, au point que la piste jaune de mars que nous empruntons depuis dix minutes sature dans l'orange vif tout ce qui l'approche d'un peu trop près. Takuna sépare deux jeunes taureaux qui se chamaillent, puis se replace à mes côtés, le regard fixé sur son troupeau.

Un écran de fumée rendue sépia par la lumière rasante forme comme une aura au-dessus des zébus. À moins d'un mètre de nous, un énorme phacochère, la tête aplatie et large, mais surtout le museau muni de longues défenses recourbées vers le haut, détale au tout dernier moment de sa tanière, la queue dressée comme une antenne. J'hume à pleins poumons le subtil mélange d'effluves provenant du cuir des vaches. Elles sont de petite taille, mais leur palette de couleurs est si riche que chacune a la sienne propre, ce qui doit bien arranger son propriétaire (mais le mot n'est pas approprié – c'est le cas de le dire –, car je me souviens d'un aphorisme énoncé par Stanley selon lequel, chez les Maasaï, précisément, « la vache n'a pas de propriétaire »). Une toge d'un rouge éclatant rabattue dans le dos, une autre enserrant la taille comme une jupe, Takuna porte d'une main une massue à protubérance dissuasive et de l'autre un long bâton destiné à intimider ces chers ruminants afin qu'ils restent compacts. Ce n'est pas un vain mot, car je m'aperçois, moi qui ignore tout des travaux de la ferme, qu'il y a de la vie dans un troupeau, à commencer par celle des taureaux qui n'arrêtent pas de tenter leur chance dès qu'ils ont une génisse à leur portée ! Désordres garantis et beuglements à déterrer les morts sont la loi ; je m'en réjouis : au moins, les serpents sont prévenus longtemps à l'avance de notre passage.

C'est justement la question que je veux poser à Takuna. Je tente de rassembler dans ma tête les mots clés... Ça y est, je les ai : « serpent, piqué, vaches, nous, souvent ». Je secoue tout ça et je guette sa réaction. Gros éclat de rire, mais il a tout de suite perçu le sens – n'est-ce pas le plus important, quelle que soit la langue, de comprendre et de se faire comprendre ? Lorsqu'il me répond à la vitesse de l'éclair, c'est pour moi nettement moins limpide. Je lui fais répéter une fois, deux fois, trois fois... Il finit par s'apercevoir qu'il faut faire comme moi, c'est-à-dire ânonner des mots et non des phrases, avec force gestes. Après moult circonvolutions de sa part, je pense saisir le sens général de sa réponse. En résumé : pour les vaches, c'est rare mais ça arrive, notamment la nuit, au sein même de l'enclos du village ; pour les humains, c'est beaucoup plus rare, mais lorsque ça arrive c'est à cause d'un mauvais comportement personnel. En gros, si on n'a rien à se reprocher, il ne peut rien nous arriver, les serpents ne nous piquent pas, les lions ne nous dévorent pas, etc. Je ne ris pas, je prends au contraire le temps d'assimiler cette information que je ne suis pas long à juger capitale, car je considère qu'elle me renseigne plus sur leur culture qu'un long discours ou un rituel duquel je serais spectateur. Depuis avant-hier, je crois bien avoir basculé moi-même dans l'action, c'est le moins qu'on puisse dire, et je crois aussi avoir été plus en accord avec moi-même en quarante-huit heures qu'au cours de toute ma vie !

Nous surplombons bientôt une vaste étendue de sable fin, d'un blanc miroitant : l'Olkerie, du moins son lit, qui court paresseusement jusqu'au prochain méandre. Il doit bien faire quatre cents mètres de large. Takuna se déhanche déjà sur le sol meuble de grains beige clair, rassemblant ses animaux qui trépignent de plus en plus, soûlés de vibrations aquatiques. J'en ressens moi-même les effets, le moindre pore de ma peau absorbant avec délice un air vivifiant que j'associe au bord de mer – d'ailleurs, n'est-ce pas une plage ? Et puis, toutes ces femmes, éparpillées dans ce panorama de sable fin à l'infini où la nappe affleure, qui tirent de l'eau de puits peu profonds, me font penser à des enfants sur les plages de nos vacances, creusant des trous et remplissant leurs seaux. Le long de la berge sinueuse où nous progressons, l'activité de puisage et de transvasement est omniprésente, et les sons liquides se mêlent à un concert de voix joyeuses et à une cacophonie de beuglements, bêlements et autres braiments. Creusés à même la paroi de la berge, à l'ombre de plusieurs espèces d'acacias majestueux, des puits plus profonds sont accessibles par des raidillons de terre argileuse, visqueuse et jaune. En bordure, vaches, moutons, chèvres et ânes : les animaux de bât qui transportent les conteneurs sont postés là par centaines, visiblement impatients qu'on les laisse franchir à leur tour la démarcation d'épineux les séparant de l'oasis.

« C'est là ! » me lance Takuna. Une très haute barrière de branches entrelacées couvertes de monstrueuses épines inaugure en effet une descente, que je suis surpris de trouver détrempée, vers l'abreuvoir. Impassibles, deux jeunes hommes élancés, la tête droite et le menton levé, me scrutent sans mot dire. « C'est mon jeune frère ! Un morane... », me fait Takuna, en n'ayant guère besoin de me préciser lequel, tant ils se ressemblent. J'ai remarqué que les Maasaï ne sont pas enclins à nommer les gens par leur prénom, ils préfèrent se référer à l'âge ou à l'animal échangé avec la personne. Ainsi, j'ai entendu Takuna appeler son frère *olmurrani*, qui semble vouloir dire « guerrier initiatique ». Mais, en insistant un peu, il me glisse à l'oreille son vrai prénom : Kimakon. M'ignorant superbement, ils dégagent tous les deux une impression de force tranquille qui me remet en mémoire une légende lue l'an dernier au sujet de ces illustres initiés : « Un morane reposait sa tête sur un lion qu'il venait de tuer quand, hors du fourré, surgit soudain un contingent ennemi qui le vit ainsi étendu. Complètement indifférent, le morane n'exprima pas la moindre peur. Plusieurs ennemis brandirent leur lance et chargèrent sur lui, ayant l'intention de le tuer, mais ils furent arrêtés par leur chef, émerveillé par l'audace fantastique de cet homme qui ne bougeait pas. Le morane se garda bien de remercier celui qui lui avait sauvé la vie. Au lieu de cela, il releva la tête et s'écria avec colère : "Sois maudit, je ne t'ai demandé aucune faveur. Pourquoi n'as-tu pas laissé tes guerriers terminer leur travail ? Ne recommence plus jamais, après tout, nous ne sommes pas de proches parents !" »

Féminin lui aussi par la finesse extrême de ses muscles, la douceur de ses traits et la nature soyeuse de son épiderme lisse, ce qui frappe le plus néanmoins chez Kimakon, ce sont ses longs cheveux savamment tressés autour d'une cordelière et rassemblés entre les omoplates par une lanière de cuir. Aussi fines que lui et que son compagnon, deux lances effilées comme des rasoirs sont plantées dans le sable, à portée de main – au cas où ?

« *Wou ene, tipika enkare empeut !* » (Viens verser l'eau dans l'abreuvoir !) m'intime Takuna qui patauge dans un trou d'eau jusqu'à mi-cuisse. Pendant qu'il s'active à maintenir à niveau le contenu de l'abreuvoir en terre glaise, Kimakon et son compagnon font descendre les vaches, neuf à la fois, tandis que les neuf désaltérées remontent en sens inverse. Ils maîtrisent le flux avec une prodigieuse assurance, sans à aucun moment user d'autre chose qu'un son de gorge ou à clic. Je suis fasciné : chez nous, on aurait depuis longtemps eu recours à la méthode expéditive du bâton pour les faire aller droit !

Je prends à gauche pour descendre rejoindre Takuna, qui se courbe et se redresse, apparemment sans effort. Je devrais pouvoir y arriver aussi. Heureusement que j'ai pensé à mettre un short ; je me verrais mal me couvrir de ridicule en devant retirer mon jean et m'exhiber en caleçon. On a sa fierté, même si elle est mal placée... Prêt à relever le défi, je rentre dans la mare, délicieusement saisi par la fraîcheur de l'eau, et je lui rétorque « Oui, oui, je sais ! » avec aplomb, alors qu'il est assez gentil de m'apprendre à manier le seau. Mais cela semble tellement facile que c'est tout juste si je le regarde faire. Mal m'en a pris. Quand je m'y essaie, je ne peux que réviser mon a priori. J'ai toutes les peines du monde à hisser à bout de bras le seau pour en verser le contenu dans l'abreuvoir situé pas loin de deux mètres au-dessus de mes pieds, qui perdent régulièrement leurs appuis. Je me casse en deux, plonge le seau jusqu'à ce qu'il disparaisse, le redresse d'un coup au-dessus de ma tête, verse, me recasse en deux... Bien sûr, je tente de faire bonne figure, mais je m'épuise tellement vite qu'au bout de dix minutes qui m'ont paru une éternité, je le rappelle à la rescousse. Takuna me gratifie d'un sourire complice. Lui savait pertinemment que je ne tiendrais pas longtemps, mais j'aurai au moins essayé, et je me promets que d'ici à six mois, j'aurai les mêmes mouvements amples et faciles que mon mentor ! Et que – espoir encore plus fou – je ressemblerai à un morane !

***

J'ai passé le reste du temps à laver mes sous-vêtements et tee-shirts, que j'ai fait sécher en moins de temps qu'il ne faut pour le dire sur la barrière d'épineux du puits ; ensuite j'ai fait la sieste sur la berge, adossé au tronc rouge d'un acacia lahai, avant de participer à une séance d'ablutions-éclaboussements dans une grande mare d'eau cristalline, au creux d'une dune, à l'abri du regard des femmes. Meeli nous y a rejoints. L'air s'est apaisé, nous remontons ensemble au village ; le tintement des cloches et les mélodies sifflées flottent au-dessus des bêtes à cornes. Takuna chuchote à l'oreille de son aîné, qui ne bronche pas. Lorsque nous franchissons le lit à sec d'un petit cours d'eau, juste avant la ligne d'arbres, Takuna s'adresse à moi, le ton grave, Meeli en soutien : « Dans un peu plus d'un mois, à la pleine lune, pas celle-ci mais la suivante, tu devras te rendre seul, aux confins des plaines d'Arroï, dans le village d'un *loïbon* (homme-médecine) de très grande renommée, qui prie jour et nuit pour qu'Enkaï nous envoie son énergie de paix ! Jusqu'à aujourd'hui, il n'a pas encore trouvé de fils capable de lui succéder. Un petit dernier vient juste de naître la semaine dernière, il va donc procéder au rituel habituel pour vérifier si ce fils sera enfin le bon. Ce rite consiste à placer le nouveau-né en plein milieu de l'entrée principale de son village, puis à y faire entrer toutes ses vaches. Si celles-ci rentrent bien en ligne de part et d'autre de son enfant sans l'effleurer, ce sera la preuve qu'il est né avec les pouvoirs pour devenir à son tour un intermédiaire divin lorsqu'il sera un homme. Mais, pour cela, il est de tradition que la procédure soit validée par une personne totalement étrangère à notre culture. Il a été décidé que ce grand témoin, ce serait toi ! Acceptes-tu ? »

Je regarde Takuna fixement, un peu hébété, en me demandant s'il parle sérieusement, si ce n'est pas de l'humour. Tout va tellement vite. Comme pour faire diversion, Meeli me tend un morceau d'hibiscus à mâchonner.
« Et si les vaches piétinent le nourrisson ? lâché-je sans réfléchir.

— Non, cela n'arrive jamais, les moranes seront là, nombreux, prêts à intervenir. En général, le pire qui puisse arriver, c'est une vache qui passe un peu trop près ! »

Je n'en reviens pas : les Maasaï ne me connaissent que depuis deux jours, et ils ont décidé de me faire confiance pour partager un tel secret avec l'un de leurs leaders spirituels, au point de donner à mon témoignage force de loi quant à sa succession ! « Je suppose que je n'ai pas le choix ! » dis-je, partagé entre l'excitation de prendre part à un événement aussi incroyable, que je ne reverrai pas de si tôt, et la peur de ne pas être à la hauteur. « On a toujours le choix, mais ce n'est jamais entre le bien et le mal, car l'un ne va pas sans l'autre ! » répond Takuna, tandis qu'au même moment, tout autour de nous, s'épaissit un brouillard asséchant dû au piétinement des vaches. « J'irai... », fais-je, perdu dans l'interprétation de cette sentence...

***Lundi 6 février**, village de Takuna, maison voisine, 0:30*

Un voisin, compagnon du groupe d'âge de Takuna, a insisté pour que je vienne dormir chez lui. Après avoir partagé avec moi son dîner, trois énormes tasses de lait frais et l'habituel bloc de ciment, il s'en est allé coucher ailleurs, sans doute chez un ami du même âge, qui lui-même... La lueur sautillante émanant des braises assoupies me berce sans me faire sombrer dans les bras de Morphée. Dans les bras de qui ? Comment pourrais-je trouver le sommeil après ce qui s'est passé ce soir ?

La propriétaire des lieux, une jeune femme de dix-huit ans d'une insolente beauté, m'a fait longuement la conversation ; je lui répondais ce que je pouvais, mais elle avait l'air de bien saisir ce que je disais, malgré les tons que je ne devais pas mettre au bon endroit. Pour moi, c'était un exercice et rien d'autre. Je ne pensais qu'à l'opportunité de progresser dans mon apprentissage de la langue. Nous avons parlé, quoi ? deux heures... Je n'en sais rien, peut-être trois, en tout cas, le courant était fort entre nous ; j'étais bien, enfin, plus que ça, bien plus, il n'y a guère de mot pour exprimer une telle félicité. Et puis, sans aucun signe avant-coureur, elle est venue me rejoindre sur le grand lit de son mari ! Elle s'est couchée face à moi, sur le côté, la jambe droite repliée et la gauche relevée à angle droit jusqu'aux branches noircies du plafond.

Je peux encore sentir son parfum entêtant, mélange de beurre de karité et d'une sorte de lavande très poivrée. Je suis resté rivé à ses yeux rieurs, son petit nez retroussé et la sensualité de sa bouche, incapable d'esquisser le moindre geste. Je me souviens qu'elle a pris ma main et que... je n'ai rien fait. Mon corps s'est figé lorsque je me suis mis à penser. À son mari, surtout. Je m'imaginais qu'il débarquait, me voyait dans les bras de sa femme et me transperçait de sa lance. Je voyais déjà la une des journaux en France : *Jeune chercheur français tué par un mari jaloux chez les Maasaï buveurs de sang !* Alors, doucement, sans un mot, elle a détourné le regard, abandonné ma main, puis elle a déplié sa jambe droite, redescendu la gauche et regagné sa chambre.

***

Comme je le pressentais, je n'ai pas fermé l'œil de la nuit. Et la séance du petit déjeuner fut une torture. La jeune femme ne m'a plus adressé la parole, pire encore, elle a ostensiblement détourné les yeux en me tendant ma tasse de thé. Je ne savais plus où me mettre. Maintenant, un profond malaise me ronge de l'intérieur. Je dois me délivrer de ce poids, de cette culpabilité rampante. Il faut que j'en parle à quelqu'un, et vite ! Meeli me semble la personne idéale, mais n'est-il pas déjà parti ? J'ai cru comprendre que c'est ce lundi qu'il doit rejoindre sa garnison.

Heureusement, je le trouve chez *papaaï* en train de lamper son thé du matin. *Mamaï* ressent-elle ce que j'endure ? En tout cas, elle semble en profiter pour me taquiner avec des phrases du genre « as-tu passé une bonne nuit ? ». Une fois à l'air libre, je demande à Meeli s'il a le temps de sortir du village pour une petite marche. J'aurais quelques questions à lui poser. Il n'y voit aucune objection. « Allons jusqu'à l'*osoit lenkima* ! propose-t-il.

— L'*osoit lenkima*... Qu'est-ce que c'est ?

— Un pic rocheux d'où on a une vue imprenable, à même pas un kilomètre d'ici. Dans le foyer que tu as vu chez *mamaï*, ou dans la maison où tu viens de passer la nuit, c'est aussi le nom de cette troisième pierre qui est nécessaire pour qu'un récipient tienne en équilibre sur le feu. On l'associe aussi à une discussion qui, de la même façon, ne peut s'achever si seulement deux personnes y ont pris part... » Très intéressant, mais y a-t-il un rapport avec ce qui m'occupe la tête en ce moment ? N'a-t-il pas évoqué la maison où j'ai passé la nuit ? La nature se charge de balayer tout cela en un instant. Comme quoi, on se construit soi-même sa propre prison ! Je me retrouve cinq minutes plus tard au sommet d'un agglomérat impressionnant d'étranges rochers brillants à la pierre grise recouverte de micas. Le plus fabuleux, c'est qu'ils ressemblent à mes trous à crevettes ; ça me fait un bien fou, d'autant que la fraîcheur de l'aube est divine. On domine les plaines ouvertes à l'infini. Les herbes blondes ondulent avec nonchalance, osant défier la sphère incandescente du soleil qui, dans sa montée en puissance, vient d'embraser sans transition la masse jusque-là noire de la montagne aux Lions. Au loin, le Kilimandjaro ressemble à un paisible iceberg au-dessus d'une mer de nuages immaculés.

« As-tu bien dormi ? » me demande abruptement Meeli. Décidément, ils se sont passé le mot, ou quoi ? « À dire vrai, c'est marrant que tu me poses la question, car c'est précisément celle que je voulais te poser !

— Quoi ? Si j'ai bien dormi ?

— Non, sur le pourquoi de ma mauvaise nuit.

— Ah ! Tu as donc mal dormi !

— C'est cela, j'ai passé une nuit épouvantable !

— À cause du lit ou de Selenoï ?

— Elle s'appelle Selenoï ? J'ignorais son nom. Oui, en quelque sorte à cause d'elle. C'est que... » Je laisse passer un peu de temps. Par où commencer ? Je suis perplexe quant à la façon dont je dois m'y prendre pour le lui dire. Après tout, je ne le connais pas encore très bien, même si tout est allé très vite depuis mon arrivée. Et puis, c'est ma vie privée, non ? Du coup, je ne sais plus si je dois continuer dans le registre de la confession. Si lui aussi le prenait mal... Mais non, je n'ai justement rien fait de mal, mon honneur est sauf.

« Voilà, j'ai passé une soirée extraordinaire, me forcé-je soudain à lui admettre. Nous avons longtemps parlé, Selenoï et moi. Au fait, c'est un prénom qui lui va bien ! Mais nous avons tellement parlé qu'elle a fini par me rejoindre sur le lit, et là, je n'ai visiblement pas réagi comme elle l'aurait souhaité...

— Je vois, fait-il en riant bruyamment. Tu lui as plu, c'est tout. Elle désirait juste t'offrir l'hospitalité maasaï...

— C'est quoi au juste, l'hospitalité maasaï ?

— Tout est une question de génération, du groupe d'âge auquel tu appartiens. Je pense qu'elle a admis que tu faisais partie de la même classe d'âge que son mari, qui est aussi la mienne et celle de Takuna. Il n'y a aucun mal à cela, au contraire. Les Maasaï considèrent que les femmes sont mariées à l'ensemble de la génération de leurs époux. Lorsqu'un homme du même âge rend visite à son ami, comme ce fut le cas pour toi, il doit s'éclipser au nom de l'hospitalité et laisser son hôte seul avec sa femme pour la nuit ! À aucun moment, le visiteur n'aura à craindre qu'il revienne avant le matin ou qu'il ne lui pose de questions, c'est entre lui et la femme de son ami, ça ne regarde qu'eux.

— Donc, je n'ai rien fait de mal ? dis-je, complètement soulagé.

— Non, sauf si tu l'avais forcée à venir te rejoindre. Là, c'est très grave, passible des plus fortes amendes, voire de la déchéance de tous tes droits en tant que personne maasaï. Toi, coupable d'un tel abus, tu pourrais dire adieu à tes recherches !

— Mais la jalousie, ça n'existe pas chez vous ?

— Non, c'est un autre cas d'exclusion. Les Maasaï voient la jalousie comme une maladie particulièrement grave pour la société. Tu veux que je te raconte une célèbre légende sur la jalousie ? Je dis "légende" parce qu'on nous l'a toujours présentée comme telle, mais ça a sûrement existé. C'est l'histoire d'un vieil homme qui était marié à une femme très jeune et très belle, comme Selenoï (*les mouches volent...*), mais il en était jaloux au point qu'il la suivait dans ses moindres faits et gestes. Surtout, il avait décidé que jamais il ne lui ferait l'amour, de sorte que si elle tombait enceinte, ce serait bien la preuve que... Excédée, cette jeune femme inventa un stratagème destiné à déjouer une fois pour toutes la vigilance de son mari. Elle prétendit que sa mère était gravement malade et qu'elle devait se rendre le lendemain matin à son village, distant d'une dizaine de kilomètres. Le mari accepta à condition qu'il l'accompagnât. Ce qu'elle avait prévu, bien sûr. En route pour le village de ses parents, suivie comme son ombre par son mari toujours aussi sûr de lui tant qu'il l'avait dans sa ligne de mire, elle feignit la syncope en atteignant l'ombre d'un figuier géant. Le mari, tout affolé à l'idée de la laisser seule pour aller à la rivière chercher de l'eau, finit par s'y résigner, prenant la gourde vide que sa femme avait emportée. Mais il n'avait pas fait la moitié du chemin de retour de la rivière que la gourde remplie s'était déjà entièrement vidée. Évidemment ! Sa femme avait pris soin de la transformer en passoire... Il y retourna encore et encore, rien n'y fit, la gourde était invariablement sèche à mi-chemin. Pendant ce temps, l'amant, qui s'était caché sur une branche du figuier, n'eut plus qu'à voler au secours de sa belle... Neuf mois plus tard, elle accouchait d'un fils magnifique. L'homme fut la risée de sa classe d'âge et n'eut d'autre choix que d'adopter l'enfant. La morale de l'histoire, selon les Maasaï, est que tu auras beau suivre ta femme jour et nuit, elle parviendra toujours à ses fins pour peu qu'elle le désire vraiment. En conclusion, les femmes, chez nous, sont libres d'avoir des relations avec d'autres hommes que leur mari, à condition qu'ils appartiennent à sa génération... Selenoï doit se sentir terriblement humiliée. Je dois t'apprendre que les femmes maasaï sont fières à un point que tu ne peux pas imaginer. Sais-tu que le mot pour femme, *enkitok,* veut aussi dire quelque chose de grand, de précieux, d'important ? Autrefois, selon une autre légende, c'étaient elles qui avaient la prééminence culturelle sur les hommes, bien que leur entente avec eux fût excellente, très complémentaire. Ils vivaient séparés, et les femmes ne les rejoignaient qu'en certaines occasions, en premier lieu pour s'aimer. La paix régnait tant que ce furent elles et non les hommes qui eurent la responsabilité des troupeaux. À l'époque, c'étaient des élans, les vaches n'existaient pas encore, et à la place des ânes, elles utilisaient des zèbres. Et tiens-toi bien ! Sais-tu comment elles se déplaçaient ? Tu vas me répondre en *piki-piki* (vélomoteur). Non, elles se déplaçaient à dos d'éléphant. Oui, oui ! Alors maintenant, tu comprends peut-être un peu mieux la réaction outragée de Selenoï. Ce sont des reines...

— Que dois-je faire pour qu'elle me pardonne et qu'elle me reparle ?

— Rien ! Il n'y a absolument rien d'autre à faire pour le moment que d'attendre. Surtout n'essaie pas de lui expliquer que c'est un malentendu culturel, elle pourrait t'en vouloir encore plus ! »

Mardi 7 février, *contreforts d'Oldoïnyo lolenengasaloï,*
la montagne aux Lions, 15:00

« Celle-ci s'appelle *erikaru,* celle-là, c'est de l'*enaïmurwaï,* les deux herbes préférées des vaches maasaï ! » m'expliquent de concert Neranto et Naserian, les deux fillettes avec qui je garde depuis ce matin les vaches de *papaaï.* C'est à qui arrivera avant l'autre à me faire découvrir un mot nouveau, une plante, un arbre, une propriété médicinale. Elles sont intenables. Nous faisons une pause, la première depuis l'aurore et elle est bienvenue. Ce n'est pas tant que nous ayons parcouru de très longues distances, car on n'a fait que tourner autour du village sur un rayon de peut-être quatre, cinq kilomètres. Mais nous n'avons cessé de grimper sur des éboulis à se tordre les chevilles, avec cette peur au ventre qui ne m'a pas lâché de tomber sur des prédateurs en général... et des lions en particulier. Je ne parle même pas des serpents ! Imaginez un champ de blé mûr : c'est l'été, vous pique-niquez, vous êtes bien, très bien même, lorsque soudain vous pensez être victime d'une hallucination. Mais vous avez beau vous pincer très fort, tout autour de vous des serpents par dizaines sautent comme des truites très haut au-dessus du couvert végétal ! Pour gober des insectes, je suppose. Que faites-vous ? À quoi pensez-vous en premier ? Eh bien moi, j'ai repensé à ce que m'avait dit Takuna : « Si tu n'as rien à te reprocher... » Précisément, j'étais hanté sans repos par ma nuit blanche d'avant-hier et le mal que j'avais pu faire à Selenoï. J'en tremble encore, j'ai vraiment cru que c'était une sanction divine à mon adresse. Je n'avais pas succombé aux charmes d'une reine, je paierais pour ce crime de lèse-majesté !

« *Torrono, ilpapit !* » (C'est pas beau, les poils !) recommence Neranto pour la énième fois, en me caressant avec malice le duvet des bras. Parfois, elle s'aventure sur les poils de mon torse, en soulevant mon tee-shirt comme si elle s'attendait à trouver un trésor, et s'en va en mimant le dégoût. Neranto est la meneuse, dégourdie à un point inimaginable, toujours aux bords du rire, mais son assurance avec moi a aussi à voir avec le fait qu'elle est la petite dernière de *mamaï* et *papaaï*, même si je l'ai peu vue depuis mon arrivée car elle a élu domicile chez son frère Takuna. Naserian, c'est tout le contraire. Elle a certes le même âge, onze ou douze ans, mais c'est déjà une petite femme, elle parle peu mais sait en dire beaucoup plus long par une attitude, une expression, une dérobade.

À travers une végétation buissonnante, je distingue notre village, comme un cercle dessiné à la craie. Les grillons stridulent, le ciel est pur. « *K'aja ?* » (Combien ?) me fait Neranto, en agitant sa main droite à la manière d'une remontrance. « Huit ! » fais-je, sûr de moi. Je n'ai pas beaucoup de mérite, vu le nombre de fois où elles sont revenues à la charge toutes les deux au moment où je m'y attendais le moins, pour vérifier si j'avais assimilé les figures gestuelles qu'utilisent les maasaï pour signifier les chiffres plutôt que de les prononcer. Je trouve que c'est une façon vraiment élégante de mettre l'autre dans la confidence, plutôt que de vociférer directement le chiffre. La minute suivante, Neranto est à califourchon sur un énorme taureau. Il ne bronche pas, non pas qu'il soit docile, ça non, je le qualifierais plutôt d'hyperactif – les génisses du troupeau le savent assez –, mais parce que ce petit bout de femme l'a tout simplement dompté. Encore une fière descendante de ces femmes qui jadis domptèrent les éléphants !

La nature respire, en cette fin d'après-midi ; comme chaque jour depuis mon arrivée, la brise du soir éveille en moi une indicible exaltation. Il est temps de redescendre au village nous mettre à l'abri derrière la barrière d'épineux...

***Jeudi 9 février**, sur le grand lit chez papaaï, 5:30*

Des créatures grotesques à la démarche chaloupée et aux mâchoires surpuissantes m'encerclent, je suis perdu, mais leurs ricanements et leurs rires me... À moins que, non, c'est la voix de *papaaï* : « *Olashumpaï, Olashumpaï !* » (L'Européen !) Ce n'était qu'un cauchemar, quel soulagement ! Mais que me veut-il ? Est-ce déjà l'heure du thé ?

J'entends des rafales de vent, des voix étouffées dehors ; une sensation d'étrangeté m'envahit, j'ai peur. « *Olashumpaï*, tu dois te lever ! » réitère-t-il en me secouant comme un prunier. « Il est tard ? » fais-je, une bonne moitié de moi-même encore dans le monde redoutable de mon rêve. « On t'attend dehors ! » ai-je cru comprendre. Avec des gestes d'automate, je m'extirpe de mon duvet et me redresse tant bien que mal. Je tente de remettre mes chaussures, non sans passer au préalable à l'intérieur le faisceau de ma lampe torche – depuis que j'ai remarqué que les fagots entreposés près du lit sont très appréciés des scorpions, je ne m'endors plus sans le cylindre sécurisant de ma lampe bien serré au creux de ma main droite.

Je sors, un vent fort souffle en effet par rafales. L'aube se dessine, l'indigo du ciel s'éclaircit ; je suis frigorifié, à moins que ce ne soit le sommeil qui m'engourdit encore. Takuna me chuchote quelque chose, je ne comprends pas ce qu'il veut. Il a un air grave que je ne lui connais pas. Il me prend par la main et m'emmène jusqu'à l'enclos à moutons. Les bêtes sont apeurées. La clôture a souffert, mais à l'intérieur je découvre pire : trois d'entre elles gisent sur le flanc, inanimées.

« Elles ont été tuées il y a une heure, m'apprend Takuna en pointant de sa lampe une trace de reptation très large imprimée dans la terre volatile.

— Un gros serpent, n'est-ce pas ?

— Oui, c'est un... » Je ne saisis pas le terme, mais à voir les amis de Takuna s'agiter, je pense que je ne tarderai pas à le savoir. En tout cas, vu les dégâts et la marque, c'est sûrement un serpent d'une taille prodigieuse. Je passe en revue mentalement les prédateurs possibles : un python, c'est exclu, car il aurait ingurgité un seul mouton et serait reparti sans laisser de cadavre ; peut-être un cobra ?

« Viens avec moi, *Olashumpaï*, nous allons suivre sa trace », m'intime Takuna qui a récupéré plusieurs longs bâtons, une lance et une pioche. Au moins dix autres hommes suivent à la file, le dos courbé, concentrés sur le rail dessiné par la bête mystérieuse. À la hauteur de l'enceinte d'épineux, la trace disparaît. Nous franchissons l'enceinte à quelques pas de là, par une barrière familiale, puis revenons sur nos pas du côté externe. Au-dessus de l'horizon, une bande de ciel rouge clair passe au pourpre : le jour est pour bientôt, enfin un élément rassurant. En me penchant à nouveau, j'ai l'impression de voir la trace qui reprend à travers une loupe, tant elle paraît agrandie. Où tout cela va-t-il nous mener ?

Takuna se retourne et me désigne une impressionnante forteresse de terre glaise, genre maison du facteur Cheval revisitée par la nature, en l'occurrence les termites. Les méandres décrits par notre monstre y aboutissent inéluctablement. Il me tend la pioche ! Je m'en saisis, mais pour quoi faire ? Il me la reprend pour me montrer le geste que je dois effectuer et l'endroit précis où je dois cogner. Je comprends qu'on attend de moi que j'agrandisse le trou par où le serpent s'est visiblement glissé. Mais pourquoi moi ? « Nous, on sait ! Toi, tu dois apprendre ! m'explique Takuna sans sourciller. Tu n'as pas à avoir peur, le serpent est bloqué à l'intérieur, il ne peut plus se retourner... » Je ne suis qu'à moitié convaincu. Que se passera-t-il si tout s'écroule ? La bête traquée restera-t-elle sans rien faire ? Je n'aime pas ça du tout, du tout ! Il me tend à nouveau l'outil ; je me mets à creuser comme un damné. *Je n'ai rien à me reprocher*, mais j'ai en tête Selenoï, *je n'ai rien à me reprocher, je n'ai rien...* ! Je dévie ma frappe au tout dernier moment.

L'entrée de la galerie a cédé sous mes coups, libérant un gros bout de tuyau brun olive. Je suis sans voix, sans réaction non plus, mon visage doit être blême comme le ciel qui a viré au gris. On me reprend l'instrument. Ma contribution s'arrête là. Mes yeux restent longtemps rivés à cette chose mythique, on peut le dire, car je ne doute plus de son identité. Il s'agit bien d'un mamba noir, le plus agressif de tous les serpents, capable, ai-je lu quelque part, de frapper dans n'importe quelle direction, capable aussi de soulever son corps sur tout le tiers antérieur pour frapper. Quelle taille peut-il atteindre ? Quatre, cinq mètres, plus ? Je me suis mis en retrait de dix bons mètres, on ne sait jamais, au cas où j'en viendrais à douter... de moi-même.

Takuna a repris la manœuvre, les autres se sont déployés à sa hauteur, en alerte, prêts à faire parler qui une lance qui un bâton. Les pans de galerie s'écroulent les uns après les autres comme des châteaux de cartes, sauf qu'en dessous, ce n'est pas une table de salon avec grand-papa que l'on trouve, mais le grand méchant mamba ! Je dis méchant parce qu'il a eu l'idée malencontreuse de pénétrer dans un village maasaï, et là effectivement je ne donne pas cher de sa peau. Meeli m'a expliqué que les Maasaï répugnent à tuer, ils respectent tous les êtres vivants et, lorsqu'ils doivent malgré tout abattre un arbre ou un bœuf dans le cadre d'une cérémonie, ils prient Enkaï et implorent le pardon. Pour les prédateurs, il en va de même. En général, ils vivent avec eux en bonne intelligence, sauf si l'équilibre est rompu ou que l'animal dépasse la limite et met les hommes en danger. Dans le cas des serpents qui pénètrent dans un village, la seule fois où on ne les tue pas c'est lorsqu'une personne s'est « endormie » (l'expression des Maasaï pour signifier qu'une personne a cessé de vivre ici-bas). Car ils croient que ladite personne vient de se réincarner en serpent, ou du moins que celui-ci apporte de l'au-delà et de la famille du défunt ou de la défunte un message de paix ; au lieu de le tuer, on le vénère alors en lui donnant du lait...

Seul me parvient le son de la pioche qui frappe fort, un coup, plus ramassé, plus puissant, le dernier, et le silence parle à nouveau. C'est fini, le mamba a eu la colonne brisée net. Pas d'embrassades, nulle liesse, le recueillement. Takuna soulève le corps gris métallique totalement inerte de la bête, comme une pâte à modeler. Déroulé, sa taille dépasse mes pronostics, il doit bien faire cinq à six mètres, et son épaisseur aussi : il est plus gros, c'est certain, que le pneu de ma mobylette ! J'observe sa tête, curieusement aplatie latéralement, avec deux crochets bien visibles à l'avant de sa bouche gris-bleu. Takuna le dépose sous un acacia seyal au tronc jaune pâle et se remet à creuser, cette fois pour sa sépulture. « C'est pour éviter que les enfants ne viennent jouer avec, c'est le plus venimeux de tous les serpents... » Le trou rebouché, il se redresse et psalmodie une prière à Enkaï, reprise en chœur par tous les autres, qui font cercle autour de lui. Je suis dans un état second, dans la confusion la plus totale, certes enthousiasmé par la richesse de ce que je vis, mais incapable de ne pas associer tous ces serpents que je croise depuis deux jours à Selenoï.

« Tu as été fort, courageux, c'est réussi ! » me complimente Takuna en m'effleurant la main. Les hommes aiment le contact, ils caressent constamment la peau de l'autre, tout en se parlant, surtout les mains et le visage.

« *Wou amu chaï !* » (Le thé est prêt !) s'écrie *mamaï* en m'étreignant d'une joie sincère, enfantine. Le « héros » est fatigué...

***Lundi 13 mars**, en direction du village de Soïtanaï, plaines d'Arroï, 17:15*

La lumière aveuglante s'est soudainement muée en ambre. J'entame ma sixième semaine dans ce pays grandiose, mais j'aurais aussi bien pu arriver il y a une heure ou trois ans, tant j'ai la sensation que le temps opère ici d'une façon radicalement différente. Je me suis rendu compte par exemple que rien ne parvenait jamais à le bousculer et que l'éternité, c'était chaque seconde qui passait. Ce qui pourrait paraître interminable chez nous, où le temps est un supplice qu'il faut accélérer, est au contraire chez eux synonyme de bien-être. Et j'ai enfin compris pourquoi : ici la solitude et la dépendance physique n'existent pas. Jalousie, chantage affectif, arrière-pensées, toutes ces « joyeusetés » inventées par l'esprit n'ont donc aucune raison de se matérialiser, tout simplement. À chaque instant, on remet les compteurs à zéro ; les relations humaines demeurant constantes, fluides et chaleureuses.

Mais là, je suis au bord de l'épuisement. La marche a été longue et parfois stressante, car je ne savais pas toujours, loin s'en faut, quel *enkoïtoï* (le chemin, en fait un très vague tracé) prendre, ni à quelle faune je serais confronté. Au début du parcours, la faune en abondance et les grands espaces ont fait vibrer en moi un vrai et pur sentiment de liberté. D'ailleurs, ne m'étais-je pas avoué que j'étais prêt à escalader la montagne et à affronter le lion, s'il le fallait ? Les deux premières heures, à la fraîche comme on dit, furent merveilleuses. Saisissants de beauté, de gros nuages d'un blanc lumineux, palpable, s'alignaient au nord-ouest telles des collines doucement bercées par la brise au-dessus d'un rideau d'arbres. Plus magique encore, j'ai vu un plissement de terrain de couleur bleutée se mouvoir comme une vague ample et régulière, en fait la formidable ondulation d'innombrables pintades, suivie comme son ombre par une meute de créatures qui ressemblaient, de là où j'étais, à des chiens. De plus près, c'étaient des lycaons ! Bref, ce genre de sentiments forts dont je rêvais de faire l'expérience, dans une nature inviolée... Mais, à partir du moment où la lumière blafarde de la mi-journée a aplani les formes, mon bel enthousiasme s'est envolé et ma confiance en moi s'est fissurée, crevassée comme le sol, remplacée par la crainte et l'impatience. Enfin, au sortir d'une interminable alternance de creux et de bosses, j'ai en point de mire le cercle d'épineux du village de l'homme-médecine Soïtanaï ole Seggi, qui est censé s'attendre à ma visite...

En pénétrant l'enceinte desséchée du village, je constate, absolument stupéfait, que celui-ci n'est qu'une broussaille couleur de cendre, vidée de toute substance, et que ses quelques maisons ont un aspect délabré. Mon estomac se noue. Je m'attendais à une foule, or il n'y a pas âme qui vive, ce village me semble totalement abandonné. Que vais-je devenir ? Il se fait tard et je n'en ai guère vu d'autres à des kilomètres à la ronde. Fébrilement, je fais le tour de l'enceinte : en vain, aucun signe de vie. Pivotant sur moi-même pour une raison que j'ignore, j'entrevois un vieillard, tellement fondu dans cet univers desséché qu'il me fait penser à un phasme, même corps allongé, même identification aux couleurs du paysage. Sec et tordu comme une branche de commiphora, il est étendu sur une couverture de cette même couleur paille qui domine partout. Ses lobes d'oreille sont à ce point distendus, symboles dit-on de la meilleure écoute possible, qu'ils épousent les vallées désertiques de ses clavicules. Je remarque tout de suite que la vie est dans ses yeux, rivés sur des petits tas de pierres. Sans les lever, il m'a vu puisqu'il me fait signe de m'asseoir face à lui. Je ne me fais pas prier, très soulagé de l'avoir trouvé, même si je m'interroge sur le sens à donner à tout cela. J'aurai bien le temps de comprendre. Je me demande en tout cas comment cette momie centenaire ou presque peut être le papa biologique d'un nouveau-né. D'ailleurs, où pourrait-il bien se cacher, et où sont les autres : femmes, enfants, vaches ? Où la vie se niche-t-elle donc dans ce lieu sinistré ?

Mes poumons commencent à se dilater dans la fraîcheur du soir, le ciel est strié de rose et d'or, et j'hésite à questionner le vieux prophète, impressionnant d'immobilité.

Soudain, il me fixe de ses yeux vifs et me lance cette phrase lapidaire, qui m'assomme pour le compte : « Ta femme t'a quitté, et tu veux qu'elle revienne... » ! Étonné (littéralement « surpris par une chose pour le moins inattendue et extraordinaire »), je mets plusieurs secondes à réagir. Je suis venu jusqu'ici parce que Takuna me l'a demandé, investi d'une mission culturelle et initiatique déterminante, et voilà que je me retrouve chez un diseur de bonne aventure !... Comment l'a-t-il deviné ? D'une façon générale, je suis confronté depuis mon arrivée à l'aptitude des Maasaï, que ce soit *papaaï*, Takuna, Agnès ou maintenant cet ancien, à tout savoir de moi d'emblée. Il faut que je m'y fasse une fois pour toutes et que j'arrête de m'en étonner.

L'ancien me déshabille à présent d'un regard qui déborde d'affection et de bonté. Suis-je tellement à plaindre ? C'est vrai que lors de mon séjour prolongé à Nairobi, j'ai reçu de mon amie Claudia une lettre me signifiant clairement qu'elle souhaitait prendre quelque distance avec moi. Sa façon à elle sans doute de compenser celle, plus géographique, que j'avais de mon côté d'ores et déjà prise. Mais j'en avais souffert énormément. Si je croyais m'en être affranchi, c'est raté, car le fait qu'on m'en reparle, surtout sans que je m'y attende, vient de rouvrir la boîte de Pandore de mon amour interrompu.

« Je vais arranger cela, tu la retrouveras ! » poursuit-il, le timbre chevrotant. Mon oreille se fait subitement attentive, j'ai du mal à retenir mon excitation, comme si Claudia venait en moins d'une toute petite seconde de rayer les Maasaï de mes préoccupations et de ma vie. Le vieil homme s'est redressé en position assise, plus ou moins en tailleur, avec une relative souplesse qui me surprend. Il secoue énergiquement une calebasse, y crache en murmurant une incantation avant de renverser dans sa main droite une collection de pierres rondes et lisses de la taille d'une bille. Puis il les répartit en tas et demeure concentré, en arrêt, durant de longues minutes, analysant la position des uns par rapport aux autres, avant de répéter la divination un certain nombre de fois. Quant à moi, j'ai soudain cette impatience mêlée de crainte que l'on éprouve je suppose en allant consulter une voyante. J'attends le verdict, en me pinçant pour qu'il soit positif ; il tombe finalement, comme un couperet, sous la forme de deux tout petits mots prononcés avec un sourire radieux : « *Ilomon aare...* » Je comprends ces mots, ils signifient « deux nouvelles ». Mais qu'a-t-il voulu dire par là ? Comme s'il sentait mon désarroi, il m'explique avec une lenteur qui me permet d'en saisir le sens : « À la prochaine pleine lune, tu recevras de ta femme deux nouvelles en même temps, qui seront l'annonce d'une réconciliation, à condition que... tu suives scrupuleusement ce que je vais te dire ! »

Je ne me suis même pas rendu compte qu'il faisait nuit, tellement j'étais absorbé. L'encre du ciel est piquetée d'une infinité d'étoiles très brillantes ; la lune s'est pourtant levée, grosse sphère blanche posée sur l'horizon. J'ai froid ! L'homme-médecine s'est calfeutré dans une couverture de laine très épaisse et n'en a cure, il continue : « Durant tout ce mois qui nous sépare de la pleine lune suivante, tu attendras que le village se soit endormi pour sortir de ta maison et aller te placer au centre de l'*emboo*, parmi les vaches, afin de procéder au rituel que je vais te donner à faire. Tu devras souffler un peu de poudre consacrée d'écorces d'arbres froids[1] aux quatre coins cardinaux, en disant à chaque fois "Mon Dieu ! Faites que ma femme revienne !" » Il me tend alors un petit sachet de Cellophane contenant, je suppose, le fameux mélange d'écorces concassées. J'essaie de déchiffrer sur les traits parcheminés de son visage tout ce qu'il a encore à me dire,

1. Les Maasaï rangent les arbres en deux catégories : les arbres chauds, avec épines, et les arbres froids, sans épines, qui sont sacrés.

tous ses secrets, en particulier ce qui a motivé mon voyage jusqu'ici, l'histoire de son enfant et de sa succession.

« Où est votre nouveau-né ? lui fais-je.

— Mon nouveau-né ? Je n'en ai guère, je suis trop vieux. Je vis seul ici. On m'apporte chaque jour une gourde de lait... »

Je n'insiste pas, trop de questions se bousculent dans ma tête, et il est peut-être préférable qu'elles demeurent sans réponse pour l'instant. D'ailleurs, il se lève, curieusement sans effort malgré son corps frêle, me tapote tendrement le dos de ses mains noueuses et m'indique sa maison. Je le suis.

***

Heureusement que j'ai eu la présence d'esprit de prendre mon sac de couchage, car j'endure un véritable supplice. Après avoir dîné d'une tasse de lait tiède, je me suis couché à ses côtés, sur le grand lit de peaux. Mais à peine me suis-je allongé que d'énormes cancrelats me sont tombés dessus à jet continu depuis le plafond, sprintant à qui mieux mieux sur mon visage sans défense. Ayant pointé ma lampe au-dessus de moi, j'ai cru à une nouvelle malédiction en découvrant, effaré, le grouillement infâme de ces bestioles immondes sur la moindre parcelle de l'habitacle. Je suis à présent barricadé au fond de mon duvet, mais le bruit sourd de chaque décrochage de ces joyeux noctambules me pétrifie un peu plus. Chaque seconde qui passe est une éternité... mais je la subis cette fois comme une torture que je ne suis pas prêt d'oublier !

***Mardi 14 mars**, sur le chemin du retour, 16:00*

Bien que groggy après ce que j'ai appris et surtout la nuit blanche que je viens de passer, j'ai su retrouver mon chemin. J'arriverai à Entepesi avant la nuit, c'est tout ce qui me préoccupe. Mon impatience de savoir pourquoi Takuna m'a menti me motive davantage encore qu'un mirage d'eau fraîche. Pour l'heure, je suis conforté dans mon itinéraire par la vue d'Oldoïnyo e Kiloo, au même galbe rond que la montagne aux Lions, dont j'aperçois avec soulagement le mamelon un peu plus au sud. *Kiloo* signifie « étendue » ; je comprends aisément pourquoi : le paysage demeure des plus doux et se découvre au loin, une douceur accentuée par la présence rassurante d'un nombre considérable de vaches bien portantes, qui se régalent d'une grande variété de plantes herbacées vivaces. Je suis en vue d'un village, légère boursouflure bistre qui me fait penser à une scarification sur un corps couleur de blé. Il faut vraiment avoir l'œil pour les repérer, ces villages, tant ils prennent les teintes de la nature environnante. Je laisse celui-ci sur ma droite pour m'engouffrer dans un autre chemin, qui monte en direction d'Entepesi, jusqu'à le surplomber. Et là, à nouveau, tout chavire, je ne sais plus que croire, qui croire.

Des femmes affluent par grosses vagues vers le village que je viens de quitter, me bousculant sur leur passage, m'invectivant, la haine dans les yeux. Parmi elles, je reconnais Selenoï, qui me jette un regard encore plus noir que les autres. Surtout, je crois comprendre quelque chose qui me glace : « Passe ton chemin ou les femmes te tueront, nous allons punir tous les hommes ! » Ignorant tout de leur motivation, j'imagine déjà qu'elles sont en train de se regrouper pour en finir avec les hommes et reprendre leur autonomie des temps mythiques. Sans réfléchir, je me mets à couvert derrière un massif d'hibiscus sauvage. Le problème, c'est qu'il en arrive de tous les côtés. Pour ne pas me faire voir et mû par une peur qui doit venir du fond des âges, je déplie mon sac de couchage et m'y aplatis de tout mon long... J'ai dû m'endormir, car j'entends une voix d'homme m'interpeller vigoureusement. Je me retourne : un jeune homme de petite taille, le cheveu épais coiffé haut sur un visage très rond et l'air espiègle derrière des lunettes à grosses montures, est penché sur moi comme si j'étais le sujet de sa recherche. Il a d'ailleurs l'allure d'un étudiant afro-américain. « Il ne faut pas rester là ! me fait-il dans un anglais chantant. Il va faire nuit, suis-moi, je vais t'installer chez un cousin, enchaîne-t-il sans me laisser le choix.

— Mais... bredouillé-je (je suis mort de peur, à moins que j'aie rêvé tout ça ?). Mais... des femmes m'ont menacé. Je ne veux pas aller dans ce village !

— Non, bien sûr. Mon cousin habite un autre village derrière la colline, tu n'as rien à craindre. Tu n'as vraiment pas de chance, cela n'arrive pratiquement jamais. C'est ce qu'on appelle être au mauvais endroit au mauvais moment ! Ce village où tu as peur d'aller est aujourd'hui le point de ralliement d'un *olkishuroto*, c'est-à-dire une opération punitive orchestrée par les femmes contre un homme et une femme ayant enfreint un interdit sexuel.

— Un interdit sexuel ? Mais je croyais au contraire que sur ce plan, c'était la liberté totale ! Ah, au fait, je m'appelle Xabio, en maasaï, Xavier en français...

— Oui, je sais. Moi, c'est Yiaro. » Gros blanc. Encore une fois je suis connu avant même de m'être présenté. Comme d'habitude j'encaisse, me gardant bien de chercher à en savoir plus. « Allons-y, c'est par là. » Tout en marchant, il poursuit : « C'est vrai, il y a chez nous une certaine liberté sexuelle car, si le mariage est arrangé par le père ou l'oncle maternel, les femmes maasaï ont un ou plusieurs amants et ce jusqu'à un âge très avancé ; leurs maris feignent de l'ignorer. Mais cette liberté se restreint à leur groupe, les empêchant en principe d'avoir des relations avec des hommes d'une classe d'âge inférieure. Or cet interdit attise le désir des moranes, qui déploient tout leur art de la séduction pour le satisfaire sans que personne n'en sache jamais rien. Sauf qu'ici, le secret a été découvert, pour la simple raison qu'un enfant issu d'une telle relation est mort-né avant terme, et la femme, se croyant maudite, a avoué avoir eu une aventure amoureuse avec un morane...

— D'accord, mais pourquoi tant de violence de la part de ces femmes d'habitude si gentilles ? dis-je de ma voix de fausset, ayant fort bien en tête l'épisode Selenoï.

— Je l'ignore. C'est peut-être leur façon à elles de se venger de la domination masculine, car, selon nos mythes, ce sont elles qui nous dominaient autrefois. Elles ne perdent pas une occasion de nous le rappeler. Nos femmes se comportent souvent comme des reines !

— J'ai cru comprendre », fais-je avec un humour qui ne lui échappe pas. Nous finissons par en rire tous les deux. Dans mon élan, me vient une idée que je lui expose sans attendre : « Tu ne voudrais pas m'assister dans mes recherches ?

— J'allais justement te le proposer, mais je ne serai pas libre avant la fin du mois prochain, je dois m'occuper du troupeau familial.

— Tope là ! Mais, au fait, tu es étudiant ?

— Non, j'ai dû abandonner après la première, lors de la dernière grande sécheresse qui a décimé les trois quarts de nos vaches. Je compte bien reprendre mes études lorsque le troupeau aura recouvré une taille décente... »

Parti chez un prophète accomplir une mission qui s'est révélée sans objet, j'en reviens avec deux trésors tombés du ciel : une poudre destinée à faire revenir Claudia et un assistant particulièrement affûté. Complètement rasséréné, j'ai déjà oublié la flambée de violence des femmes lorsque nous arrivons chez le cousin de Yiaro...

***Mercredi 15 mars,** Entepesi, village de Takuna, 17:00*

« *Hodi !* » Bien qu'essoufflé, j'ai crié dès que j'ai atteint l'entrée de la maison de *mamaï*, en swahili car j'ai adopté, comme beaucoup de Maasaï, cette façon plus facile de signaler sa présence et son désir de franchir le seuil. La maîtresse de maison me répond également en swahili : « *Karibu !* » (Bienvenue !)

Après une nuit réparatrice et une discussion très riche avec Yiaro qui a confirmé mon sentiment positif immédiat à son égard, je me suis mis en route avec la ferme intention de tirer au clair avec *papaaï* et Takuna le sens de mes dernières aventures. Arrivé au village vers seize heures, je viens de jouer une bonne heure avec les enfants de quatre à huit ans, débordant de joie d'être au monde et d'inventivité. Comme tous les enfants du monde, les plus jeunes Maasaï adorent jouer. Ils étaient fiers de me montrer les villages miniatures bâtis avec de la terre, de la bouse de vache et des pierres, où ils avaient disposé des galets et des baies pour figurer les moutons et les zébus, ainsi que des poupées en terre glaise. Puis ils m'ont fait participer à l'*enkilaut*, qui consiste à sauter par-dessus un bâton horizontal tenu par deux d'entre eux, de plus en plus haut. J'ai dû les arrêter et ce ne fut pas facile, tant les rires et l'excitation étaient incontrôlables. En tout cas eux ne me fuient plus, à la différence des autres villages où la méfiance est encore de mise.

« *Aï, aï, aï, she, Xabio !...* s'exclame *mamaï* en me prenant affectueusement dans ses bras et en riant fort. On te croyait perdu !... » Se saisissant du fait-tout débordant de thé au lait, elle m'en verse aussitôt une tasse. Comme s'ils m'attendaient, Takuna et *papaaï*, qui à cette heure devraient normalement accueillir leurs vaches de retour des pâturages, sont assis sur le grand lit. *En quelque sorte, je suis la bête qui a brouté leurs « salades », ils viennent donc m'inspecter en premier.* Finalement, c'est *papaaï* qui parle, la voix grave et chaude : « Tu as fait tes preuves... Nous ne voulions pas que tu te comportes comme ces missionnaires qui veulent à tout prix nous convertir à leur religion, ou comme ces chercheurs américains qui nous donnent leur argent pour récolter nos histoires mais sans chercher à nous comprendre ni à nous aimer... Tu es à présent des nôtres, nous serons ta seconde famille et tu appartiendras à la classe d'âge des "Vainqueurs" (*Ilmerisho*), dont Takuna est le porte-parole. Qu'Enkaï te bénisse ! » Je reste sans voix, longtemps, à regarder dans le vague, bercé par les flammes. Du coup, mes questions sur ce qui s'est passé chez l'homme-médecine, ou plutôt ne s'est pas passé, n'ont plus de raison d'être. Je comprends que j'ai passé les tests et qu'ils m'ont définitivement adopté ; le reste n'a plus d'importance, en effet.

« Et l'histoire d'Arinkon avec les puces, ça n'a jamais existé non plus ? » me risqué-je tout de même à demander avec une aisance qui me surprend, comme si le don pour parler comme un Maasaï venait aussi de m'être accordé. « Tout ce que je t'ai dit est vrai, aujourd'hui plus que jamais nous utilisons la malédiction d'Arinkon pour contrer les noirs desseins de nos nouveaux oppresseurs. Bien qu'Arinkon n'ait jamais été qu'une légende... », affirme mon vieux « père », en me sondant du regard. Takuna s'est levé pour m'entrecroiser sur la poitrine une parure de deux rangées de perles blanches et noires. « C'est un signe de grande bravoure !... On les appelle des *imporro* et on les remet normalement à celui qui a tué un lion, mais le courage dont tu as fait preuve est comparable. Jamais un étranger n'a aimé les Maasaï comme tu les aimes... À ce propos, tu devras te rendre au Kilimandjaro, au Buffalo Lodge, pas à la nouvelle lune mais à celle d'après, pour aider les Maasaï à protéger leurs terres... »

***Jeudi 6 avril,** village de Takuna, 2:30*

Comme chaque jour à cette heure-ci depuis trois semaines, je me glisse dehors pour gagner l'*emboo* à pas de loup... Malgré le froid vif, la nuit est magnifique. Elle dégage un enchantement particulier que le jour ne connaît pas. La vie animale reprend ses droits, inlassablement : les cigales chantent, partout, des troupeaux bruissent en se déplaçant, les vaches, confortablement installées sur leurs arrière-trains, ruminent, l'air en fête. Au début, ma présence incongrue les a effrayées, mais maintenant je fais partie du décor, j'arrive même à caresser leur peau, aussi douce qu'une pêche. Des frissons de peur et d'excitation me parcourent l'échine ; je sais que je dois opérer avec la plus grande discrétion pour ne pas être surpris en plein rituel, car celui-ci – le prophète a bien insisté sur ce point – ne manquerait pas d'être associé à un acte de sorcellerie, la plus grave de toutes les attitudes chez les Maasaï.

L'âme légère, j'attends encore un peu. Le ciel me tend ses étoiles, brillant comme des diamants ; à l'est, au ras de l'horizon, Vénus, l'étoile du matin qu'on appelle ici *Olakira Lekakenya*, vient d'apparaître. Par la mouvance de son éclat, elle me fait l'effet de grossir à vue d'œil. Il est temps de sortir mon bout de Cellophane... Je défais le nœud, ouvre, prélève une pincée que j'enferme au creux de ma main droite ; je refais un nœud, replace le sac si précieux dans ma poche et me positionne face à Vénus, puis j'ouvre la main droite et souffle de toutes mes forces, de tout mon être, tout en faisant vibrer dans le vent, comme on jette une bouteille à la mer, ces quelques mots : « Enkaï... merci, Claudia... Amour... ! » Je répète cette procédure minutieusement face à chacun des trois autres points cardinaux et, ivre de bonheur, retourne me coucher...

***Vendredi 14 avril**, journée « matare » (abreuver), Olkerie, 14:45*

Je transvase l'eau dans l'abreuvoir depuis une bonne heure, sans mal ; j'ai trouvé le rythme, je crois, et j'en retire une certaine fierté. Ma forme physique n'a jamais été aussi bonne depuis que j'alterne l'abreuvage des animaux dans le lit de la rivière, comme aujourd'hui, et, le jour suivant, le gardiennage, qui consiste à arpenter sur des distances toujours plus longues les pâturages, le plus souvent avec Neranto et Naserian. À leur contact, j'assimile plus vite les lois de l'environnement pastoral et j'enrichis mon vocabulaire.

La nourriture maasaï me convient aussi parfaitement ; le lait, supposé ne plus rien valoir dans nos pays dits riches, me donne une énergie incroyable, surtout le *kule naaoto* (lait caillé). Il n'est qu'à voir mes dents depuis que je suis ici : je les sens solides, pas une carie en vue, alors qu'en France je passe le plus clair de mon temps chez le dentiste ! « *Ndauwo, ndauwo !...* » (Ma génisse !) Ah ! c'est la voix de Kimakon. Je ris, il n'est pas évident au début de se faire appeler ainsi, juste parce que je lui ai fait cadeau d'un veau. Mais je sais maintenant que si les Maasaï s'interpellent en utilisant le nom de l'animal qu'ils se sont échangé la première fois plutôt que leur prénom, c'est pour ne pas risquer d'attirer les esprits malins. « *Wou ene !* » (Viens ici, remonte !) Que me veut-il ? Le temps de rechausser mes sandales en pneu Firestone et j'escalade la pente au pas de charge. Je ne sais pas ce qui lui prend ; un nouveau jeu sans doute, il fait mine de me menacer de sa lance ! Cela me ferait certes peur si son expression n'était pas si forcée. De plus, je remarque une chose en papier blanc fiché sur sa pointe. Je m'approche encore. Il semble que ce soit des lettres. Mon cœur se met à battre, serait-ce ?... « Agnès m'a demandé de te remettre ces deux lettres. » Je me rue sur sa lance, comme si je voulais me faire hara-kiri ! Mais il n'est question que de vie. Je m'empare fébrilement des enveloppes. Mon cœur bat maintenant à tout rompre. Si les timbres sont tous les deux allemands, c'est que le prophète a dit vrai, et je saurai avant même de les ouvrir que Claudia est revenue vers moi...

Je n'en crois pas mes yeux : les deux courriers proviennent de Hambourg ! Je saute en l'air, j'embrasse Kimakon ; les femmes ont figé leurs gestes, inquiètes pour ma santé mentale ou juste curieuses. Je file sur la berge, haletant, me mettre à l'abri de mon acacia parasol préféré, et je dévore les lettres... Elles sont arrivées en même temps et ne parlent toutes deux que d'amour ! Décidément, les Maasaï sont très, très forts. J'ai lu, ça me revient maintenant, dans une archive coloniale parcourue l'an dernier à Cambridge, qu'un administrateur colonial en poste en pays maasaï, Jack Driberg, devenu depuis anthropologue, était convaincu que les Maasaï sont de grands experts en télépathie. Jack, je suis d'accord avec toi !

Mardi 2 mai, *piste Kimana-Amboseli National Park, 12:15*

« Encore un rendez-vous mystérieux avec les Maasaï ! » Je crie à l'intention du vent, complètement submergé par cette sensation de liberté, puissante et parfumée, qui me prend sitôt que je me mets en route, à pied ou à vélomoteur (j'ai repris ma mobylette un peu comme on retrouve l'amour de sa vie, après une trop longue séparation). Je m'imprègne de la nature, des animaux, des couleurs, des odeurs aussi – l'herbe qui a reverdi depuis dix jours a des relents poivrés. Le ciel est d'un bleu profond, bien que le soleil soit au zénith. Il ne pleuvra pas aujourd'hui, pas un nuage à l'horizon, si ce n'est l'écrin cotonneux qui recouvre le dôme de la montagne Blanche, comme les

Maasaï aiment à appeler le Kilimandjaro. À l'aube, j'ai pourtant eu le droit de le contempler sur toute la largeur de mon écran en trois dimensions, et ce durant deux heures et demie.

J'arrive dans une portion de piste en *black cotton*. Le passage d'un ou de plusieurs véhicules a creusé deux profonds sillons dans la boue noire et grasse, mais celle-ci a depuis séché au point de rendre ces sculptures aussi dures que la pierre. Je décide d'engager mes deux roues dans l'un des rails, mais par manque de vigilance ou excès de griserie, je ne crois pas bon de modifier la position de mes pieds posés sur le capot ; arrive ce qui doit arriver : une des pédales touche la muraille d'argile délimitant le méandre où je suis engagé et l'engin part en glissade tandis que je fais un roulé-boulé assez spectaculaire. Plus de peur que de mal ! Je me relève : rien de cassé, à part mon jean qui bâille aux genoux empourprés d'égratignures. Si je ne suis pas gravement blessé, je le dois à mon sac à dos qui non seulement a amorti le choc mais a surtout empêché ma tête de cogner le sol. Quant à la mobylette, une roue à peine voilée et un rétroviseur explosé (mais a-t-il jamais servi ? Le lion n'a pas encore osé se mesurer à moi !), elle repart au quart de tour...

***

Après plusieurs essais infructueux dans à peu près toutes les directions, je finis par trouver le *lodge* où Takuna m'a suggéré de me rendre pour... « aider les Maasaï à sauver leurs terres » ! Qu'entend-il par là ? Que vais-je y trouver ? À voir la piste d'aviation et les bungalows noyés dans des floraisons de rêve, c'est à se demander s'il ne s'agit pas d'un nouveau test. Au fond de moi, je sais pourtant que si leurs exercices étaient nécessaires, cette période a pris fin avec succès. Depuis la révélation de *papaaï*, je me sens vraiment comme l'un des leurs et à ce titre extrêmement protégé.

Ayant contourné une première série de maisons basses, chaux et chaume, avec vérandas, je me retrouve au cœur d'une sorte de cour carrée où trônent trois ficus géants aux racines adventives. Je pénètre un hall tamisé par des panneaux d'acajou ajourés, où seuls les oiseaux troublent une quiétude à laquelle j'adhère spontanément. Absolument personne à la ronde. J'ouvre une première porte, puis une deuxième ; des chuchotements me parviennent du fond du couloir, qui s'amplifient à mesure que j'avance. Je pousse les lourds vantaux en teck de la troisième porte... et là je suis saisi par une apparition : Jésus, robe rouge et cape bleue, entouré de ses douze disciples, six à sa gauche, six à sa droite, comme dans *La Cène* de Leonardo Da Vinci. Je plisse les yeux pour détacher mon regard de son visage, recule de trois pas... Rien n'y fait, je demeure hypnotisé par cette vision. Ce ne peut être qu'une fresque, ce n'est pas possible, ce n'est pas réel ! Bien sûr, sa peau est cuivre et ocre, et il n'a pas de longs cheveux, mais tout le reste, sa grâce, son expression retenue, sa gestuelle, ses drapés et surtout l'énergie d'amour qu'il irradie, m'y ramène immanquablement. Me ramène à quoi donc ? L'impression étrange de déjà vu que je ressens n'est pas liée au tableau de Vinci. Non, elle provient d'un rêve que j'ai fait des années durant, après avoir failli me noyer. Une même chaleur enveloppante m'envahit. Il se lève, et, comme au ralenti, vient à ma rencontre et me serre dans ses bras. C'est réel, je ne rêve plus.

« Je suis Xabio, un Français qui... dis-je en anglais sans réfléchir.

— Nous t'attendions... Je m'appelle Kenny Matampash... », me réplique-t-il en m'interrompant, avec un large sourire plein de bonté. Tout en m'emmenant à l'écart au fond de la pièce, il m'explique que la réunion a pour objet la préparation d'un mémorandum destiné au ministre des Terres. « Au sujet de la question foncière ?

— Oui, les Maasaï ont une relation particulière à la Terre-Mère, nous ne comprenons pas comment on peut la maltraiter ainsi ou la vendre au nom d'une exploitation concertée et planifiée... Tu peux assister à nos travaux, si tu veux, tu es le bienvenu !

— Je suis venu pour cela...

— Oui, bien sûr, tes conseils nous seront précieux. Mais, ce que tu as fait et feras encore en vivant parmi les Maasaï, dans le village que tu as choisi, nous apportera bien plus encore, sans commune mesure. » Je n'en reviens pas ; mais tout se tient. Les Maasaï, j'en suis sûr à présent, communiquent sur plusieurs plans de conscience en même temps. Kenny en est la meilleure preuve. Aurais-je été choisi depuis longtemps par lui, par eux, pour les aimer et... témoigner, servir de pont avec notre monde perclus de peurs et déshumanisé ? Je ne suis plus très loin d'y souscrire. « Pourquoi Buffalo Lodge ? lui demandé-je enfin.

— Nous voulions montrer que l'on ne peut pas séparer la faune sauvage de nos vaches et de notre amour. C'est parce que nous respectons la vie que tous ces animaux existent en bonne intelligence. Maintenant, l'existence même de ces parcs nous menace tous ! »

***Jeudi 1er juin**, Esilalei, réunion avec Merero, le chairman du group-ranch de Maroro-Mashuuru, 12:00*

J'ai retrouvé Yiaro avec beaucoup de plaisir, sa joie de vivre est communicative. Il m'est aussi d'un grand secours, car il n'arrête pas de noircir ses cahiers d'écolier de tout ce qu'il sait, de tout ce qu'il glane au gré de nos pérégrinations. Aujourd'hui, nous sommes à proximité de la rivière Olkerie, dans l'espoir d'assister à une réunion avec les dirigeants du *group-ranch* dont Entepesi et notre village font partie. Après tout, je suis censé étudier le sens de cette réforme foncière que la Banque mondiale a voulu mettre en place pour intégrer les Maasaï dans les circuits monétaires et le commerce de la viande. Mais ce que j'en sais déjà me donne la nausée. On a obligé les Maasaï à se faire enregistrer au sein de terres communautaires, les fameux *group-ranches* (ranchs collectifs), en leur faisant croire qu'avec un titre collectif de propriété ils pourraient continuer à pratiquer le pastoralisme, leur mode de vie et leur culture, comme avant. J'ai très vite dû me rendre à l'évidence que ce n'était qu'un leurre, qui ne profiterait jamais qu'aux gens de l'extérieur et aux Maasaï non issus de la tradition, ceux que les vrais Maasaï appellent *ilashumpa* (Européens – même moi, on ne m'appelle plus ainsi, ce dont je suis très fier).

C'est en partie d'ailleurs lié à un choix de leur part. Depuis le début de mes recherches, que ce soit à Cambridge dans les archives coloniales, ou ici par mon observation directe, j'ai en effet remarqué chez eux une constante : tous les postes de représentation dite moderne sont systématiquement confiés à ceux qu'ils jugent irrécupérables ou incompétents, en général des hommes qui n'ont pas suivi un cycle initiatique complet. Pour la simple raison qu'ils ont toujours considéré la politique moderne comme la négation même de leurs valeurs. Ils ne peuvent donc la prendre au sérieux, ni encore moins s'y intéresser.

Aujourd'hui ne fait pas exception, à en juger par le nombre de participants présents, une dizaine tout au plus, assis en rond autour d'un bosquet d'épineux rabougris. L'ambiance est pesante, je sens tout de suite que nous ne sommes pas les bienvenus. Merero, les yeux chassieux et le rire jaune, me dit à peine bonjour. À quoi reconnaît-on un vrai Maasaï ? Précisément à tout le contraire, c'est-à-dire à son regard clair et à sa démarche alerte, définition même de ce que doit être un homme maasaï.

La lumière blafarde de midi est à l'image du comportement pas clair, voire cynique, des hommes réunis ici. J'ai comme un pressentiment qu'ils ne nous laisseront pas assister à leurs débats, ou plutôt leurs manigances. Lorsque Yiaro, volontaire et sûr de lui, se lance pour requérir la permission de rester parmi eux, la réponse fuse de la bouche pâteuse de Merero comme une infâme bouillie : « Vous quittez les lieux immédiatement, vous n'avez rien à faire là ! » Yiaro et moi nous regardons, bouche bée. Il n'insiste pas, il a déjà tourné les talons et je le suis de près.

« Tu connais notre adage ? "Si tu croises des hommes qui se parlent, ne passe pas ton chemin car tu pourras peut-être résoudre leur problème." Eh bien, je crois qu'ils ne sont pas tout à fait près de l'appliquer, ceux-là ! me dit-il, écœuré.

— Oui, mais ils ne sont pas près non plus de rassembler des supporters. »

L'autre jour, à une réunion traditionnelle comme il y en a tant, j'ai pris conscience qu'il existait une bonne raison au refus des Maasaï d'avoir des chefs. J'ai en effet remarqué que les hommes les plus respectés, ceux que l'on appelle des « plumes », sont experts en synthèses, volant d'avis en avis de sorte à donner à chacun le sentiment que la décision finale lui revient. Bel exemple à méditer. La plus grande de toutes les qualités n'est-elle pas d'être un jour qualifié d'*enkaminin* (bienfaiteur) qui dérive du verbe *agam*, « être unis » ?

« J'aurais pu leur rétorquer sur le mode de la malédiction ceci : "Celui qui refuse la voix des vivants entendra celle des morts !" renchérit Yiaro de dépit.

— Ou encore, pour reprendre votre légende d'Arinkon : "Prenez la décision que vous voulez, cela nous est bien égal !" complété-je avec humour.

— Ils ne perdent rien pour attendre, poursuit-il avec un rictus vengeur. Merero devra rendre des comptes pour les centaines d'hectares qu'il s'est appropriés en toute illégalité sur nos terres collectives. »

Décidément, ma recherche est sur de bons rails, même si j'aurais de loin préféré me cantonner à l'étude de leur culture démocratique et humaniste...

***Samedi 9 septembre,** Entepesi, jour de malédiction pour Merero, 17:45*

Depuis le 1er juin, le conflit avec le roitelet Merero est encore monté d'un cran. Il veut désormais se faire élire aux prochaines élections. Pour ça, il vient de s'attaquer au village de Takuna, qui symbolise à ses yeux la place forte de la tradition, à abattre par tous les moyens. Dans sa « petite tête d'ancien flic », selon les termes de Yiaro, il s'est lui-même persuadé que la stratégie la plus efficace pour obtenir des voix était en effet de diviser pour mieux régner. Chez les Maasaï, chaque village est doté, à proximité immédiate de la clôture d'enceinte, de pâturages exclusivement réservés aux animaux immatures ou affaiblis. Ils appellent cette réserve vitale *olokeri* ou encore *olopololi*. Le fait de la bafouer ouvertement équivaut à une déclaration de guerre. C'est précisément ce que Merero vient de faire, avec une poignée d'hommes liges. *Papaaï*, en ancien le plus respecté de toute la région, a pris les choses en main. Voici ce qu'il a préconisé hier, lors d'un meeting qui a rassemblé plus de trois cents aînés, pour y mettre un terme : « Merero et ses hommes de main, en faisant paître leurs vaches dans notre *olokeri*, ont voulu provoquer mon fils Takuna et l'amener à se battre pour le faire inculper par un tribunal. C'est nous, les anciens de mon âge, qui le battrons, mais avec un *engudi nairobi* (bâton froid) ! » Belle métaphore qui sous-entendait le recours non pas à la force mais à la malédiction, comparée à des coups de bâton d'autant plus redoutables qu'ils sont infligés au petit matin alors que la fraîcheur de la nuit ne s'est pas encore dissipée...

Je regrette que Yiaro soit reparti chez lui, mais Takuna est bien présent, je suis à côté de lui. Tout se passe aux abords de la réserve violée, dans laquelle on a pris soin de confisquer les vaches des fauteurs de trouble. Je frissonne, l'après-midi touche à sa fin et des nuages se sont amoncelés au nord-ouest, contribuant à la beauté du couchant. Un peu partout dans le ciel, apparaissent des petits points de clarté au milieu du rideau rose qui s'effiloche. *Papaaï* s'est avancé à son tour, il est le neuvième et dernier ancien à s'apprêter à faire les mêmes gestes et à prononcer les mêmes paroles. Il se penche pour se saisir de sa sandale gauche, s'en va frapper une à une les bêtes, qui ne bronchent pas, comme si elles reconnaissaient leur faute, se penche à nouveau pour ramasser de sa main gauche une pincée de terre sèche, puis la disperse en soufflant en direction du couchant, tout en s'écriant : « Soyez empoisonnés, vous les enfants de notre propre chair, que vos vaches meurent de cette herbe, que leur lait devienne poison pour vous et vos familles, disparaissez avec le soleil qui décline, que le mal vous emporte ! »

Papaaï et les huit autres aînés reviennent ensuite vers nous pour nous bénir, en nous crachant dessus à trois reprises, ce que j'ai moi-même pris pour habitude de faire dès que je m'aventure dans un autre village. Depuis que je le fais, les enfants ne me fuient plus – c'est à Yiaro que je le dois. Les Maasaï pensent en effet que certaines personnes possèdent le don de vous voir en transparence, ce qui peut, en cas de grief à votre encontre, vous faire tomber malade. On dit d'elles qu'elles « ont des yeux », mais, en crachant en public – ce qu'elles font systématiquement –, elles rendent leur pouvoir maléfique inopérant.

J'en suis également venu à cracher à chaque fois que je prends une photo. Car les Maasaï, ayant appris qu'à Nairobi on se servait d'une machine à rayons X pour voir les os et les organes des gens, mais que cette machine pouvait, par une trop longue exposition, les rendre malades, n'ont pas été longs à assimiler cette technique à des « yeux ». De la même façon, l'on appelle ici les appareils photos « machines à un œil »...

Dimanche 31 décembre, *village de Takuna, meeting avec le ministre maasaï Stanley Ololoïtipitip, 16:15*

Les derniers mois se sont écoulés sans que je m'en rende compte. Les pluies arrivées avec un peu de retard ont fait la joie de tous, à commencer par moi. Les herbes brûlées par le soleil ont reverdi d'un coup, comme par miracle, les pis asséchés des vaches se sont remis à couler à flot, le lait a recouvré toute sa saveur. En prime, j'ai eu la visite surprise de ma sœur Odile. Et... j'ai à nouveau failli me noyer en sa présence, mais cette fois dans une maison maasaï. C'était à la mi-novembre, dans le village de Yiaro. Nous dormions, ma sœur et moi, dans la maison de sa jeune épouse, lorsque des trombes d'eau ont liquéfié le toit, transformant l'intérieur en un torrent de boue. Nous avons terminé la nuit sous une pluie cinglante. Je ne suis pas prêt de l'oublier...

Ma première année chez les Maasaï s'achève aujourd'hui avec la venue au village de Takuna de celui qui se prend pour leur *olkinki* (leur « roi »). Aussi incroyable que cela paraisse, je n'ai jamais eu besoin de m'agiter dans tous les sens pour obtenir le matériau de ma thèse, tout semble aimanté par le lieu que j'ai choisi (ou qu'on m'a fait choisir ?), tout vient à moi sur un plateau, je n'ai qu'à faire le tri. Même ce personnage peu recommandable, qui est cependant la clé de voûte de l'ingérence de la politique moderne dans la culture traditionnelle, n'arrête pas d'y venir pour tenter de faire fléchir le dernier village insoumis...

Le long de la clôture d'enceinte, une tribune de fortune en rondins surmontée d'une bâche en plastique a été spécialement érigée. Les femmes ont revêtu pour l'occasion (on ne leur en a guère laissé le choix) des imprimés aux tons criards exhibant un coq conquérant, totem du parti unique. La propagande bat son plein depuis ce matin, tous les politiciens locaux se sont bousculés au micro, à celui qui vociférerait de la façon la plus caricaturale en... swahili – langue pourtant incomprise de la plupart des gens que je connais – des phrases du genre : « Construis la nation ! » « Le parti unique, c'est l'unité ! » ou encore « Le développement, c'est la stabilité ! » C'est à présent le tour de Stanley Ololoïtipitip, député et ministre d'État depuis l'indépendance, un Merero puissance dix, sauf que Merero fait partie de la clientèle ennemie... D'ailleurs ce dernier s'est bien gardé de se montrer.

Stanley est plus connu comme l'*oinkat* (le « gnou »). Le surnom est bien trouvé. Sa tête est en effet énorme, taillée dans la masse, et repose sur un cou aussi bref que large. Il lui manque juste une crinière de longs poils, mais il a préféré la transformer en chasse-mouches ! Lui s'exprime en maa. Il parle vite ; je ne comprends pas tout, loin s'en faut, mais Yiaro n'est pas loin et puis je viens de presser le bouton déclencheur de mon appareil d'enregistrement. Très concentré, je l'écoute : « ... "La lâcheté ne dure pas !" disent les Maasaï. Alors pourquoi tout le monde est là sauf Merero ? Durant la guerre en Europe, les Allemands ont été divisés en deux blocs, séparés par un mur. Seuls les avions étaient capables de le franchir. Eh bien, votre région ressemble au mur de Berlin, mais à la différence de tous les autres leaders, moi, qui ai été réélu à quatre reprises, je suis le seul à pouvoir le franchir... Tous les

Maasaï savent que ça ne se fait pas de dire des poèmes quand on garde les vaches, c'est réservé au soir, lorsqu'on a fini cette noble tâche. Je dirais que Merero et sa clique disent des poèmes en pleine journée ! Choisissez au contraire un homme d'action comme moi, qui fait toujours ce qu'il a dit... » Je m'amuse beaucoup : un tel discours, qui vise à discréditer Merero, n'exprime pourtant nulle autre chose que la sempiternelle course au pouvoir.

En tout cas, une chose est sûre, la malédiction de *papaaï* a provoqué des dégâts dans la famille de Merero et chez ses affidés, maladies et infortunes, au point qu'il a dû reconnaître ses torts. Les anciens décideront l'an prochain si oui ou non ils lui accordent officiellement leur pardon. Affaire à suivre... Je souhaite pour ma part la bonne année à Yiaro, qui ne bronche pas, trop occupé à prendre des notes sur le carnet à spirale que je viens de lui offrir.

2

— 1983 —

PLUS JE ME SENS DEVENIR MAASAÏ, PLUS JE SUIS MOI-MÊME

Depuis le début de l'année, les énergies des uns et des autres se sont focalisées dans un seul but, celui de voir ma classe d'âge franchir sans encombre les dernières étapes menant tous ses membres à l'autonomie pleine et entière. Il y a quatre ans, ils avaient terminé leur initiation proprement dite dans des *imanyat*, les villages spécifiques de guerriers, ce qui les autorisait à fonder une famille. Aujourd'hui et pendant toute cette décennie, ils doivent procéder à des rituels destinés à abolir définitivement les interdits qui les séparent encore de l'aînesse. Tout le reste semble avoir été relégué dans un no man's land auquel il serait de fort mauvais goût de prêter un quelconque intérêt. Si bien que j'ai la très nette impression que, depuis mars dernier où j'ai été pris à partie par des femmes en pleine crise de remise en ordre de la société, l'objet de ma thèse s'est de plus en plus cantonné à l'étude des cérémonies et des rites traditionnels. Ce qui est bien sûr très loin de me déplaire. N'est-ce pas la preuve que la culture maasaï est encore bien vivante ?

Mardi 23 janvier, contreforts d'Oldoïnyo e Kiloo, procès de Ntokote ole Teto, 6:15

« *Incoo iyiook inkishu ang !* » (Livre-nous tes vaches !) Neuf hommes à la tunique rouge, le visage enduit de la même couleur, se sont postés de part et d'autre de la barrière familiale de Ntokote pour clamer cette phrase sans appel. Je frissonne ; au-dessus du village en effervescence, la montagne de Kiloo n'a pas encore libéré le soleil de son étreinte glacée. Hommes, femmes, enfants, de tous les âges et de tous les environs, se sont donné rendez-vous ici ce matin ; ça va, ça vient, ça piaille de partout, histoire sans doute de se mettre au diapason des tisserins gendarmes mais aussi des vaches, jamais en reste de tintements de cloche et de beuglements. Je n'étais pas revenu dans ce village depuis l'an dernier lorsque Ntokote, le cousin de Yiaro, m'avait recueilli et permis d'échapper à la furie des femmes. Aujourd'hui, c'est lui qui est en position de faiblesse, c'est lui qu'on accuse ! À mon tour donc de l'aider, mais comment ? Yiaro m'a laissé dans le mystère le plus total, ayant rejoint dès l'aube le camp des *Ilmerisho* (les Vainqueurs), c'est-à-dire sa classe d'âge – mais n'est-ce pas aussi la mienne ? Il m'a seulement dit : « Aujourd'hui, tu devras te remettre dans ta peau d'*Olashumpaï* (Européen) ! » La seule chose que je sais, c'est que Ntokote ole Teto est devenu un *olaruoni lenturuj*, c'est-à-dire qu'il a été reconnu coupable, non pas d'avoir enfreint un interdit sexuel, mais d'avoir mangé une nourriture prohibée. Tous ceux qui, comme moi, appartiennent à la génération des *Ilmerisho* doivent je le sais attendre que la cérémonie dite de la viande soit célébrée – ce qui n'est pas encore le cas – pour manger de la viande en présence d'une ou de plusieurs femmes. Or la femme de Ntokote s'est plainte, semble-t-il, que son mari l'a contrainte en décembre dernier à lui mettre à la bouche des morceaux de viande d'un mouton abattu à cette fin. Peut-être a-t-il ressenti le besoin impérieux, pour une raison que j'ignore, d'être le premier de sa classe d'âge à partager cette intimité ? En tout cas, au vu du nombre de gens qui se pressent aujourd'hui ici, il s'est à l'évidence octroyé un privilège absolument capital. Échanges de propos vifs, altercations, bousculades s'ensuivent durant de longues minutes autour des neuf hommes en rouge qui tentent tant bien que mal de mener le troupeau confisqué à l'abri, le plus loin possible du tumulte. Je mets du temps à comprendre que tous ces gens agglutinés, non seulement ne nourrissent pas la moindre animosité à l'encontre du coupable, mais sont au contraire là pour lui venir en aide. Je vois même tout près de moi un vieillard, qui a du mal à se tenir debout, s'accrocher au bras d'un justicier pourtant peu enclin à pactiser avec lui et répéter comme une complainte cette phrase que j'entends à présent sur toutes les lèvres : « Donne-m'en une, je t'en conjure ! » Interloqué, je me vois pourtant confirmer ces propos par Takuna, qui accourt me glisser à l'oreille : « Toi aussi, tu dois en réclamer une, en te prévalant de ton statut d'Européen ; ils ne pourront pas te la refuser !

— Mais ils savent que j'appartiens désormais à leur classe d'âge, que je suis donc de leur côté... (Je dois crier pour me faire entendre dans le brouhaha.)

— Ne suis-je pas le porte-parole des *Ilmerisho* ? m'objecte-t-il aussitôt.

— Oui, c'est toi ! Mais qu'est-ce que ça change ?

— Tout simplement que le respect attaché à mon statut me vaut d'être présent aux côtés des anciens. Comme eux, on sait que je représente avant tout la sagesse, et la sagesse me commande de prendre la défense de ce malheureux qui sans cela serait considéré comme un dangereux criminel par toute une classe d'âge. C'est une question d'équilibre. »

Dans un gros éclat de rire, Takuna me pousse soudain dans un vrai trou de souris pour que j'atteigne le neuvième délégué, resté à la traîne pour cause d'encerclement par une foule vociférante. Malgré l'ocre qui le déguise de pied en cap, je reconnais Salonik, le mari de la belle Selenoï ! Un hasard ? Décidément, il était dit qu'elle me poursuivrait longtemps, cette jeune femme qui ne m'avait toujours pas reparlé, s'ingéniant depuis des mois à m'accabler de son ironie méprisante ou de son insultante pitié, au choix ! J'ai brutalement la sensation que l'accusé, c'est moi. Mais il m'a vu et je ne peux plus reculer, au risque de lui donner à penser que j'ai vraiment quelque chose à me reprocher. Il m'a vu, oui, mais il reste impassible. Il l'est d'ailleurs avec tout le monde, comme le veut le rôle que les circonstances lui font jouer en ce moment. J'ai presque envie de lui demander si Selenoï n'a pas tenté de le séduire lui aussi avec une viande aussi tendre et douce que sa peau ! Mais, même si l'humour est accepté, ce n'est peut-être pas vraiment le moment. Je me lance, un peu timoré : « *Enchooki enkiteng Olashumpaï !* » (Je t'en supplie, donne une vache à l'Européen que je suis !) Il me jette un œil dédaigneux, si bien que je suis tout surpris de l'entendre marmonner qu'il accepte. Comme bien d'autres visiteurs avant moi, je suis dorénavant en possession d'une superbe vache à robe noire. Je me mets à rêver qu'un jour je serai à la tête d'un véritable cheptel, tandis qu'un aphorisme me traverse l'esprit : « Une vache équivaut à un homme, car elle est source de vie et de richesse... » C'est alors que je sens une petite main me prendre le poignet droit : sans mot dire, la petite Naserian noue avec autorité autour de mon avant-bras un *olkataar*, un bracelet de perles en pâte de verre de la forme d'une montre. Feu follet, la cape au vent, elle s'en va comme elle est venue, sans demander son reste. En moi, tout s'agite ; autour de moi, n'en parlons pas, j'ai juste eu le temps d'entrevoir ma vache, partie rejoindre le lot déjà redistribué. Depuis le jour de l'an – ce qui ici ne veut rien dire, car pour les Maasaï l'année commence avec la grande saison des pluies, au début d'avril –, je n'ai gardé qu'une seule fois les vaches avec les deux fillettes. Elles ont passé le plus clair de leur temps à l'*emanyata* d'Oloderkes, au nord de la montagne de Kiloo. Je n'ignore pas que dans ces villages de guerriers on apprend aussi, en toute liberté, les jeux amoureux. Cette association d'idées me trouble. *Quand même... Onze ans, elle n'a que onze ans !*

Un vieux sage, tout recourbé et enroulé dans une vaste couverture de laine, coupe court à mes élucubrations en me prenant à son tour par la main, mais lui pour me suggérer d'aller rejoindre les anciens à l'ombre d'un gracieux acacia *xanthophloea*. Je m'exécute sans me faire prier, car le bruit et la confusion m'ont donné mal à la tête et le soleil, qui a pris de la hauteur, a pointé un rayon assassin sur ma nuque déjà cramoisie sans que je m'en rende compte. Femmes et enfants réintègrent l'enceinte du village, emmenant « nos » vaches avec eux. Je m'assois sur ma veste débardeur à côté de mon frère Takuna, que je n'ai jamais vu aussi concentré. Les neuf justiciers sont quant à eux en plein conciliabule derrière nous, au pied d'un commiphora aux formes torturées. J'aperçois *papaaï*, que je n'ai pas encore croisé ce matin, en train de converser avec eux. Sa simple vue me réconforte à chaque fois toujours plus ; toute cette bonté qui émane de ses yeux, de sa démarche... il est touchant, voilà tout. Avec lenteur, il les ramène à sa suite, puis il se positionne face à ce qui constitue maintenant deux assemblées : la nôtre, composée d'une bonne centaine d'anciens, dont Takuna et moi, et, à notre gauche, légèrement à l'écart, le groupe restreint des neuf jeunes hommes qui accusent Ntokote, demeuré au village sous la protection des femmes et des enfants, d'avoir mis en péril l'unité de notre classe d'âge. Prenant appui sur un long bâton de berger, symbole de paix, mon père agite de l'autre son chasse-mouches. Takuna accourt lui remettre son club en ébène de porte-parole qui est aussi le bâton du verbe.

Un orateur s'adressant à des aînés doit toujours se lever face à son auditoire muni de cet insigne de l'autorité de la parole donnée. Je saisis à l'instant la portée de ce qui s'est joué jusqu'à présent ; pour dire vrai, c'est Takuna qui vient de m'affranchir de la zone d'ombre qui m'empêchait de comprendre le rôle exact de l'entreprise d'appropriation des vaches du coupable. À l'heure qu'il est – je ne porte pas de montre, mais la position du soleil entre les deux mamelons de Kiloo et des Lions me ferait dire neuf heures –, treize vaches ont changé de mains, dont la plus belle, et je plaisante à peine car je ne savais pas qu'un tel noir étincelant pouvait exister, que je suis encore tout tremblant d'émotion d'avoir obtenue. Sachant que Ntokote s'est vu déposséder de dix-neuf vaches, il en resterait donc six à tenter de récupérer... pour les lui restituer. Car en effet, toute cette affluence, tout cet acharnement déployé par les anciens, en particulier les vieillards, accourus de partout pour quémander les vaches confisquées, n'avaient d'autre but que de se les approprier pour aussitôt les rendre à celui qui les a vues grandir et s'en est occupé comme de ses enfants. Tout ça par amour de la vache, pour vaincre cette insupportable injustice faite à un homme, quand bien même coupable, d'avoir été séparé ne fût-ce que quelques heures de ses *inkishu* !

C'est en participant à de tels événements que j'ai compris que la vache ici était sacrée, au point qu'ils vont jusqu'à utiliser ce mot magique de « vaches » plutôt que celui de Maasaï, pour s'identifier en tant que peuple. Être le peuple de la vache, c'est forcément être maasaï ; inversement, sans les vaches, on cesse de l'être. *Papaaï* s'apprête à bénir ces deux assemblées, ou plutôt il a déjà commencé. Le recueillement soudain de mes voisins, doublé de leur ponctuation de chacune des phrases de mon père par un « *naaï !* » (Oui, mon Dieu !) aussi puissant que bref, me ramène à ce qui est en train de se passer. Je reste maintenant attentif, pour tenter de ne rien perdre de son discours, mais ce n'est pas facile, d'autant que son débit est rapide. Lorsque je m'en sors, je me sens vraiment submergé par une force tranquille et beaucoup de bonheur. *Papaaï* est aussi dépositaire d'un grand savoir, et avec lui j'apprends très vite...

« Que le soleil brille ! Qu'il continue de se lever et de se coucher selon son bon plaisir ! Qu'il signale à toutes nos vaches parties paître les bons herbages, de sorte qu'ils leur soient utiles ! Qu'il fasse que les anciens demeurent des anciens ! Que les générations rencontrent les générations ! Qu'ils soient tous de notre peuple de la vache, le peuple d'Enkaï ! Qu'ils traversent la brousse sains et saufs ! Que la brousse devienne solitaire et que les Maasaï se multiplient ! Que la maladie épargne nos vaches et nos familles !... » La bénédiction terminée, les débats s'instaurent entre les deux groupes et je suis étonné de voir combien l'ordre, le respect et la méthode ont radicalement mis un terme à la confusion qui régnait ce matin. À tour de rôle, un orateur de chaque camp se lève. Je n'y ai pas coupé non plus, n'hésitant pas à en réclamer une deuxième, en jouant de la corde sensible de mon amour des vaches. Je suis conscient d'avoir marqué les esprits, même si les neuf procureurs sont restés intraitables face à la culpabilité de Ntokote. J'aurai au moins tout tenté pour faire en sorte de lui rendre ce qu'il m'a offert l'an dernier. Les anciens, grâce à leur expérience, ont tout de même obtenu du camp adverse que la négociation des six vaches en suspens se fasse sur la base monétaire de mille shillings par tête. Mais ce ne fut pas sans mal, tant les propos des juges étaient virulents. Pour moi, c'est déjà gagné, Ntokote récupérera toutes ses vaches ; au pire, il devra s'acquitter d'une amende en espèces. C'est pourquoi je suis très surpris de constater que les anciens continuent de plus belle, ils ne veulent rien lâcher. Les deux groupes se sont retirés chacun de leur côté pour décider d'une nouvelle stratégie. Il doit être dix heures, car c'est la première heure vraiment chaude et lumineuse de la journée. Je lève machinalement les yeux au moment où un gros aigle ravisseur s'essore en quête d'un courant thermique. Je le suis jusqu'à ce qu'il en trouve un et s'immobilise, ne donnant plus un seul coup d'aile avant de disparaître à ma vue. C'est aussi cela que j'aime ici et qui me fait vivre intensément chaque instant.

Lorsque je me replonge dans le débat en cours, le timbre chaud de *papaaï* retentit à nouveau, préconisant ceci : « Recourons à notre façon de faire *osayia* (action de supplier quelqu'un avec une attitude fort respectueuse). Laissons la vérité vaincre la vérité, car aucun tort ne doit être fait à quiconque ! » Les neuf *Ilmerisho* sont de retour, le palabre reprend, non sans que *papaaï* ait à nouveau consacré la réunion : « Que notre peuple flotte à la surface de la terre et ne sombre jamais ! Qu'il demeure maasaï ! Que cette herbe lui profite ! Que cette noble assemblée soit parfumée ! » Takuna, qui s'est jusqu'ici tenu coi, lui succède. Avec son *olkuma orok* (le bâton de porte-parole), c'est comme s'il récupérait d'un seul coup son aura et son charisme. Il va droit au but : « Vous ne nous avez rien donné du tout, mais vous avez oublié la chose essentielle, qui est de prendre en compte les infirmes, les sourds et les aveugles, ainsi que votre porte-parole ! Où donc nous avez-vous mis ? » Salonik se lève pour lui répondre. Mais c'est moi qu'il semble ne pas quitter des yeux. Selenoï lui aurait-elle raconté ? Ou je fais une crise aiguë de paranoïa ou je suis trop lucide ; mais dans les deux cas, ma réaction est ridicule. Je l'écoute donc : « ... Nous vous avons mis là où Dieu a placé les étoiles du jour, c'est-à-dire à l'endroit le plus sûr que nous puissions voir... Mais la faute commise par Ntokote est grave, nous devons être payés pour cela... »

C'est drôle de sentir tous ces anciens fébriles, un peu comme des enfants timides pris en faute, face à ces jeunes gens arrogants et trop sûrs d'eux. C'est le monde à l'envers, mais ils savent ce qu'ils font, ils cherchent surtout à les attendrir. Et ils y réussissent plutôt bien. Au tour maintenant des vieillards et des handicapés de s'y frotter. Comme cet aveugle dans la main droite duquel Takuna est allé placé son club, qui supplie avec une telle conviction que je m'attendrais à ce qu'on lui donne sur-le-champ toutes les vaches encore disponibles : « Je ne vois pas, mais, pour autant, ce matin, je n'ai rien reçu. Savez-vous que j'ai voyagé deux jours et deux nuits pour sauver cet *olaruoni* ? Je vous supplie une dernière fois !

— Tu es aveugle mais ta classe d'âge a déjà reçu une vache, lui répond un juge passe-lacet qui doit mesurer au minimum deux mètres dix. Néanmoins, pour ton courage et par respect pour toi, reçois encore cinq cents shillings !

— Donne-moi une vraie vache, pas une vache avec une demi-queue ! lui rétorque le vieux non voyant.

— J'ajoute donc à cette somme deux cent cinquante shillings, et je te prie de les accepter car nous sommes désormais démunis... »

Un vieillard se rue sur l'aveugle pour lui subtiliser le club avant tous ceux, et il y en a, qui sont impatients de prendre à leur tour la parole. À le voir flotter dans une couverture beaucoup trop ample pour lui, je suis pris d'un fou rire. Il doit avoir pas loin de quatre-vingt-dix ans, mais, rien à faire, j'ai l'impression d'avoir en face de moi un gamin prêt à toutes les aventures. Il sautille sans cesse et ponctue chacune de ses phrases d'un sourire de charmeur professionnel qui ferait fondre le plus endurci des censeurs : « ... J'ai voyagé toute la nuit pour sauver cet homme en lui redonnant ses chers animaux ; j'ai enduré le froid, j'ai bravé un lion, et je suis très âgé. Je vous en prie, donnez-m'en une, car, n'oubliez pas que je suis votre œil, votre oreille, votre messager et plus que tout votre vache ! » Ce coquin vient de frapper très fort : comme une vache est symboliquement la propriété de tous les Maasaï, il se met lui-même à la disposition des juges. En quelque sorte, il vient de se sacrifier de bien belle manière. Résultat, il est de loin le gagnant du jour et se voit d'ailleurs remettre deux mille shillings, c'est-à-dire l'équivalent de deux vaches.

Finalement, grâce à la défense acharnée des anciens, Ntokote n'aura perdu que mille shillings et – j'allais l'oublier mais le fumet qui s'exhale des viandes en train de griller tout près de nous me le rappelle délicieusement – les trois bœufs sacrifiés à l'aube pour la purification de son crime. Cette nouvelle démonstration du message d'amour des Maasaï me va droit au cœur et confirme une fois encore le sens de ma présence ici. La faute est soulignée, celui qui l'a commise est reconnu coupable, et pourtant ce qui a primé ce fut le resserrement des liens, même si deux camps ont feint de s'affronter durement pour faire triompher chacun sa vérité. Quelle humanité ! À aucun moment l'accusé ne fut jugé sur ses motivations personnelles. Il convenait juste de rétablir l'équilibre changeant des circonstances, à l'image de l'eau qui afflue là où le niveau baisse.

Depuis tout à l'heure, j'ai une phrase en tête, qui m'obsède parce qu'elle résume bien pourquoi perdurent, lorsqu'on ne fait pas l'effort d'aller vers les gens, les pires clichés qui soient. Elle est de Charles Eliot, artisan de la Pax Britannica, au début du XXe siècle : « Les Maasaï sont tels le lion ou le léopard, des bêtes de proie magnifiques et puissantes, excitant au plus haut point notre sens esthétique, mais qui, d'aucune valeur, représentent un formidable danger. Vivant de violences et de rapine, ils sont bien incapables de discerner le bien du mal... Souhaiter préserver leur système avec son corollaire d'immoralité équivaut à vouloir préserver le cannibalisme et les sacrifices humains ! »...

« Tu as bien parlé, me fait Takuna en s'esclaffant. Si j'étais l'*olaruoni*, je te laisserais la vache que tu as récupérée.

— Non, il saura mieux s'en occuper que moi, j'ai encore des progrès à faire avec les vaches ! » Parti dans mon élan et sur le mode de l'humour qu'ils pratiquent sans réserve, j'ai failli ajouter « et avec Selenoï »... au moment précis où Salonik, son mari, vient nous saluer ! En fait, il prend mon frère par la main pour lui faire une confidence. Il est courant ici de voir deux hommes bras dessus, bras dessous dans les bosquets, mais c'est juste qu'ils conversent de façon privée, à l'abri des oreilles indiscrètes, ce qui est fort respecté. Quant à moi, je m'éclipse précipitamment et m'enfonce comme une fusée dans un creux pour me mettre à l'abri des regards, ayant une soudaine envie de « revoir ma sœur », selon l'expression en usage ici pour qualifier la petite commission ! Dans ma course, je réussis à faire voler une énorme outarde kori qui se reposait à l'ombre de l'arbre que j'ai choisi pour cible. Elle m'a flanqué une sacrée frousse, j'en tremble encore. Il faut dire que je vois des lions partout. *Un lion qui vole, maintenant, de plus en plus fort ! Il est temps de consulter un psy.*

Lorsque je remonte, soulagé, j'ai à peine le temps de repenser à ma faim que je suis rejoint par Yiaro, les mains chargées de côtelettes. « J'ai trois choses à te dire, deux bonnes et une mauvaise ! Par laquelle je commence ? » me lance-t-il, tout en déblayant une aire de terre volatile nichée sous un acacia rabougri. Une fois assis à mastiquer la viande un peu trop dure mais excellente au goût, je lui réponds, impatient : « Par la mauvaise ! » Yiaro a l'art consommé de me mettre l'eau à la bouche, puis de me faire mariner dans une insupportable attente. Mais je joue le jeu, car cela donne du piquant à ma recherche – au cas où elle en aurait manqué.

« Je dois rentrer chez moi pour voir si mes vaches ne manquent de rien, je ne serai pas long. » À vol d'oiseau, ce n'est pas très loin, mais malheureusement il faut franchir une succession de collines difficiles et parfois même escalader des éboulis pour y arriver sain et sauf – à condition de n'avoir strictement rien à se reprocher, car les cobras égyptiens y sont légion.

« Et les deux bonnes, maintenant ? Je t'écoute...

— C'est au sujet de deux personnes que tu apprécies particulièrement, mais surtout une. Par laquelle je commence ?

— Celle que j'aime le plus, à la fin, d'accord ?

— Alors, il s'agit de ton ami Merero : toute sa famille est tombée malade depuis que la malédiction a été prononcée. Il implore le pardon, ça aura lieu dans une semaine à la nouvelle lune, c'est *papaaï* qui a été chargé de décider si oui ou non, au nom des anciens et au nom de toute la région, il doit le lui accorder. »

Je suis tout heureux de constater qu'ici, quand on a des choses à se reprocher et qu'on continue de mal agir malgré les avertissements, la sanction divine fonctionne encore très bien.

« C'est bien, Yiaro, mais tu oublies le meilleur ! De qui s'agit-il ?

— C'est, c'est, c'est... Selenoï ! »

Silence, j'accuse le coup. Puis je vocifère : « Quoi, Selenoï ? » Maintenant, il en profite : « Tu es vraiment fou d'amour pour elle, ma parole ! fait-il avec un rire sardonique.

— Je t'en prie, qu'y a-t-il de nouveau la concernant ? Parle !

— C'est juste qu'elle sera demain à la rivière avec Takuna pour l'aider à asperger ses vaches. Comme sa femme est souffrante, Selenoï s'est proposée pour la remplacer.

— En quoi cela me concerne-t-il ?

— Attention, la mauvaise foi, c'est pire que d'avoir une chose à se reprocher, ça peut tuer ! » poursuit Yiaro, à présent totalement hilare. C'est vrai qu'on en avait parlé de cette fameuse Selenoï ; hormis le travail d'enquête proprement dit, c'était même notre sujet de discussion favori dès que nous nous retrouvions ensemble à attendre qu'un événement arrive, ou plus simplement que la chaleur de la mi-journée passe un peu. « C'est Takuna qui m'a suggéré de te donner l'information, croit-il bon d'ajouter.

— Alors là, c'est un comble, explosé-je, c'est son frère Meeli qui a dû tout lui dire... Quoi qu'il en soit, tout le monde doit être au courant, depuis le temps !

— Tu n'y es pas du tout. Chez nous, on apprend très vite que les femmes sont une race à part et qu'il est impossible d'essayer de les comprendre de la même façon qu'un homme. Ne cherche rien, ne t'occupe pas d'elle et suis ton intuition, c'est tout. »

Mercredi 24 janvier, *Osoït Lenkima, 7:00*

Je suis heureux et, comme à chaque fois que je le suis – c'est-à-dire quasiment tout le temps depuis que je vis en terre maasaï –, je viens le crier haut et fort peu après l'aube, au sommet de mon poste d'observation favori. Pas tant pour scruter en voyeur, spectateur ébahi d'une carte postale, l'espace grandiose des steppes en feu sous l'arbitrage glacé de la montagne Blanche ; je n'ai jamais réagi ainsi, même la première fois. Non, c'est qu'une fois sur cette butte de rochers amassés, je me sens irrésistiblement bien, en accord total avec moi-même, la nature et les êtres qui m'environnent. Je viens ici pour communier. Puis je me mets à écrire sur mon carnet à spirale des informations récoltées la veille que je n'ai pas eu le temps de noter ; ce fut le cas hier où, une fois rentré à la maison avec *papaaï*, j'ai instantanément ou presque sombré dans un sommeil sans rêve.

C'est aussi, il faut le dire, mon jardin de prédilection pour « retrouver mon frère », tant il se tient bien et n'a plus rien à voir avec le déchet sale que je m'empresse généralement d'évacuer lorsque je survis dans notre monde dit civilisé.

J'y relis également les lettres de Claudia, une fois, dix fois ; j'en interprète les silences, les ponctuations. Le plus souvent, c'est Kimakon qui me les apporte ; rien d'étonnant dans la mesure où les moranes couvrent chaque jour des distances incroyables. Ils sont au courant de tout, c'est leur rôle. Je n'ai guère besoin de lui poser la question à chaque fois que je le croise, car selon un rituel immuable la réponse est immanquablement fichée sur la pointe de sa lance.

Je vais pour m'accroupir entre deux rochers lorsque brusquement la butte tout entière prend son envol et s'enfuit à tire-d'aile. *Oh, mon Dieu !* Ce n'étaient que des pintades. *Ça va aller, remets-toi...* J'ai vraiment failli basculer dans le vide ! Une fois remis de mes émotions, je me redresse, toujours sur l'à-pic surplombant la steppe maasaï. Elle foisonne à présent de ces joyeux galliformes, occupés à se nettoyer les plumes en plein bain de poussière. Je ferais bien d'en faire autant, pas dans la poussière bien sûr, mais tantôt à la rivière, du moins lorsque Selenoï n'y sera plus...

***

Je fais route vers le lit de l'Olkerie. La lumière est très blanche, il ne doit pas être loin de midi. J'ai revêtu une tenue légère, sandales, short et tee-shirt, et je ne porte pas de sac, c'est comme ça que je me sens le mieux. La grosse sacoche où je range mon équipement photo me fait endurer un calvaire qui me met invariablement de très mauvaise humeur : je m'en encombre donc de moins en moins, tant pis pour les photos ! De toute façon, j'ai horreur de mitrailler ; une photo n'est à mon sens rien d'autre que le miroir de votre état d'être qui reflète par ricochet ou, pour être plus précis, par vibration celui de votre sujet. Tout ça doit se passer d'âme à âme pour avoir un sens. Or lorsque je trimbale cette satanée sacoche, je n'ai plus envie de rien, surtout pas de faire une photo. Elle s'imposera sans doute un jour d'elle-même, comme une évidence...

Pour l'heure, je suis à mon aise. Je connais ce chemin par cœur et, comme à chaque fois que je descends à la rivière, avec cette dune ondoyante et ce grand ciel bleu, j'ai l'impression de me rendre à la plage. Il n'empêche ! Je prends bien garde, machinalement sans doute, de ne pas quitter la sente, non pas de peur d'être englouti par un drosera géant, mais sait-on jamais... Cette vigilance m'aide aussi à me concentrer avant d'être à nouveau confronté à la reine Selenoï, qui s'est ostensiblement ingéniée depuis cette fameuse nuit à m'éviter, un peu comme si je me préparais mentalement à rentrer sur scène. *Arrête un tout petit peu de te mettre la pression !* C'est tout de même incroyable de se mettre dans un état pareil, je suis sûr que c'est de l'orgueil mal placé. D'accord, elle est fantastiquement belle, et alors ? Comme l'a si bien dit Yiaro hier : « Ne t'occupe pas d'elle ! » Promis, juré, Yiaro. D'ailleurs, je n'y pense déjà plus...

En arrivant à la « plage », la première chose que je fais pourtant est de scruter comme un fou chaque mètre carré de sable, dans l'espoir contradictoire de ne point la trouver. Heureusement, de chaque puits, des voix joyeuses m'interpellent qui me distraient de mon appréhension. « Ma vache ! » « Ma génisse ! » « Ma brebis ! » et que sais-je encore... « *Ndauwo*, tu es venu ? Viens m'aider ! » C'est Takuna. Il ne perd pas de temps ! Mais je ne décèle chez lui aucune ironie. « Yiaro m'a dit que tu aspergerais les vaches aujourd'hui, je suis venu pour t'aider avec la pompe sachant que Napanoi (*son épouse*) a un gros rhume.

– *Éé, ashe !* (Oui, merci !) Normalement, Selenoï, tu sais, la femme de Salonik, viendra me donner un coup de main quand j'en aurai fini avec l'eau.

— Ah ! je vois », fais-je comme si je l'ignorais. Il me gratifie d'un sourire complice, et je comprends qu'il n'est pas dupe. « Si tu n'y vois pas d'inconvénient, j'aimerais bien t'aider, moi aussi, je ne l'ai encore jamais fait avec l'*embombo* (vaporisateur mobile) !

— Bien sûr, *Ndauwo.* »

En attendant, j'en profite pour aller me laver sur la berge ombragée. J'emprunte à cet effet un ersatz de seau qui traîne dans le sable cuit, un jerrican dont on a tranché la moitié supérieure et que je remplis d'eau fraîche. Je repère un rideau de broussailles et d'épineux qui m'apportera de l'ombre en même temps qu'il m'empêchera d'être vu. Parfait. Je ne suis pas long à me déshabiller, non sans avoir d'abord scrupuleusement fait l'inventaire du lieu, sachant que les serpents se glissent souvent sur les branches, dont ils épousent à merveille la forme et la couleur. Sans cette précaution élémentaire, il n'est pas rare de se retrouver face à face avec l'un d'eux. J'ai aussi sorti le bout de savon que j'ai toujours sur moi au cas où.

L'effet de l'eau est plus que réparateur, elle exacerbe le merveilleux de la découverte ou plutôt de la redécouverte de mes sens. L'expérience que je vis va très loin, je m'en rends compte à chaque fois que je m'emploie aux activités les plus banales, comme à présent faire couler de l'eau sur ma peau et dissoudre la sédimentation brun foncé qui me couvre des pieds à la tête. Le bien-être, notion éculée, ne rend pas fidèlement compte de ce que je ressens : une énergie sans limite, propre à me faire éprouver intimement l'éternité de l'instant. Ce qu'appelle « évasion » notre civilisation moderne et sa rationalité quantifiante, qui ne valorise plus l'être humain qu'en tant que créateur de son propre univers matériel, ce doit être cela : lui faire quitter sa coquille vide dépouillée de ses qualités et tenter en huit ou quinze jours de lui faire recouvrer la réalité concrète de sa nature humaine. Mais bien sûr l'intermède s'avère trop court et, comme dans la plupart des évasions, l'« évadé » est repris ; il doit renfiler son masque laborieux, froidement raisonnable, économe et prosaïque...

Je me rhabille puis grimpe sur l'avancée de terre en surplomb du puits, au moment même où Selenoï arrive à proximité de Takuna et dépose une énorme bassine jaune pleine d'étoffes sur le monticule détrempé au-dessus de la mare. Je refoule le flot de sang qui me monte aux tempes et, après un instant d'hésitation, je descends dans l'arène. Un aphorisme bien étrange me vient à l'esprit : « Ne défions jamais les femmes ni les fous ! » Une fois planté devant elle, je m'aperçois que ce n'est plus la Selenoï dure, narquoise et hautaine de ces derniers mois qui me fixe, mais celle d'avant, douce et attentive. Elle me sourit d'un air malicieux que je n'oublierai jamais. Le mouvement de surprise passé, j'irais presque jusqu'à lui dire : « Ma chère amie, j'ai le bonheur d'être amoureux de vous ! » (La minute d'avant, j'aurais sûrement remplacé *bonheur* par *malheur*...) Elle a la peau luisante et le soleil se reflète sur son crâne lisse, au point que je suis presque contraint de baisser les yeux. Sa cape bleu outremer complètement rabattue en arrière offre à ma vue ses épaules et ses bras, comme une tentation. Le mot qui me vient spontanément est « pacifiée » ; oui, c'est cela, elle est pacifiée. Décidément, quel que soit le continent, les femmes sont vraiment imprévisibles. Encore ébahi, j'hésite à lui parler. Takuna, qui en a terminé avec l'eau, et Kimakon, qui a rassemblé le troupeau abreuvé, viennent à ma rescousse en se dirigeant sans délai vers le milieu du méandre – je suis sûr, à les voir comploter, qu'ils ont compris mon embarras. Je leur emboîte le pas, mais je fais aussitôt volte-face pour venir m'emparer du fût en plastique plein d'eau, diluée de produit anti-acariens, que Selenoï a sanglé dans son dos. Hésitante, marmonnant, elle ne sait quelle attitude adopter ; pour ma part, je ne m'embarrasse pas de circonvolutions et lui confisque d'autorité le récipient. Ses bords contondants meurtrissent mes hanches, mais je ne laisse rien paraître. D'une voix joyeuse, elle me gratifie d'un merci presque inaudible. Je n'ignore pas qu'en public, du moins lorsque plusieurs hommes sont présents, la discrétion est de mise, mais tout de même, quel changement d'attitude ! Du coup, je me sens deux fois plus fort, un autre fût de vingt litres ne me ferait pas peur du tout. L'amour donne des ailes, n'est-ce pas... Cependant, en nage, je ne suis pas mécontent lorsque Takuna m'indique l'emplacement où déposer le conteneur : une sorte d'enclos d'épineux, où Kimakon vient d'achever de faire rentrer l'ensemble du troupeau.

« *Olmerishoï elde ?* » (Est-il un vrai *Olmerishoï* ?) fait-il à l'adresse de Selenoï en parlant de moi. Ne sachant plus où se mettre, elle se tortille en se forçant à rire et se contente de lui répondre par deux ou trois « *éé* » sans oser me regarder en face. C'est un aveu. Il faut à tout prix que j'oublie tout ce qui s'est passé avant et que je la fasse rire. Ne planifions rien, attendons le moment.

Takuna est déjà en train d'insérer au sommet du fût la pompe, constituée de deux cylindres métalliques qui coulissent l'un dans l'autre et se prolongent en une poignée rigide. Il y relie à présent un tuyau souple d'une vingtaine de mètres terminé par un gicleur. Sur ses instructions, j'ai déposé le tonnelet à mi-distance exactement de chaque extrémité du troupeau ; cela nous évitera d'avoir à le déplacer en cours de travail pour atteindre les vaches les plus éloignées. « Je commence par te montrer, ensuite ce sera à toi de le faire », me crie-t-il. L'air soudain grave, Selenoï a calé ses jambes délicates sur les arrondis du fût pour qu'il reste stable. C'est parti. Ses deux mains refermées sur la poignée, elle se contente de l'abaisser et de la relever sur un rythme régulier afin que la pompe expulse en continu dans le tuyau un jet d'égale intensité. Takuna, lui, n'arrête jamais son mouvement, tendant en permanence la tige de métal vers les flancs, les mamelles et les oreilles, en slalomant d'une vache à l'autre avec la grâce d'un danseur étoile. « Tu as vu comment je fais ? À toi maintenant ! »

J'accours me saisir du tube comme on attrape un témoin. Selenoï est aux manettes. Prêts ? Partez ! Le liquide jaillit à nouveau du pommeau, j'asperge la première vache venue en prenant soin de ne pas trop m'attarder au même endroit. Puis une deuxième et une troisième, ce n'est pas si facile que ça en a l'air : outre que les vaches restent rarement en place, on doit soi-même faire en sorte d'être toujours en mouvement, ne jamais se relâcher, rester constant. Telle est la clé d'une aspersion réussie. Je n'ai pas oublié la réponse sans appel de Kenny, l'an dernier, lorsque je lui fis part de ma stupéfaction d'avoir découvert lors de mes marches pléthore de baignoires désinfectantes, les *cattle-dips* comme les appellent les Anglo-Saxons, en ruine, à l'abandon et n'ayant jamais servi ou presque : « Ce ne sont pas les tiques qui tuent le plus, c'est la malnutrition. Ce n'est pas un hasard si les Maasaï ont toujours exposé les veaux là où il y a le plus de tiques, pour procurer aux survivants une résistance immunitaire. En édifiant des *cattle-dips*, on a voulu en finir avec ce qui faisait notre force, avoir des vaches résistantes ; or celles-ci n'ont plus la capacité, contrôle intensif oblige, de développer leur système immunitaire face à la maladie. L'agenda derrière tout cela, c'est l'élimination du pastoralisme pour ne garder en pays maasaï que des espèces bovines importées, à haut rendement. Faute d'avoir pu développer naturellement leur propre système immunitaire, celles-ci obligent à recourir régulièrement aux baignoires antiparasitaires, nécessité vitale. Nous avons senti le piège ; notre réponse, depuis trente ans, a donc été d'utiliser l'*embombo*. Avec lui, la quantité de produit chimique requise n'a rien à voir avec les doses massives utilisées dans les *cattle-dips*, et surtout son usage demeure ponctuel. »

Un héron garde-bœufs au plumage blanc et aux pattes jaunes s'est posé sur la clôture, à moins de deux mètres de moi. Même si je n'ignore pas qu'il se nourrit de tiques, je n'en suis pas moins surpris de le voir là, lui qui a l'habitude de se percher sur le dos des éléphants. Après avoir tourné et tourné, encore et encore, tel un derviche tourneur, parmi les vaches situées à droite, je lève très haut mon bras que prolonge la tige en métal afin de passer le tuyau au-dessus de la tête de Selenoï sans qu'elle ait à se baisser, et de poursuivre la vaporisation du cheptel côté droit.

J'effleure à peine la jeune femme et pourtant ce frôlement est aussi riche qu'une étreinte, il me bouleverse. Ses effluves capiteux, comme jadis sur sa couche, électrisent la moindre de mes cellules. J'hésite un quart de seconde à me retourner pour voir si elle aussi a subi le trouble, mais ma pantomime ne m'en laisse pas le loisir. Cent fois, je réitère les mêmes gestes : flancs, mamelles et oreilles, surtout à l'arrière de celles-ci que les tiques affectionnent le plus, faisant concurrence par leur disposition en triangle ou en cercle au découpage géométrique des pavillons, propre au clan auquel toutes ces vaches appartiennent. « *Ashe naleng, Ndauwo*, tu le fais bien mieux que moi ! La prochaine fois, je te laisserai tout seul avec Selenoï, pendant que j'irai me reposer sous cet arbre là-bas », affirme Takuna avec le plus grand sérieux. Je ne sais encore trop sur quel pied danser, lorsque j'entends Selenoï surenchérir en gloussant : « C'est un vrai *Olmerishoï* ! »...

Jeudi 1er février, *Entepesi, village de papaaï, rituel de pardon, 6:30*

Je n'ai pas fermé l'œil de la nuit, mais je doute que les ricanements des hyènes qui se sont approchées du village en soient la cause. Je pencherais plutôt pour les sollicitations d'un esprit suractivé qui anticipait ce qui va se passer ce matin avec Merero. Je suis convaincu que ce sont ses ondes négatives qui ont pollué ma nuit, en semant la confusion chez le marchand de sable ! Sept heures durant, j'ai pesé le pour et le contre, m'interrogeant au final sur la nécessité qu'on pardonne à ce sinistre personnage.

Pour moi, c'est clair, il est totalement occidentalisé et les deux choses qui l'intéressent sont le pouvoir et l'argent. La culture maasaï, il n'en a cure ; d'ailleurs, il n'a jamais reçu l'enseignement de la tradition ni été morane. Pourquoi pardonner à quelqu'un qui n'en continuera pas moins d'étendre la carte de ses jeux malsains ? « *Xabio, wou amu chaï !* » (Le thé est prêt, Xavier !) me souffle *mamaï,* qui a bien compris la situation. « Ce n'est pas une bonne personne, je suis d'accord avec toi, mais il faut lui pardonner car sinon on ne vaudrait pas mieux que lui. C'est notre culture qui nous incite à croire que l'on peut se transformer... Et en plus Merero est l'*olenkapu* de *papaaï* (il appartient au même clan). »

Le thé a le goût caramélisé que j'aime et mon adorable mère, qui voit tout, vient de me donner un autre quart parce qu'elle a peur que je ne me brûle la langue. Après avoir transvasé plusieurs fois le liquide marron clair d'un quart à l'autre – une pratique courante ici –, je ne suis pas long à le boire : un délice... J'en réclame une seconde tasse, ce qui fait beaucoup rire *mamaï.* « Tu vas manquer le pardon !

— Je ne veux pas qu'on lui pardonne, il n'est pas un vrai Maasaï, il va finir par vous détruire ! » rétorqué-je, excédé. Déjà bon public d'ordinaire, elle est maintenant aux prises avec une cascade de rire qui semble ne plus vouloir s'arrêter. Je sors comme à regret de mon antre protecteur, conscient tout de même de prendre part à une manifestation exceptionnelle mais essentielle de la culture maasaï, aux antipodes de tout ce qui a pu être dit de fallacieux à son sujet par des gens mal intentionnés, ou n'ayant en tout cas jamais mis les pieds là où je vis depuis des mois. Je suis ici pour cela, pour pouvoir témoigner de ma transformation à leur contact. Alors, ne boudons pas notre plaisir !

L'*emboo*, hormis les deux mille vaches encore présentes, semble quasi désert, comme si les humains du village s'étaient donné le mot pour ne pas assister à la cérémonie de pardon, de peur d'une conséquence fâcheuse. Yiaro converse banalement sur la santé de ses vaches avec Takuna. Eux non plus ne me paraissent pas très concernés par l'événement. Et si c'était une évidence, comme vient de me l'expliquer *mamaï* entre deux plages de rire ? L'air est encore frais, le ciel est pur ; je mâchonne une *enkike* à la bonne sève d'hibiscus, et ne ressens déjà plus ma fatigue. Mais soudain j'ai comme un choc, en voyant arriver le petit homme au nez arqué dont la phrase pleine de fiel résonne encore dans mes oreilles : « Vous n'avez rien à faire là ! »

Papaaï l'a maudit ici même un soir au moment où le soleil sombrait dans le grand vide, il va lui pardonner ce matin à l'instant précis où la divinité solaire va renaître et faire renaître tous les espoirs de paix.

Merero ne montre plus ni arrogance ni morgue, il n'en mène visiblement pas large : il a la pétoche. Même s'il arbore, à l'instar de tous les hommes de pouvoir, une chemisette légère de style colonial rabattue sur un pantalon assorti, tous les deux impeccablement repassés, il n'en est pas moins aux antipodes de ce qui distingue un être humain chez les Maasaï, à savoir le regard clair et la démarche alerte ! Je ne décolère pas : comment peut-on pardonner à un pleutre pareil ? Pourquoi ce faux timide m'inspire-t-il tant de dégoût et de haine, à présent qu'il nous salue en se forçant à sourire mielleusement ? Je sens au fond de moi que je suis bien plus maasaï que lui ; étranger à sa propre culture, il doit me jalouser, mais en même temps il peut encore faire beaucoup de mal à son propre camp, car il sait qu'ils n'entendent rien à la modernité, contrairement à lui. Il tient sa revanche, il possède enfin une connaissance que les autres n'ont pas, et je demeure convaincu qu'il recommencera. C'est sa seule porte de sortie pour exister. S'il est venu implorer le pardon, et je ne doute pas que *papaaï*, qui est la bonté même, le lui accordera, c'est parce que l'infortune s'est abattue sur toute sa famille dans la semaine qui a suivi la malédiction. Même l'hôpital, aux dires de tous, n'a pu identifier ni encore moins guérir la maladie dont souffrent sa femme et son fils. Et puis, n'oublions pas qu'il a besoin des votes de ces gens qui continuent dans leur immense majorité à respecter la tradition avant toute autre chose, s'il veut caresser le rêve entrevu d'être élu et d'accéder à un rôle politique !...

Je jette un œil au centre. *Papaaï* y est déjà, flanqué de quelques aînés. Il tient une calebasse oblongue dans la main droite, sans doute de l'hydromel mélangé à du lait, habituel pour ce type de bénédiction. Nous nous approchons aussi, mais je prends garde de conserver mes distances avec Merero. Les vaches sont demeurées étrangement silencieuses et je sens mon père pressé d'en finir ; à moins que ce ne soit le désir d'être synchrone avec le soleil ?

Maintenant que Merero se tient complètement seul face à lui, c'est davantage de la pitié qu'il m'inspire. Ses yeux mobiles trahissent l'angoisse : *Et s'il ne me pardonnait pas, que vont devenir ma femme et mon fils, ma carrière, ou plutôt ma carrière, mon fils et ma femme ?* Tel est à peu près ce qui transpire de son visage à la vilaine peau. Nous autres, nous nous tenons tous derrière *papaaï*, si bien que Merero fait face à présent à des dizaines d'yeux qui scrutent chez lui le moindre battement de cils. Le grand sage prononce, selon l'usage, la bénédiction de la réunion : « Que cette réunion de pardon soit fructueuse !

— *Naaï !* (Oui, mon Dieu !) » Je réponds de concert avec Yiaro, Takuna et les autres.

« ... Faibles ou forts, vivons-la avec pureté ainsi que toutes celles à venir ! Vivons comme la montagne vit ! Que toutes les générations se rencontrent ! Puisse Enkaï nous guider dans l'unité ! Puisse-t-il nous aider à pardonner ! Qu'Enkaï scelle l'amour entre tous les Maasaï ! Qu'il soit notre berger ! Dans l'attente d'objectifs dignes d'être attendus, Enkaï, nous t'implorons ! Emplis-nous de plaisir et de joie ! Vous tous, respectez vos pères et que la réussite vous accompagne ! Qu'il en soit ainsi avec grand plaisir !... »

Merero a du mal à rester en place, il se dandine d'un pied sur l'autre, visiblement mal à l'aise. Yiaro me pince le bras ; il jubile lui aussi, car il n'a pas du tout apprécié d'être rabroué par celui qu'il considère comme un escroc, ce que les Maasaï peuvent d'autant moins accepter qu'ils ont poussé jusqu'au raffinement extrême la quête du compromis par le verbe et non par les armes. Lorsqu'une personne ne joue pas le jeu... on peut en arriver à la malédiction comme dans ce cas, mais aussi à son abolition qui donne une seconde chance. Que les Maasaï sont patients ! Je suis émerveillé par leur connaissance approfondie de l'âme humaine.

Papaaï parle à nouveau : « Avec les autres anciens, j'avais *esipata* (j'étais dans mon droit – le terme *esipata* signifie "vérité" ; pour les Maasaï, dire le droit, c'est être en quête de vérité) pour te jeter un sort car tu as été reconnu *emonkoï* (coupable de n'être plus dans sa vérité – au sens d'être en contradiction entre le dire et le faire). Comme tu es mon *olenkapu*, la malédiction t'a beaucoup affecté. C'est Dieu qui a parlé. Je suis prêt à t'absoudre et à te purifier, à condition que tu me promettes de recouvrer ta vérité, et que tu ne viennes plus intentionnellement faire paître tes vaches dans notre *olokeri*. Mais aussi que tu respectes notre terre, que tu la fasses fructifier avec nous. Car quiconque vendra notre terre, mourra seul de cet argent. *Olenkapu*, acceptes-tu cela et veux-tu que je te pardonne ? » Silence, suspense, je guette le soleil, sa sphère est posée au ras de l'horizon et enflamme déjà tout sur son passage. Il est temps qu'il réponde s'il veut s'élever avec le cercle de feu vers une vie meilleure. « Oui, je l'accepte et je t'en remercie, ma plume !

— Alors, j'annule le sortilège et accepte de te bénir. Mais, pour être totalement efficace, je devrai venir dans ton village pour vous bénir, toi, ta femme, ton fils et tes vaches. Prépare de l'hydromel, je viendrai chez toi après-demain.

— Mais, euh... mon fils et ma femme sont souffrants, ils ne seront pas rentrés à temps de l'hôpital de Kajiado ! bafouille notre homme, à nouveau stressé.

— Ta femme et ton fils seront rentrés, crois-moi. Ils sont déjà guéris, ne t'en fais plus, la malédiction n'est plus sur toi ni sur ta famille. Ma venue chez toi permettra d'inscrire votre guérison dans la durée... », tranche *papaaï*, qui s'est rapproché de Merero. Il tourne autour de lui dans le sens des aiguilles d'une montre, tout en faisant gicler le contenu de sa gourde sur toutes les parties de son corps. Puis il crache à l'est, au nord et au sud, psalmodiant pour finir une prière inaudible. Ceci fait, il lui tourne le dos pour s'intéresser à nous. En ce qui nous concerne, point de mauvais sort à enlever, point de mauvaise action à pardonner, juste une bénédiction finale à offrir ; il porte donc la gourde à la bouche pour quelques gouttes d'hydromel, qu'il recrache sur la tête de chacun de nous, implorant Enkaï entre deux aspersions pour qu'il nous guide et nous protège.

Samedi 3 mars, *Entepesi, dans la brousse, 22:00*

« Nous allons avoir du mal à les retrouver et la nuit est pleine de dangers pour des chèvres ! » susurre Yiaro, en balayant de sa lampe torche un fourré peu engageant, à mi-pente d'une légère dépression.

« ... et pour nous ! » suis-je prompt à rajouter.

J'ai gardé les animaux toute la journée avec Neranto et Naserian, dans la joie et la bonne humeur. Nous avons même inventé un nouveau jeu, sur un terrain qui plonge en pente douce. Je les mettais au défi à tour de rôle de me battre à la course ; je leur donnais certes un peu d'avance, mais, même en le voulant, j'aurais eu du mal à les dépasser, admiratif de l'incroyable énergie qui les animait. J'entends encore Neranto, hors d'haleine : « Il faudra mieux t'y prendre si tu veux me battre ! Je cours vite, tu sais. » L'après-midi touchait à sa fin et nous avions pris beaucoup de retard pour revenir au village, la montagne aux Lions achevant déjà de se consumer dans les derniers rayons du couchant, lorsqu'une vision me glaça le sang. À l'aplomb de l'Osoït Lenkima, je distinguais assez nettement un lion mâle à la démarche nonchalante. Nous nous sommes remis à courir, mais les éclats de rire s'étaient envolés.

Dans notre précipitation, nous ne pensions à rien d'autre que l'abri de la clôture d'épineux. Conséquence de la confusion, une fois celui-ci atteint, nous avons constaté que cinq chèvres manquaient à l'appel.

Cela fait maintenant plus de trois heures que nous les cherchons, juste après que les oiseaux se sont tus. Plus de trente hommes du village sont déployés tout autour de la butte de rochers. Et pour le moment, rien, rien que des sueurs froides. Je ne quitte pas Yiaro des yeux. À présent, nous remontons la pente, la grimpée est rude et le chemin parsemé d'obstacles, grosses pierres, racines et que sais-je encore ! Sur le sentier étroit, nous marchons l'un derrière l'autre. Un vent violent balaie la steppe et la nuit d'encre semble avoir coulé dans le bronze les collines et les monticules dénudés qui se profilent contre le ciel. J'ai la sensation quasi surnaturelle que l'épais silence de mon âme fait écho aux mille variations de la vie nocturne autour de moi. Je tape des pieds, autant pour me réchauffer que pour donner un exutoire à ma peur, car je tremble en claquant des dents. Yiaro se racle la gorge avant de m'exhorter : « Allons, Xabio, il ne faut pas avoir peur, les lions ne sont pas si méchants ; ils ne le sont, comme je te l'ai déjà dit, que si toi tu as peur et que tu as beaucoup à te reprocher !... »

Quelque chose dans sa voix finit par détendre mes muscles, et je réalise à quel point ils étaient contractés par la crainte. Je suis bien content de le savoir là, bien que sa couleur de peau le rende quasiment invisible dans l'obscurité, ce qui spontanément me fait rire à chaque fois que je lève les yeux dans sa direction. Enfin, je ne tremble plus et recouvre ma lucidité, même si je trébuche dans ma hâte à sortir de ce mauvais pas. C'est alors que j'entends un bruit, à proximité du petit bosquet d'arbres que je tentais d'atteindre. Puis un autre. Un frisson me parcourt l'échine. Je distingue tout juste la silhouette menaçante des arbres qui se découpent sur le ciel noir, quand une troisième fois, un bruit sec de pierres qui roulent me parvient, ponctué par les notes basses d'un oiseau de nuit. Je balaie le sol à la lumière de la lampe, sans succès. Yiaro s'enfonce alors dans les buissons sans demander son reste et, l'espace d'une seconde, une pensée effroyable me traverse l'esprit : et si c'était le lion solitaire au poitrail large de tout à l'heure ?

Très vite, je me convaincs que Yiaro n'y serait pas allé s'il avait soupçonné un quelconque danger caché dans ces arbres. Je dirige le faisceau à l'endroit où il a disparu. Silence. Je fouille à nouveau le fourré à la lumière de ma lampe, et là, plusieurs paires d'yeux parfaitement immobiles se mettent à miroiter comme des boules de noël. Simultanément ou presque, des bêlements répétés me remplissent les oreilles et, plein de reconnaissance, je vois Yiaro s'extirper des broussailles arbustives en poussant devant lui les cinq bêtes apeurées. Leur instinct, sachant que la mort rôdait à quelques mètres de là dans le noir, les avait sans doute poussées à rester totalement cachées et muettes jusqu'à l'aube. Curieusement, les chèvres, d'ordinaire méfiantes et geignardes, se laissent prendre et même embrasser, comme je le fais maintenant sans compter en un défoulement et une jubilation exacerbés par le mélange d'effroi et de soulagement que mon organisme vient de subir. Mission accomplie. Nous les encadrons, Yiaro devant et moi fermant la marche, jusqu'au village où la plupart des autres hommes nous ont devancés, comme si l'augure des oiseaux de nuit les avait informés de notre capture.

***

À peine sommes-nous victorieusement rentrés au village avec les cinq chèvres égarées que leur « propriétaire » vient nous serrer dans ses bras avec une reconnaissance infinie. J'apprends avec surprise que ce bétail, qui pour moi appartenait à *papaaï*, est en fait celui du père de la petite Naserian que j'aime tant et en compagnie de qui j'ai aperçu le gros félin solitaire en toute fin d'après-midi. Il nous convie chez lui à boire deux tasses de *kule naaoto*, en récompense de nos loyaux services. Ce sera mon dîner d'anniversaire... secret, car je me garde bien de lui dire que je fête aujourd'hui mes vingt-sept ans. Cette notion n'a pas la moindre importance pour eux, qui ne connaissent généralement pas l'année exacte de leur naissance, alors pour ce qui est du mois et du jour ! Mais, moi, je le fête en mon for intérieur et j'exulte. Je n'aurais pu rêver célébration plus imprévue et exaltante. Protégé et guidé, je le suis assurément.

Le père de Naserian est enjoué et doux. La flamme de la lampe à pétrole, qui n'est autre qu'une boîte de conserve reconvertie, accentue sur les traits de son visage toute l'amplitude de sa sérénité. Après avoir écouté le récit de nos exploits comme un enfant ébloui par ses cadeaux sous le sapin, il se tourne vers moi et m'assène comme un coup de poing une question à laquelle il m'est difficile de répondre – dans une telle bulle d'amour, je ne veux pas blesser par ignorance. Même si, ayant déjà tant appris sur eux et sur moi, je me sens depuis quelque temps nettement plus à l'aise dans mes réponses, je reste ce soir silencieux. Pensant que je n'ai pas saisi ce qu'il me demande, il répète sa question, en l'assortissant cette fois d'un commentaire : « Tu m'as donné l'un des biens les plus précieux de la création. Tu es un étranger et pourtant tu es davantage maasaï que beaucoup d'entre nous ; tu es notre bienfaiteur. Veux-tu une vache avec poils ou sans poils ? »

Au fond de moi, j'ai une petite idée de ce que peut être une vache sans poils : sa fille Naserian en l'occurrence, il n'en a qu'une. Je n'ai de toute façon nullement l'intention de tergiverser, car jusqu'ici je n'ai jamais eu l'intention de me marier. La question n'est pas à l'ordre du jour, aussi adorable que soit la jeune fille maasaï. Je réponds donc sans détour « Une vache avec poils » et j'en suis soulagé. Me retrouver marié à une gosse de onze ans le jour de mon anniversaire n'eût pas manqué de piquant, je l'avoue, mais la réalité n'est pas tout à fait un jeu et il faut la respecter. La belle Selenoï ne m'a-t-elle pas suffisamment tancé à ce sujet ? Prévenu, je suis devenu très prudent...

Dimanche 11 mars, *Kiloo, rituel de respect, 8:00*

La matinée a été fraîche ; le ciel est d'un beau bleu, et le soleil éclatant annonce une journée chaude. Tous les jeunes gens de ma génération se sont donné rendez-vous aujourd'hui avec leurs pères spirituels, c'est-à-dire les anciens qui symboliquement, à la fin des années soixante, les ont fait naître en tant que nouvelle classe d'âge. Ils veulent ce matin leur témoigner tout le respect qu'ils leur portent afin que ces anciens, responsables de leur initiation, leur accordent la bénédiction sans laquelle ils ne seront pas autorisés à continuer leur progression vers l'autonomie adulte pleine et entière. Il leur reste encore plusieurs étapes rituelles à accomplir sur cette voie. Une délégation de dix-neuf *Ilmerisho* doit notamment se rendre bientôt chez le grand leader spirituel, à deux cent cinquante kilomètres d'ici, dans la forêt de l'Enfant perdu, pour lui faire don de quarante-neuf vaches. Mais pour cela, il leur faut aplanir d'éventuels différends. Les discussions vont bon train depuis l'aube, mais ce qui me frappe à nouveau dans cette réunion, c'est l'énergie déployée par les uns et les autres, non pas pour juger le pourquoi du comment, mais plutôt qui, et avec combien de vaches, devra contribuer à éteindre la dette de l'infraction au sacro-saint respect dû aux anciens. Tous sont farouchement persuadés qu'ils ne seront jamais en paix et ne prospéreront pas tant que ce genre de dette n'aura pas été réglée. Pour le reste, si je ne me trompe, ils ont la sagesse de croire que le jugement quant au fond des responsabilités les entraînerait sur des chemins bien trop tortueux, qui les écarteraient de l'essentiel. Un ancien nourrit-il un quelconque ressentiment à l'encontre de l'un de ses fils spirituels ? Telle est la question sur toutes les lèvres. Je n'en perds pas une miette.

Je me suis posté légèrement en surplomb, au sommet d'une termitière, en priant pour qu'aucun mamba n'y ait élu domicile. J'entends un aîné prononcer deux adages que je note scrupuleusement : « Celui qui a donné naissance ne peut ressentir la honte ! » puis « Qu'importe qu'un père soit dans son tort ou non vis-à-vis de son fils biologique ou spirituel, celui-ci lui doit toujours réparation, car sans cela il sera le perdant toute sa vie ! » Ils sont à l'évidence au cœur du débat et nul ne songerait à les contredire. Plus je vis avec les Maasaï, plus je les vois vivre et les entends, et plus je constate que leur but dans la vie n'est pas d'avoir raison à tout prix au détriment des autres, mais d'être en paix avec soi-même et avec les autres. Les qualités les plus prisées chez un membre actif du peuple de la vache sont en conséquence l'amour, l'écoute, la générosité et le discernement. Impossible dans ces conditions d'avoir des pratiques différentes de ce qu'on a dit. Il y a une exception cependant : les affaires de séduction. Sur ce terrain, les jeunes gens en phase d'initiation mettent un point d'honneur – c'est du moins ma conclusion au bout de plusieurs mois d'observation participante –, à violer le code en vigueur dès qu'ils le peuvent, un peu comme on chasse le lion pour prouver sa virilité, j'imagine ! Hier, Yiaro m'a éclairé sur ce sujet d'une façon assez surprenante. Il m'a dit à propos des liaisons non autorisées, c'est-à-dire consommées en dehors du cadre accepté d'une même génération, qu'il n'y avait « pas péché et qu'il n'y a que l'inévitable expérience qui nous fait progresser » !

Depuis plus de deux heures maintenant, les Vainqueurs distribuent à tour de bras à leurs aînés leurs plus belles vaches, dites « du respect », mais aussi des couvertures de laine de qualité supérieure et même d'énormes sacs de sucre de canne, prêts à tout entendre et à tout accepter pourvu que la joie remplace le ressentiment. À l'instant, je contribue à cette joie en riant de bon cœur, car Takuna, sans attendre que son aîné finisse d'exposer son grief, lui donne déjà tout ce dont il rêve à condition qu'il lui pardonne et soit heureux de vivre. Cet aîné reproche en effet à mon frère de n'avoir pas attendu avant de se marier avec son ex-épouse qu'il ait récupéré la dot de neuf vaches auprès de son ex-belle-famille...

Il est onze heures, je n'ai pas vu le temps passer. Les aînés ont eu satisfaction, les rires fusent de partout, la chaleur a réinvesti les cœurs, tout comme ma termitière ! Un ancien bénit l'assemblée une dernière fois : « ... Mes enfants, vivez longtemps, comme la montagne vit ! Qu'Enkaï vous aide à atteindre Kisokon (*où habite le prophète*) sains et saufs ! Respectez vos pères et que la réussite soit dans vos vies ! Soyez parfumés ! Que ceci soit votre bénédiction ! »

Mercredi 4 avril, *Entepesi, sur le toit avec Selenoï, 17:00*

Je m'arrête quelques instants pour respirer à fond, je ne me suis pas senti aussi plein de vie et d'énergie depuis bien longtemps. Je me suis finalement remis d'un rhume attrapé par négligence lors du changement de temps, que j'ai laissé dégénérer comme d'habitude en bronchite et qui m'a cloué sur le lit de *papaaï* huit jours durant. La tuberculose contractée à l'âge de six mois a laissé des traces au niveau de mes voies respiratoires. Mais mon père a rapporté pour moi des racines de *Pappea capensis* et d'arbre noir dont *mamaï* a fait des soupes qui m'ont complètement guéri. À l'occasion de cette maladie, Selenoï s'est rapprochée un peu plus encore de moi et notre complicité s'est développée à un point tel que j'ai désormais parfois l'impression d'être son frère.

Je suis à présent agenouillé près de la plus belle de toutes les femmes maasaï du monde, sur le toit de sa maison. Depuis une bonne heure, nous pétrissons de conserve des petits tas de bouse fumante pour l'imperméabiliser avant les pluies, qu'on annonce imminentes. La substance liquide de la bouse fraîche associée à de l'eau et de la cendre de bois émet comme le son aspiré d'une ventouse. J'ai eu beau faire l'objet de toutes les moqueries, car ce travail est exclusivement réservé aux femmes, j'ai tenu bon ; je voulais faire valoir ma différence et tester leur humour et leur sens de l'autodérision. J'observe du coin de l'œil ses gestes, pleins d'une grâce inimitable... En se redressant, elle me regarde avec un sourire plus éclatant que jamais et laisse échapper de sa bouche sensuelle ces quelques mots que j'écoute à peine – *elle a vraiment un port de reine...* : « ... Xabio, tu es sale à faire peur ! » Effectivement, mon short, mes jambes et surtout ma chemise ont pris une teinte marron clair souillée de zébrures noirâtres. Qu'importe ! Du haut de ce toit et avec elle, j'ai soudain l'impression de dominer le monde entier.

Il m'a semblé recevoir une goutte d'eau. Je regarde en l'air : le ciel n'a pourtant pas changé de couleur, tout au plus est-il parsemé de nuages blancs. En m'abritant d'une main des rayons du soleil, je scrute l'horizon et découvre une perspective beaucoup moins bleue : une masse de nuages menaçants semble avancer vers nous à la vitesse d'un cheval au galop. Dix minutes plus tard, c'est le ciel tout entier qui a pris une teinte gris sombre et le village est plongé dans la pénombre. Nous nous relevons en hâte. « Viens, allons nous mettre à l'abri ! » me crie Selenoï. J'en suis encore à l'aider à descendre du toit quand la pluie se déchaîne.

Elle tombe maintenant avec la puissance sauvage d'une chute d'eau, en véritables torrents rabattus par le vent qui s'est levé tout d'un coup. L'obscurité n'est plus rompue que par la lueur aveuglante des éclairs qui se succèdent sans interruption, et le grondement du tonnerre roule de façon menaçante en nous enveloppant d'un tumulte assourdissant. Tout cela a beau être grandiose, je pense surtout à nous réchauffer, car le temps infime qu'il nous a fallu pour pénétrer dans le repère de Selenoï a suffi à nous tremper jusqu'aux os. Il ne lui faut pas longtemps heureusement pour ranimer les braises, et elle s'empresse de poser dessus des bûches sèches qui s'enflamment aussitôt. Mais elle reste ensuite accroupie devant, tremblant de froid, tandis que l'eau lui dégouline dans le cou et sur la poitrine ; elle s'efforce en vain de sécher ses drapés en les tordant. « Tu sais, je crois que tu ferais mieux de les enlever complètement, on va les mettre devant le feu, ils sécheront plus facilement ! » lui dis-je spontanément. Elle ne me répond pas, et je ne réagis pas tout de suite car moi aussi je claque des dents. Mais après un moment, elle dit d'une voix câline : « Enlever mes robes devant toi ! Je ne peux pas faire ça, surtout devant un étranger. » Sa résistance me semble de pure forme, j'en profite pour enfoncer le clou : « Fais ce que je te dis ; après tout, tu m'appartiens autant qu'à ton mari, je suis de la même classe d'âge que lui ! »

Stupeur, silence. Puis elle part dans un gros éclat de rire qui la rend encore plus adorable. Je pousse l'avantage en me jetant moi-même à l'eau, sans jeu de mots. J'enlève ma chemise et la pose sur une saillie de la réserve de bois pour qu'elle sèche, tout en lui expliquant que si nous restons ainsi trempés nous risquons d'attraper une pneumonie. Cette fois, elle me prend au sérieux, se remémorant sans doute le visage moribond que j'arborais encore la semaine dernière. Étreint par une puissante émotion, je la suis du regard qui disparaît doucement, à reculons, dans l'obscurité de sa chambre à coucher. Ce n'est ni de la crainte ni de la timidité, si je me réfère à la première nuit que j'ai passée ici, mais de la pudeur. Je grelotte toujours et j'ai soudain conscience que mes jambes sont devenues de véritables blocs de glace. Mais je ne peux tout de même pas ôter mon short comme ça ! Je me rapproche encore du feu, jusqu'à en effleurer les flammes qui viennent d'accélérer leur danse, pour me frotter les mains juste au-dessus vigoureusement et je suis enfin traversé par un grand bien-être.

Surgi d'un recoin quelconque, un chat s'éclipse dans l'alcôve de la reine en me passant entre les jambes. Il est toujours rassurant de les savoir dans les parages, leur simple présence rendant dit-on plus incertaine l'intrusion des cobras. La fumée du feu dégage une bonne odeur de résine chaude. Juste au-dessus de ma tête, le ciel continue de se vider à pleins seaux ; je prie pour que le toit tienne, n'ayant pas du tout envie de réitérer mon expérience malheureuse de novembre.

Selenoï réapparaît, absolument resplendissante. Trois toges immaculées la moulent étroitement, faisant ressortir ses épaules rondes et menues mais aussi ses courbes sous les plis du tissu. De reine, elle est devenue déesse ! Une boule me monte dans la gorge, qui m'empêche de parler. Elle éclate de rire, en me tendant un drapé rouge et une couverture. « N'oublie pas d'enlever avant ton short tout mouillé !... » murmure-t-elle, l'air mutin. Suivant son conseil, je me tortille sur la peau du grand lit pour retirer mon short trempé, sans indécence aucune puisque j'ai posé la couverture sur mes cuisses ; Selenoï s'est de toute façon absorbée dans l'entretien du feu. C'est surtout moi que ça gêne ; me retrouver dévêtu dans une maison maasaï me paraît insensé, et je repense soudain à son mari : s'il arrivait, juste maintenant ?

Non, il y a peu de chance, vu les hallebardes qui tombent du ciel sans discontinuer. Je noue tant bien que mal le drapé rouge à ma taille, puis m'enveloppe entièrement dans la couverture. Fugitivement, j'ai perçu Selenoï me suivre des yeux d'un air attendri. Grâce à son efficacité, le thé au lait frémit déjà dans le fait-tout qu'elle a posé sur la grille du foyer. À l'extérieur, le temps a empiré si j'en juge par les grondements du tonnerre qui éclatent comme des coups de canon et les rafales de pluie de plus en plus violentes qui s'abattent sur la maison. Croyant la voir frissonner, je lui suggère : « Viens ici à côté de moi, je vais te frictionner !

— Je veux bien, fait-elle, mais il faudra rester discrets, car mon mari peut rentrer d'un moment à l'autre, ou même des visiteurs... » Elle se rapproche de moi, en faisant chanter ses bijoux, en particulier tous ces anneaux qu'elle porte aux chevilles. Je n'en reviens pas qu'elle soit aussi docile après tout ce qu'elle a pu me faire subir. Toutefois, même si je ne décèle chez elle aucune malice, je mentirais si j'affirmais que ma confiance est maintenant totale. Elle s'assied à mon côté et me tend un bras en pouffant comme une petite fille. Ébloui, je me mets à le frotter énergiquement, puis l'autre, et m'attaque ensuite à son dos. Elle ne proteste pas. Sa peau a la douceur exquise de la pêche, douceur à laquelle j'attribue la chaleur qui me gagne soudainement, tant et si bien que mes frottements vigoureux se muent très vite en caresses de plus en plus langoureuses. Ce n'est que lorsque ma main s'égare par hasard et vient lui effleurer un sein qu'elle sursaute et se recule vivement. Sans dire un mot, elle repart dans la partie de l'habitation qui lui est réservée, en me lançant un regard réprobateur.

Décidément, je n'y comprends rien... Ce nouveau changement d'humeur me déconcerte : ça recommence comme l'an dernier ! Le silence s'installe, pesant ; je n'entends plus que le crépitement des bûches, jusqu'à ce qu'elle me tende une timbale de thé pleine à ras bord. « Ne m'en veux pas ! Mais ces choses-là doivent se passer la nuit dans la plus grande discrétion, ou du moins dans un endroit désert. À cette heure-ci, n'importe qui peut rentrer à tout moment...

— Mais même la nuit, dans cette maison, je ne me sentirais pas à l'aise. La maison de *papaaï*, où j'habite, est juste à côté !

— Oui, tu as raison... Mais, à la prochaine lune, je rendrai visite à mes parents. Comme tu es de la même classe d'âge que mon mari, tu pourras officiellement m'y accompagner !... »

***Jeudi 26 avril,** Kisokon, chez le prophète, dernière nuit, 0:30*

C'est la troisième nuit que je passe chez Koyiaki ole Senteu, un *oloïboni kitok*, un homme-médecine de très grande renommée, c'est-à-dire l'un des grands guides spirituels que les Maasaï respectent comme un intermédiaire inspiré entre le ciel et la terre. Il y a douze jours, en guise de bénédiction, *mamaï*, campée à droite de notre barrière familiale, a selon la coutume aspergé d'hydromel et de lait les quarante-neuf vaches et les dix-neuf *Ilmerisho* en partance pour la forêt de l'Enfant perdu. Cette délégation menée par Takuna, le porte-parole de toute ma classe d'âge, avait été sélectionnée en secret de longue date et je n'ai pas pu, à mon grand dam, me joindre à eux. Mon frère m'a expliqué que le nombre d'envoyés devant se terminer par neuf, il aurait fallu si je m'étais joint à eux en recruter neuf autres (pour atteindre le total de vingt-neuf). C'était d'autant plus impossible que le prophète avait déjà remis à chacun un sac de poudres aux vertus protectrices. Il aurait donc fallu tout reprendre à zéro, ce que nul ne pouvait souhaiter dans la mesure où le processus de libération des interdits attendait précisément l'augure de l'homme-médecine pour se poursuivre. Tout le monde s'impatientait. Les dix-neuf Vainqueurs ont mis neuf journées à arriver jusqu'ici, sans s'arrêter dans aucun village – c'est la règle –, obligés de dormir dans la brousse dans des abris de fortune. Quant à moi, je me suis empressé de reprendre ma rossinante à moteur chez Agnès ; mal m'en a pris, car j'ai dû mettre autant de temps que si j'y étais allé à pied. J'avais sous-évalué la difficulté à passer des basses terres maasaï aux hautes terres (la forêt est située à une altitude de plus de deux mille cinq cents mètres), de l'autre côté du Rift... à mobylette. Mais ma motivation était au moins aussi élevée que la forêt et je n'aurais manqué à aucun prix ce nouvel épisode, aux antipodes de ma géographie maasaï habituelle. Pour être franc, je dois avouer que Yiaro a beaucoup pesé sur ma décision de m'y rendre. Lui-même avait autrefois fait partie d'une telle délégation, et ce qu'il avait vécu là-bas m'avait mis l'eau à la bouche. Dans ma lente progression vers les Loïta Hills, je me suis égaré par deux fois ; mais l'expérience aidant, je savais qu'en terre maasaï on n'est jamais tout à fait perdu. Avant que la peur ne s'installât, j'ai d'ailleurs trouvé sur mon chemin deux moranes qui m'ont guidé jusqu'au village du grand prêtre, deux heures seulement avant l'arrivée de mon frère et des autres marcheurs. Je n'avais eu aucune nouvelle de leur progression et ce fut pour moi tout simplement prodigieux d'arriver le même jour qu'eux ; en ce qui les concerne, ils ont continué de se comporter avec moi comme si j'avais fait le voyage à pied en leur compagnie et qu'on ne s'était jamais quitté.

L'accueil fut extraordinaire. Koyiaki et ses neuf épouses s'étaient postés à quelque cent mètres de l'entrée principale du village, inaugurant ainsi une sorte d'allée d'honneur balisée par six feux de couleurs différentes. Ils veillèrent bien à ce que les quarante-neuf vaches entrent d'abord, puis l'*olamal* (la délégation rituelle), Takuna en tête, le crâne, tout comme ceux des dix-huit autres, luisant de graisse et d'ocre rouge. Le rouge est la couleur cérémonielle par excellence des hommes qui n'ont pas achevé leur cycle initiatique, signe que leur appartenance à une classe d'âge (en formation) est encore fragile.

Trois jours ont passé depuis notre arrivée, avec des moments fabuleux. Je profite d'une légère accalmie pour me les remémorer. L'accalmie en question n'implique nullement le vent, ni la mer bien sûr, à plusieurs mondes d'ici, mais les femmes du prophète, du moins les plus jeunes d'entre elles ! Depuis soixante-douze heures, elles reviennent en effet invariablement à la charge pour tenter de nous séduire. C'est absolument dingue. De ma vie, je n'ai jamais vu ça. Elles sont déchaînées, comme folles ou plutôt démoniaques. Fort heureusement, j'ai eu une certaine expérience des femmes maasaï avant de venir ici – à cette pensée, le souvenir du visage angélique de Selenoï se fixe instantanément dans mes cellules. Sinon, que se serait-il passé ? Takuna avait prévenu le coup dès la première nuit : il était hors de question que l'un de nous dormît seul avec l'une de ces amazones. Trop risqué. D'emblée, nous nous sommes donc répartis en quatre groupes de cinq. Et jusqu'ici, tout débordement a été jugulé avec humour. Yiaro m'avait averti que les femmes du prophète, en une telle circonstance, sont plus qu'entreprenantes et séduisent systématiquement les visiteurs de leur vieux mari. Le problème est qu'elles traînent une réputation maléfique : ceux qui par le passé ont succombé à leur charme dévastateur n'ont plus connu dans leur vie, m'a-t-il assuré, que la misère, la maladie, voire la mort ! On serait enclin à la vigilance à moins.

Il est plus de minuit, Takuna et trois autres *Ilmerisho* semblent endormis, ce qui est assez miraculeux. J'en suis à ma troisième nuit dans cette maison et je n'ai toujours pour ainsi dire pas fermé l'œil, bien que bercé par le murmure d'une cascade d'eau fraîche et les hurlements furieux de colobes, en lisière de cette forêt dont on dit qu'elle est le cœur spirituel de la culture maasaï mais aussi une véritable arche de Noé de la flore et de la faune. Le prophète y a passé toute la matinée d'hier à se recueillir et à collecter des plantes, puis les a concassées, consacrées dans des sachets de Cellophane qu'il a remis à chacun de nous, nous autorisant, grâce à cette protection, à poursuivre le cycle des rituels. Il a même fixé la date de la cérémonie dite du déroulement de la corde, nouvelle étape clé pour libérer les énergies individuelles vers l'autonomie : cela se passera lors de la pleine lune du mois de juin.

L'avantage de ne point dormir, c'est que la nuit fournit alors l'occasion d'y voir plus clair, de recoller petit à petit les pièces du puzzle. J'essaie surtout de comprendre la motivation de mes compagnons. Faire près de trois cents kilomètres à pied parmi tous les dangers, en particulier nocturnes, pour offrir quarante-neuf vaches à un vieil homme, tout ça pour obtenir des poudres magiques et une date, tout en évitant les avances de jeunes femmes d'une extraordinaire beauté... il y a de quoi rendre perplexe. Les quarante-neuf vaches constituent la dette que ma classe d'âge avait envers le *loïbon* depuis 1976, date à laquelle celui-ci avait spirituellement guidé et légitimé la plus grande de toutes les cérémonies maasaï, l'*eunoto*, qui mettait un terme à l'éducation traditionnelle en *emanyata* des *Ilmerisho*, les autorisant dorénavant à boire du lait individuellement et à se marier. Je comprends mieux pourquoi « la vache n'a pas de propriétaire », selon l'un de leurs dictons favoris ; elle circule sans cesse, on la donne, on l'échange, on la prend et on ne peut guère vous la refuser car, en général, on est toujours apparenté d'une façon ou d'une autre, à commencer par l'amitié qui fait de chacun un *osotwa* en puissance, c'est-à-dire un parent ou plus littéralement un « cordon ombilical ».

Dans le cas de l'homme-médecine, ce n'est pas l'assurance d'une amitié ou d'une solidarité que l'on renforce, mais beaucoup plus. Il intercède en effet avec les forces cosmiques pour libérer les énergies créatrices de ses protégés, afin qu'ils atteignent l'âge d'homme sans succomber aux pièges de l'ego. Le don des vaches est une dette divine. Comme les Maasaï s'y entendent plutôt bien lorsqu'il s'agit de mettre en scène la dualité et de faire la navette entre des éléments apparemment contradictoires pour mieux les intégrer... les femmes du prophète sont chargées pour leur part du rôle malsain de nous faire dévier de ce chemin. Malsain, malsain, facile à dire, moins facile à poser en actes ! J'ai beau être sur mes gardes, je n'en reste pas moins un homme de chair et de désirs, et je prie pour que Naishoruaenkaï, qui est la propriétaire de cette maison, mais aussi la dernière épouse (et la plus jeune, et la plus jolie !) ne vienne pas me relancer sur ma couche. C'est une vraie torture, car je prends très au sérieux tout ce que son entreprise à haut risque implique pour moi et mon avenir. *Tiens bon, Xabio, tu peux y arriver, pense à Selenoï – non, ce n'est pas la meilleure idée, pense à... dormir, ou au moins fais semblant !*

La voilà de retour, elle a dû se rendre compte que je ne dormais pas. Elle approche en tournant sur elle-même, exposant ses longues, très longues jambes minces à la lueur du feu, puis s'assoit sur le bord du grand lit, effleure de sa bouche généreuse mon visage et, au moment où elle se penche encore un peu plus, son *olkarasha leatua* (drapé-robe noué à l'épaule et cousu sur les côtés) se défait, laissant apparaître de jolis seins en forme de poire. Je ferme les yeux pour ne plus voir et... je m'endors.

***Mardi 8 mai**, avec Selenoï, en chemin vers Naïbor Ilariak, 11:00*

J'ai dormi d'un sommeil léger et à trois heures j'étais complètement réveillé. Le soleil commence juste à chauffer mais il fait toujours délicieusement bon, ce qui va de soi lorsque vous accompagnez la plus belle femme du monde. Depuis sept heures ce matin, nous faisons route vers le village de ses parents. Je marche juste derrière elle, sur un petit chemin qui monte en pente douce, et j'ai du mal à porter mon regard ailleurs que sur sa démarche aérienne et ce qui émane d'elle : du mystère. Je ressens tout de même une légère angoisse, non pas tant parce qu'elle est mariée – après tout, ne suis-je pas dans le cas de figure d'une relation autorisée ? –, mais plus sûrement parce que j'ai peur de ne pas être à la hauteur.

Les vaches convergent par centaines et même par milliers dans la vaste plaine en contrebas, attirées par la forte teneur en sel des pâturages, à laquelle les pluies ont récemment contribué. Cette région a toujours été spéciale à mes yeux : perdue, sauvage, entourée de toutes parts ou presque par de grosses collines, tel cet Oldoïnyo le Kerasha, demi-sphère protectrice que nous sommes en train de contourner et qui ressemble comme une sœur jumelle à la montagne aux Lions.

Selenoï s'est drapée en bleu, blanc, rouge. Lorsque je lui ai appris que c'étaient les couleurs de notre drapeau, elle ne s'est pas démontée, affirmant en me regardant droit dans les yeux : « C'est justement en ton honneur que j'ai revêtu mes plus beaux *ilkarash.* » Mais, depuis que nous cheminons, elle n'a pas dit un mot et elle semble de plus en plus absente. Sans doute des tas de souvenirs l'assaillissent-ils, alors qu'elle retourne pour la première fois depuis son mariage dans le village qui l'a vue grandir. Je suis conscient de ce silence et j'aimerais le partager avec elle, mais je me garde bien de la distraire. Pourtant, en avisant devant moi, plein cadre, une outarde kori d'au moins un mètre de haut, qui me nargue comme si elle me mettait au défi de prouver ma raison d'être ici, je n'hésite pas : je fonce dessus pour la faire s'envoler, ce qui ne manque pas d'arriver. Selenoï esquisse à peine un sourire ; si je voulais décrisper l'atmosphère, c'est raté. En fait, j'ai souvent remarqué que le mieux que j'avais à faire était précisément de ne pas trop en faire. Sinon, j'en arrive à la situation absurde où, ayant épuisé mon arsenal de facéties à trois sous, je ne trouve plus ma place ; pire encore, je commence à douter que la vie tout simplement incroyable que je mène depuis des mois chez les Maasaï ait jamais existé.

Les hautes herbes vertes griffent les mollets magnifiquement galbés de Selenoï et accrochent sa cape *enanka* rouge fuchsia, qu'elles gonflent régulièrement au passage. Elle est vraiment sublime, ne puis-je m'empêcher de penser avec un sourire extasié. Dans le ciel bleu parsemé de nuages blancs, des vautours semblent danser pour elle et pour elle seule. Et si j'étais de trop dans ce décor ? Mais soudain, au lieu de franchir la crête, Selenoï redescend vers moi et m'indique sur la droite une ravine bordée d'acacias parasols où un filet d'eau coule entre des rochers ronds. « Viens, suis-moi, nous allons nous reposer un peu à l'abri du vent et du soleil ! » fait-elle, d'un air décidé. Je presse joyeusement le pas, car elle m'a jeté un bref coup d'œil et son visage est maintenant rayonnant. Arrivé au bord du minuscule cours d'eau, je me laisse glisser sur le sable en prenant appui sur une grosse roche de forme allongée, à laquelle je m'adosse après avoir ôté mon sac. J'en extrais une gourde avant de relever la tête vers ma compagne : « Prends un peu d'eau ! » Je suis moi-même mort de soif. « Tu es fou ! Prends plutôt ma gourde et bois du lait, tu as besoin de reprendre des forces, me réplique-t-elle sur un ton sans appel.

— À la condition que tu viennes t'adosser à côté de moi.

— Non, d'abord, je vais me passer de l'eau sur le corps derrière ce bouquet d'arbres là-bas ! » Elle a dit ça le plus naturellement du monde, tant et si bien que j'enchaîne : « Je viens avec toi.

— Ce n'est pas bien. Une femme ne peut pas être regardée par un homme lorsqu'elle fait ses ablutions ! » me répond-elle en levant les yeux au ciel.

C'est un jeu, continue !... Il me faut de longues minutes de persuasion pour la convaincre, si bien que lorsqu'elle accepte enfin, je me sens presque désarmé. Elle éclate de rire et, grande victoire, me prend la main en chuchotant à mon oreille : « Tu es très beau, mon *Olashumpaï* ! » Tous mes sens sont subitement en émoi. Ce sont ses yeux qui me chavirent le plus, comme deux oasis d'une langueur extrême m'invitant à les rejoindre dans une étreinte sans calcul et sans limite. Je vais pour l'embrasser, mais elle me repousse sans ménagement. « Les Maasaï ne s'embrassent pas sur la bouche ! s'offusque-t-elle comme si je venais de commettre un crime odieux.

— Je ne te veux pas de mal, m'écrié-je sans hésiter pour que le trouble charmant de l'instant ne soit pas rompu par ma bévue.

— Je sais bien... Va te changer là-bas près du rocher, moi, je vais derrière l'*oltepesi* (l'acacia). Viens me rejoindre quand tu seras prêt ! »

J'ouvre mon sac, j'en sors un pagne que je m'empresse de nouer à ma taille, j'enlève mon tee-shirt, mon short et délace mes chaussures en deux temps, trois mouvements. Je ne réfléchis plus, je suis dans un état second. Ce qui va se passer maintenant, je l'ignore, mais la sensation de douceur qui monte en moi depuis mes pieds nus posés dans le sable chaud me ramène à l'essentiel, la vie. Et j'ai bien l'intention d'en profiter.

« Selenoï ! Selenoï ! J'arrive ! » J'ai crié, mais je suis sûr que le vent a emporté au loin mon appel et qu'elle ne m'a pas entendu. Qu'importe ! je vole à sa rencontre. Lorsque je franchis la ligne des arbres, son apparition me laisse sans voix. Un drapé blanc pour unique vêtement, elle a ôté ses colliers plats et j'ai l'impression de la voir ainsi entièrement nue. Sa peau cuivrée brille tellement fort que je la prends tout entière pour un diamant tombé du ciel. Au moment où me vient cette pensée, elle me tend un objet qu'elle a confectionné pour moi, une bague maasaï en perles vertes, rouges et blanches dont le cercle bleu marine central figure précisément le ciel : « C'est de là que nous provenons et aussi où nous retournerons un jour. Nous, on dessine des cercles partout – nos villages, nos maisons, nos bijoux... – pour communier avec l'univers. » Je la prends dans mes bras, pour la première fois ; je la serre très fort et elle se laisse faire. Je me souviendrai toute ma vie de cet acte de communion intense : rien n'a été calculé et ce sont comme des retrouvailles, une évidence.

« J'ai la même, je la mettrai désormais à mon doigt à condition que toi non plus tu ne t'en sépares jamais plus ! » me chante-t-elle, sa tête au goût de miel toujours posée sur mon épaule. Je m'empresse de glisser la bague à mon annulaire gauche. Elle me reprend aussitôt : « Non, c'est au droit que tu dois la mettre ! Pour moi, oui, ce sera au doigt gauche. L'homme et la femme sont forcément complémentaires, chez nous. Pas chez vous ? » s'étonnet-elle avec une petite moue. Je le savais bien sûr : la femme à gauche et l'homme à droite. C'est ainsi, à comprendre non pas uniquement dans le sens bien tranché de l'homme et de la femme mais dans le principe féminin et le principe masculin, ce que chacun porte en lui. Pendant leur initiation, les moranes, pour qu'ils assimilent bien cette loi, sont eux-mêmes rangés en deux catégories, ceux de la main droite et ceux de la main gauche, qui, au bout du cycle, finissent par fusionner en une seule à l'image de chaque être alors parfaitement accompli.

Elle est toujours blottie contre moi, avec la confiance d'un petit enfant. Alors, tout mon être concentré face à cette femme à demi dévêtue, je suis pris d'un désir sauvage, incontrôlable, et la pousse avec douceur pour l'allonger sur le sable entre deux rochers. Elle se laisse faire, comme fascinée, les lèvres légèrement entrouvertes, mais elle ne parle pas. Je peux lire dans ses yeux et même dans tout ce ravissant visage qui m'a tant fait rêver une expression de profonde innocence. Elle défait son drapé et s'allonge de côté, replie sa jambe droite et lève sa jambe gauche vers le ciel, puis prend ma main en murmurant. Je me rapproche, fixant d'un regard plus qu'admiratif ses seins fermes, ses longues cuisses rondes et son triangle d'ombre. Lentement, avec révérence, ma main erre sur la peau douce et tiède de sa poitrine et de son ventre. Guidé par elle avec une virtuosité instinctive, enserré de façon de plus en plus délectable, c'est maintenant moi qui me laisse faire jusqu'à ne plus faire qu'un avec elle.

Étroitement enlacés, nous nous mouvons à l'unisson. On dit que juste avant de mourir, on revoit toute sa vie en un éclair. C'est le cas pour moi à cet instant, à la différence que ces souvenirs qui défilent dans ma tête précèdent non pas la mort, mais la vie ! Le temps a cessé d'exister pour de bon...

***Mercredi 16 mai,** chez Agnès, 23:00*

Il fait clair, la lune m'éclabousse de ses rayons, et un chacal jappe à maintes reprises. Je ne dors pas. C'est peut-être le matelas, un vrai, je n'ai plus l'habitude, mais je sais qu'il y a autre chose. Je suis arrivé ici en fin d'après-midi pour voir Agnès ; rien ne m'y obligeait, elle ne m'avait fait passer aucun message, mais j'ai pressenti que je devais venir jusqu'ici, muni de mes sacs à dos et de couchage, comme si j'avais une mission à remplir. Et en effet, à peine m'étais-je calé dans le canapé qu'Agnès m'apprenait que Kenny voulait me voir. Elle n'a pas su me dire pourquoi. Elle m'a juste indiqué qu'il travaillait à Oloïtokitok, une petite sous-préfecture frontalière sur les contreforts de la montagne Blanche, dans le cadre du diocèse catholique. J'y partirai demain à l'aube, avec mon *piki-piki*.

***Jeudi 17 mai,** arrivée à Oloïtokitok, 13:30*

Le *piki-piki* a tenu bon, même si sur la fin, la montée des premiers contreforts m'a contraint à en descendre plusieurs fois. Au cours du voyage, mon engin a juste changé de couleur, passant du bleu au blanc crayeux, et si je suis grimé de la même façon, je dois ressembler à un vieux Blanc décadent... Je tente d'ôter la poussière en me tapotant des pieds à la tête, mais cela a surtout pour effet de me donner une quinte de toux. Parvenu non sans mal au sommet d'un bourg absolument sans âme et recouvert de cette poussière triste, je me dis qu'on est bien loin de la carte postale où l'enchantement d'une faune sauvage abondante n'a d'égal que l'éclat et la pureté du dôme enneigé qui la domine généralement en arrière-plan. Je lève les yeux, vers l'endroit du ciel où celui-ci est censé trôner sans partage, mais je n'y vois rien que tristesse, grisaille et... devenir sans avenir ! Que peut bien faire Kenny dans une telle galère ?

Je remets les gaz vers une allée d'euphorbes candélabres, qui devrait me mener à l'église catholique puisque se profile dans cette direction, tout au fond, un dôme en fer-blanc rehaussé d'une croix blanche. C'est bien une église, toute en plastique de couleurs vives, et une pancarte indique en lettres gothiques : *Programme diocésain de développement et d'éducation.* Je contourne le bâtiment pour pénétrer dans une cour immense dont l'enceinte, sertie de bougainvilliers et de frangipaniers, contraste avec la dominante terne du lieu. Je cale ma mobylette sur sa béquille, juste en face d'un bâtiment tout en longueur qui abrite apparemment une enfilade de bureaux, pas mécontent de faire s'exprimer normalement mes membres dits inférieurs. Je monte sur l'espèce de véranda qui court devant pour repérer sur l'une des portes d'accès le nom de mon ami ; à la septième, je découvre en effet en petits caractères : *Kenny Matampash – Coordinator.*

« *Hodi !* » fais-je, en frappant trois coups qui résonnent dans ma tête encore imprégnée du tempo de ma petite bleue. « *Karibu !* » me répond une voix enjouée ; à l'évidence ce n'est pas celle d'un col blanc. « *Aï, aï, aï, Pakiteng !* (ma vache !), tu es venu... », me lance Kenny, qui s'est précipité sur moi pour m'accueillir. Spontanément, il m'aide à me débarrasser de mon sac à dos que j'avais d'ailleurs, à force de concentration sur la piste, fini par oublier, et me serre dans ses bras, un peu à la façon de Selenoï avec cet élan d'amour qui vient de l'âme. Ma fatigue s'envole aussitôt, comme d'un coup de baguette magique. En jouant à prendre un air cérémonieux, il m'invite à m'asseoir sur une chaise ; vu le mouchoir de poche qui constitue son bureau, je n'aurais de toute façon guère eu d'autre choix. J'embrasse la pièce d'un regard furtif. Un moine n'y serait pas dépaysé, me semble-t-il, à en juger par le décompte, vite établi, des objets qui s'y trouvent : un vieux bureau carré en bois, trois chaises rudimentaires et deux grands portraits punaisés au mur derrière lui, le mahatma Gandhi et Chico Mendès. Mais lui, qui n'a pas arrêté de rire depuis mon arrivée, d'une façon ni bête ni béate, mais très onctueuse, comme s'il me permettait ainsi de refaire le plein d'énergie, n'a rien perdu de sa superbe naturelle ni de son expression intérieure. S'il a troqué ses toges pour une chemise blanche, un pantalon sportswear et des mocassins italiens, son physique élancé sans une once de graisse superflue n'en pâtit en rien et il crèverait facilement l'écran dans un défilé de mode masculine. Quant à son regard, il est resté le même, toujours aussi lumineux et enveloppant. Ainsi habillé, je le reconnais mieux encore aujourd'hui comme l'homme de mon rêve d'enfant ! J'en suffoque presque. Tout me revient, jusque dans le moindre détail, tout ce qui s'est ensuivi aussi, mes lectures, les études que j'ai faites dans l'unique but de venir ici...

« Peron, tu as réussi la première étape ! » Pourquoi m'appelle-t-il tout d'un coup Peron ? « Pourquoi m'appelles-tu Peron ?

— Ce n'est pas ton nom ?

— Si, bien sûr, c'est mon nom, mais en général, ici, on ne s'appelle pas par son nom, comme tout à l'heure quand tu m'as appelé *Pakiteng* !

— Vois-tu, c'est parce que tu as réussi... Tu peux maintenant dire "Je suis un Maasaï !" et donc, moi, je peux t'appeler Peron. » Son assistante, qui arrive d'on ne sait où et surtout que personne n'a appelée, entre avec précaution, munie d'un plateau avec une Thermos de thé et deux tasses qu'elle dépose sur son bureau, puis s'en va comme elle est venue. Kenny m'en tend une, dont je lampe le contenu avidement ; il m'en remplit une deuxième, puis une troisième ! La poussière de Loïtokitok m'a asséché pour de bon. Mais je ne veux pas perdre le fil, car je n'ai pas tout à fait saisi ce qu'il a voulu dire. « Qu'entends-tu par "Tu es désormais un Maasaï et donc je t'appelle Peron" ?

— Tu connais le mot *olpiron,* n'est-ce-pas ? Eh bien, pour moi, Peron et *Piron,* c'est la même chose et ça évoque une réalité essentielle. N'en sois pas étonné, ce n'est pas un hasard si tu es là parmi nous aujourd'hui. L'*olpiron* est, comme tu le sais, le foret de bois, le bâtonnet, qu'on utilise pour allumer le feu d'une nouvelle classe d'âge, mais bien plus encore le bâton-témoin initiatique de transmission de nos valeurs d'une génération à l'autre. Selon moi – et je ne suis pas le seul à le penser –, tu es toi-même devenu ce bâton, digne d'en porter le nom, digne de porter le nom que tu as depuis toujours, depuis le jour de ta naissance en France... » Je le regarde intensément, pas un seul de ses muscles ne tressaille ; puis il rit, encore et encore.

« Tu sais, j'ai toujours eu horreur des déguisements. Combien de jeunes gens de chez moi n'ai-je entendus prétendre être ceci ou cela parce que ça les valorisait.

— Tu as raison, mais, te concernant, il ne s'agit pas de ça. Un déguisement, c'est purement physique ; moi, ce dont je te parle a à voir avec la vibration, qui va bien au-delà de la pensée. »

Je n'ai rien à ajouter pour le moment, qu'est-ce que je pourrais dire de plus ? C'est vrai, je dois juste le reconnaître et mettre en veilleuse mon mental raisonnant. Quand j'étais enfant, avant ma noyade, je savais tout ça, je m'en rends compte aujourd'hui. J'étais relié à mon centre vital et je ressentais les vibrations de mon environnement très, très fort, et puis j'ai fait comme tout le monde, j'ai donné l'exclusivité à mon cerveau gauche pour faire semblant d'être quelqu'un de normal ! Heureusement, les Maasaï m'ont rappelé à l'ordre. Je suis ici pour rééquilibrer tout ça et réunir les deux éléments de la paire, faire que le cerveau gauche et le cerveau droit, sièges respectivement de la raison et de l'intuition, ne fassent plus qu'un dans chacun de mes gestes, chacune de mes émotions et chacune de mes pensées.

Je reviens à une chose qui m'intrigue depuis la veille : « Comment se fait-il que tu aies choisi de travailler dans le cadre de l'Église catholique ?

— Ce que les Maasaï portent en eux et veulent transmettre est très proche du message christique, c'est-à-dire un message de paix, d'amour et de libération intérieure. Or l'Église catholique semble avoir compris cela et s'est mise de notre côté pour nous aider à renforcer nos valeurs plutôt que de nous inciter à nous fondre dans la langue de bois de la construction nationale. Fort de leur soutien, je vais dans les villages pour parler aux anciens mais surtout aux jeunes générations des dangers de la modernité qui nous guettent. »

Il parle sans jamais s'énerver, bien que je brûle moi-même au contact de ce véritable soleil. Après une entrée en matière aussi riche, j'en viendrais presque à oublier de lui demander ce pour quoi je suis là. « Tu voulais me voir, je crois. Était-ce uniquement pour me parler de mon nom ? » fais-je, un brin ironique. Il me gratifie d'une grimace assez réussie, imitant à merveille le fou du village, puis réactive aussitôt son art de l'attention pour me répondre avec gravité : « Il serait bon que tu te rendes d'ici à la fin de l'année chez nos cousins samburu, du côté de Barsaloï et de Baragoï, au nord de Laïkipia.

— Les Samburu se considèrent-ils comme maasaï ? coupé-je, passionné par sa proposition.

— Quand ça les arrange, sûrement. Ils ont un peu perdu leurs repères et, s'ils ont gardé un attachement profond aux valeurs pastorales qui sont les nôtres, leur identité maasaï s'est affaiblie au fil du temps, même s'ils parlent aussi le maa. Je sais qu'ils ont besoin de nous. On les appelait *Iloïkop*, "ceux qui recourent à la violence et au meurtre", mais c'était il y a très longtemps, bien avant l'arrivée des Anglais. Aujourd'hui, tout ça est digéré, nous sommes frères, surtout dans le contexte actuel où l'on cherche à nous détruire, eux aussi bien que nous, au cœur de ce qui nous fait vivre, le pastoralisme. C'est notre souffle de vie, les vaches ; si on n'en a plus, on est rayé de la carte !

— Qu'est-ce que ma présence y changera ? dis-je, en me resservant une tasse de thé.

— Peron, tu fais une recherche chez les Maasaï, n'est-ce pas ?

— Euh... oui, enfin je crois, bredouillé-je.

— Tu hésites parce qu'au fond de toi, tu sais que ce n'est pas une simple recherche universitaire qui ne fait fonctionner que la raison. Toi, ce qui t'intéresse, c'est la recherche de la lumière, n'est-ce pas ?

— Oui, je l'avoue !

— Et tu sais que tu ne peux la trouver que si toi-même tu ne travailles qu'avec elle et elle seule, n'est-ce pas exact ?

— C'est vrai !

— Alors, voilà, comme nous savons que tu es un vrai guerrier de lumière, comme le sont les Maasaï – ce que peu de gens savent, car le mythe du guerrier sanguinaire a fonctionné à plein jusqu'à aujourd'hui pour amoindrir notre rôle dans la sauvegarde de la planète –, tu seras notre œil.

— Tu veux dire que je devrai me mettre dans la peau d'un espion ?

— En quelque sorte, oui. Permets-moi de te raconter les faits. Depuis l'an dernier, leurs vaches meurent comme des mouches, mystérieusement. Il faut dire que là-bas, contrairement à ici, les vraies pluies ne sont pas venues depuis plus de quinze mois, ce qui serait bien sûr une raison suffisante pour occasionner une telle hécatombe. Mais il se trouve que plusieurs Samburu ont été "achetés" (par qui ?) pour dire aux autorités que la mortalité des vaches était due aux tiques, de façon à ce que des *cattle-dips* soient construits un peu partout sur leurs terres. Tu connais la suite, je pressens très fort que, chez eux comme chez nous, on veut tuer les savoir-faire traditionnels et privatiser les terres pastorales pour n'avoir à garder sur place que des businessmen étrangers ou n'ayant plus de maasaï que le nom, des gens dont on sait d'avance qu'ils soutiendront à fond la nouvelle idéologie économique !

— Je vois ! fais-je dépité. Mais est-ce bien utile pour les Maasaï que j'aille là-bas uniquement pour vous conforter dans vos suppositions ?

— Oui, parce que nous aurons alors la preuve qu'il y a un plan concerté pour nous éliminer.

— Et je suis censé faire le poids ?

— Nous pensons en effet qu'avec ton statut de chercheur, tu passeras inaperçu.

— C'est assez amusant parce que, sans que j'en aie fait la demande, mon *research permit* inclut justement le pays samburu dans ma zone de recherche autorisée. Cela dit, si je tombe sur des gros poissons, je risque de passer un sale quart d'heure ! objecté-je pour la forme.

— Je crois bien que tu as expérimenté chez nous notre dicton "si tu n'as rien à te reprocher..." »

Je le coupe, déjà ailleurs, déjà chez les Samburu, inconscient du danger que cela représente, mais, protégé et invincible comme je le suis depuis que je vis ici, forcément j'irai, c'est inscrit, il n'y a plus à y revenir : « Il y a une dernière question que j'aimerais te poser, Kenny : d'où vient cette foi qui te pousse à vouloir sauver les Maasaï, je dirais même à vouloir sauver la Terre à travers eux ?

— Je suis issu d'une famille traditionnelle qui croit très fort que les Maasaï sont un peuple élu. Lorsque j'étais tout jeune enfant, des soldats anglais sont venus au village de mes parents et m'ont mesuré à un fusil : si j'étais plus petit que lui, j'étais enlevé à ma famille et placé en internat, c'est ce qui s'est passé. Mes parents m'ont cru perdu à jamais, mais moi, je me suis au contraire juré d'être le meilleur à l'école pour aider les miens à survivre avec leur culture dans la modernité. J'ai eu cette vision, très claire, et je l'ai gardée. Et moi, ça m'a sauvé aussi, car, demeuré en phase avec mes convictions les plus profondes, j'ai toujours reçu toutes les aides aux moments opportuns. Comme j'avais soif d'apprendre, j'ai également assimilé l'enseignement de la tradition, profitant de chaque vacance pour franchir les étapes de mon initiation en tant que jeune homme, et aujourd'hui je suis comme toi un Vainqueur en passe de devenir un homme accompli, un aîné !

— Pour revenir aux Samburu, as-tu réfléchi à un endroit précis où me rendre pour faciliter ma recherche, un point de chute ?

— Depuis plusieurs jours, je me réveille et *on* me dit Barsaloï... »

***Mardi 12 juin**, Esilalei, « village des sangles », avec Yiaro, minuit*

Des chauves-souris glissent dans l'air frais, le ciel est magnifique et je vois presque comme en plein jour ! Mes yeux ont eu le temps, il est vrai, de s'habituer, car cela fait maintenant cinq heures que Yiaro et moi montons la garde à la belle étoile... si je puis dire, car les étoiles semblent avoir perdu tout leur éclat au profit de l'astre lunaire, que je n'ai jamais vu d'une telle blancheur, d'une telle brillance. C'est notre huitième nuit dans ce village rituel de vingt-neuf maisons, et je ne suis pas peu fier que *mamaï* m'en ait construit une à moi aussi dans cette enceinte si capitale pour l'avenir de notre classe d'âge. Vingt-neuf familles parmi les plus représentatives des environs y vivent depuis huit jours, dont Selenoï. Ces temps derniers, nous nous sommes très peu vus, car un contexte cérémoniel non seulement requiert de la solennité mais est aussi l'occasion pour chacun de faire un retour sur soi afin d'être en accord avec ses actes. Par respect, je n'ai donc pas cherché à la solliciter, du moins pas trop ! C'est au contraire elle qui, hier, est venue furtivement me glisser dans la main un nouveau bijou, un anneau cette fois, que je me suis empressé de mettre... à la main gauche, par manque de place à la droite ! D'ailleurs, si ça continue à ce rythme, je vais bientôt pouvoir lancer une mode...

Je somnole à moitié, enroulé dans une couverture de laine bien douillette. Lorsque je glisse dans le sommeil, Yiaro me rappelle à mon devoir en imitant le ricanement de surprise d'une hyène tachetée, ce qui me fait faire à chaque assoupissement de vrais bonds d'impala. La mission est en effet d'importance et chaque nuit deux hommes s'y relaient : il s'agit de garder l'*oltongom*, un gros monticule pyramidal de bouse sous lequel a été placée la précieuse lanière de cuir qui, voici six ans, fut découpée dans la peau du bœuf sacrifié lors de l'*eunoto*, puis enroulée et nouée en autant de nœuds qu'il y a de membres dans la classe d'âge. Elle symbolise donc l'unité de celle-ci. Demain, c'est-à-dire au neuvième jour, les anciens la dénoueront, marquant ainsi la fin des interdits et libérant chaque membre sur la voie de son accomplissement personnel. Je tiens à préciser, pour l'avoir vue, que cette lanière conservée durant ces six dernières années en un lieu tenu secret par un homme élu à cette seule fin, le Tailleur de Sangle, s'est complètement rigidifiée. Il a donc fallu, pendant ces huit jours, verser dessus matin et soir de grandes quantités d'urine de vache pour l'assouplir. Cette nuit, c'est mon tour de la garder, quelle responsabilité !

Yiaro fixe carrément la pyramide sans sourciller, comme si c'était de l'or. Il faut dire que l'*oltongom* a été édifié, comme le veut la règle, à proximité de la maison du Tailleur de Sangle et à l'extérieur de l'enceinte. Ce qui n'est pas fait pour nous faciliter la tâche. Nous avons allumé un grand feu que nous veillons à alimenter régulièrement, pas seulement pour éloigner les bêtes sauvages, mais surtout pour dissuader tout individu malintentionné de s'approcher de la pyramide. Pour ce faire également, nous nous sommes installés chacun à un angle différent sur des tabourets, afin d'augmenter notre champ de vision. Et tout ça pour un bout de cuir desséché ! Mais pour les Maasaï, il en va de leur avenir, ce n'est pas un simple objet, il a été jadis consacré par Koyiaki ole Senteu et porte en lui toute l'énergie du groupe et de la personne. Ils redoutent plus que tout que des ennemis de l'extérieur, voire de l'intérieur, qui connaissent toute sa force vitale pour maintenir la cohésion, profitent de la nuit pour s'en approcher et le charger de négativité par un acte de sorcellerie qui nous mettrait tous en grave péril. Yiaro vient de m'expliquer que c'est déjà arrivé une fois, et c'est depuis ce jour-là que les agriculteurs ont commencé à envahir les pâturages pour les cultiver. Sur cette terre pastorale, la sorcellerie correspond à ce que nous, nous qualifierions de péché mortel ! Les Maasaï la proscrivent pour eux-mêmes mais ne négligent jamais aucun détail pour s'en prémunir, sachant qu'ils sont entourés d'ethnies d'agriculteurs qui n'hésitent pas à utiliser cette arme contre eux plutôt que des armes réelles, car ils connaissent la force des Maasaï dans ce domaine.

Je suis à présent tout à fait réveillé, surtout avec la perspective que si j'arrive à tenir ma place toute la nuit, Selenoï me confectionnera un nouveau bijou !...

***Dimanche 9 septembre,** Entepesi, mon village, cérémonie de la viande, 11:00*

Le soleil est déjà haut. Mon village n'a jamais baigné dans un tel silence, pourtant une cérémonie est en cours.

Un bœuf a été sacrifié à l'aube et chaque Vainqueur a pénétré dans la maison de son épouse pour recevoir d'elle un morceau de viande consacrée par les anciens, matérialisant ainsi dans l'espace domestique la libération, promise voici trois mois par le déroulement de la corde, du dernier interdit qui pesait encore sur ma classe d'âge. Cet interdit consistait, rappelons-le, à ne point consommer de viande en présence d'une femme, quand bien même ce serait son épouse. Yiaro, comme tous ceux de notre âge, est parti chez lui, dans son village, pour se nourrir de la viande que sa femme lui donnera, et moi, qui ne suis pas marié, j'attends que le mari de Selenoï en ait fini. Nous nous sommes mis d'accord pour qu'elle me bénisse à mon tour en me donnant le petit bout qui me revient ! Je suis nerveux et je fais les cent pas à l'extérieur de la clôture d'épineux.

Ces trois derniers mois ont passé sans que je m'en rende compte, entre les activités à la rivière, le gardiennage des vaches avec Neranto et Naserian, mes enquêtes politico-ethnologiques, sans oublier l'adorable Selenoï. Nous nous sommes revus bien sûr, mais jamais dans les mêmes conditions extraordinaires que sur le sable chaud, sous les acacias parasols... Sa simple présence a suffi à me remplir, cela paraît bête à dire, mais c'est vrai ; avec elle, j'ai appris à ne pas souffrir de la dépendance physique que j'ai pu connaître en Europe. Je suis à présent convaincu que si les Maasaï donnent beaucoup d'eux-mêmes, sans calcul, et qu'ils vous aiment absolument, ils en connaissent aussi les limites. Ils n'aiment pas la dépendance, tout simplement, leur âme est libre. Quelle leçon !

Pour revenir au temps qui passe, je me sens tellement chez moi ici que je ne m'étais pas rendu compte que vingt mois se sont déjà écoulés ; j'en avais prévu seulement six au départ, ce qui me paraissait – depuis Paris et à une époque où je n'avais encore rien vécu – suffisant pour ma thèse. Ce n'est que la semaine dernière, lorsque Yiaro a été interrogé de façon musclée par la police spéciale, et que je suis vite allé à l'ambassade de France, à Nairobi, mettre mes carnets au coffre, que j'ai pris conscience que ma vie si insouciante et instructive, si initiatique surtout, allait inéluctablement s'achever. Pour le moment. En tout cas, le cerveau émotionnel de mon plexus solaire m'a alerté, et je suis en général du genre obéissant à ce genre d'injonction venue d'ailleurs. Je sais maintenant que je vais devoir repartir en France pour me confronter à une autre réalité, qui est aussi la mienne ; mais je sais également que la force d'amour accumulée me servira à venir à bout de toutes les difficultés. Avant de partir, il me reste une ultime mission à accomplir, chez les Samburu ; mais, bizarrement, je ne me vois pas du tout y aller maintenant...

Le mari de Selenoï m'appelle. Il me donne une grande tape amicale dans le dos : c'est mon tour, je suis très ému. Je pénètre son domaine, elle me reçoit avec une douceur infinie dans la voix, comme si elle aussi pressentait mon départ. Nous nous asseyons tous les deux sur le bord du grand lit. Les flammes du foyer dégagent la même lumière très blanche que l'astre lunaire la nuit dernière. Elle porte délicatement à ma bouche un peu de viande provenant des différentes parties du bœuf sacrifié qu'elle a découpée en dés ; je les mâchonne tandis qu'elle me prend la main droite et me susurre ces quelques mots : « Le cœur symbolise chez nous la réalité. En t'en donnant à manger, j'ai fait en sorte que la raison gouverne ta vie ! Mais pour éviter que tu ne deviennes une brute, ce qui serait le cas si tu n'avais pour vivre que ton mental, je t'ai aussi donné un cube issu des poumons du bœuf, qui représentent pour nous la compassion et la tolérance, puis de la graisse qui t'apportera le succès, et enfin un morceau de viande maigre qui symbolise l'échec. Les Maasaï ont compris cette loi de l'équilibre depuis très longtemps, je crois !... Tu es grand maintenant, tu es un vrai Vainqueur, va vivre ta vie !... »

3

– 1984 –

EN MISSION À TRÈS HAUT RISQUE CHEZ LES COUSINS SAMBURU

Je suis bien rentré en France comme je l'avais pressenti au moment de l'incident de la police spéciale avec Yiaro, mais seulement au début de l'année suivante car j'ai obstinément cherché à me rendre au nord du Kenya chez les Samburu. De façon assez incompréhensible, toutes mes tentatives se sont soldées par des échecs et j'ai fini par y renoncer. Il n'est jamais bon d'insister de la sorte, je le sais, mais après deux années passées chez les Maasaï, j'avais une sorte de sentiment incroyable d'invincibilité.

Le problème, bien au-delà du fait que des bandes armées avaient soudainement rendu dangereuse ma destination, était surtout qu'une partie de moi-même n'avait jamais totalement adhéré à ce projet et ne l'aurait jamais fait aussi longtemps que la chaleur qui m'unissait charnellement à la terre maasaï continuait d'agir. Sans doute avais-je intuitivement décelé que ma relation avec les Samburu serait une bien pâle copie du bonheur que je partageais depuis des mois avec *papaaï*, *mamaï*, Takuna, Selenoï et tant d'autres ! Serait-ce donc moi qui, inconsciemment, avais tout fait pour ne pas m'y rendre ?

Probable. D'autant que, même si les Samburu avaient à nouveau beaucoup en commun avec la culture maasaï dont ils redevenaient d'ardents défenseurs, je savais des choses sur leur passé qui ne me plaisaient guère.

Durant des siècles, les Maasaï n'avaient plus reconnu les Samburu comme faisant partie de leur grande famille. Ils les trouvaient violents et les avaient même affublés, comme Kenny me l'avait expliqué, du surnom d'*Iloïkop*, que l'on peut traduire par l'expression peu flatteuse de « ceux qui recourent à la violence et au meurtre » ! L'*iloïkop* est également le prix du sang (invariablement quarante-neuf vaches) que tous les Maasaï partagent et respectent en cas d'homicide, mais que les Samburu ont longtemps ignoré. Au XIXe siècle, ils eurent en outre l'audace de s'attaquer au couloir stratégique par excellence des Maasaï, l'*oltau lenkop ang* (le « cœur de notre pays »), situé entre la chaîne des Aberdares et l'escarpement de Mau...

Quoi qu'il en soit, je mentirais en disant que rentrer à Paris en plein hiver fut une partie de plaisir. Pourtant, assez étonnamment, ayant intégré au plus profond de moi les expériences fabuleuses que j'avais vécues, les ayant tellement transmutées en force, j'ai pu revivre le quotidien de cette grande ville sans la moindre frustration. À peine posé mes valises, je me mis en quête d'un travail. Autant chez les Maasaï, quelques piécettes suffisaient pour des feuilles de thé, du sucre, une carotte de tabac et bien sûr mon essence et mon huile à mélange, autant à Paris... Une chose était sûre, pour tout l'or du monde je n'aurais pas voulu d'un poste à la fac : pour gloser sans fin sur ce qu'on aurait de toutes les manières continué d'appeler pompeusement mon « étude de terrain chez les Maasaï » ! Comment aurais-je pu accepter d'être catalogué « doctorant » ou « chercheur » après ce que j'avais vécu ? C'était tout bonnement impensable, en tout point contraire à l'enseignement des Maasaï, qui m'avaient prouvé la nécessité de faire ce qu'on pense et ce qu'on dit. Me mettre de but en blanc à conceptualiser, c'était en quelque sorte renoncer à être moi-même. Je me suis en effet rendu compte très vite à mon retour de l'inanité du discours universitaire ; je n'avais assurément pas fait ce voyage au fond de moi pour abdiquer d'un seul coup en enfermant ma vérité dans de bien vaines explications.

J'étais parti chez les Maasaï investi d'une mission universitaire, donc dans le but de (com)prendre l'Autre, et que s'est-il passé ? Tout ce que j'ai appris d'eux le fut parce que je les ai laissés être, ayant d'emblée renoncé au piège conceptuel consistant à réduire une multitude de phénomènes à une seule chose. De retour en France, c'est moi que j'observai, ou plutôt le chemin unique que je reconnus en moi. Ce chemin précisément me commanda de m'atteler à une mission qui serait en prise directe avec la vie d'ici, dans ce qu'on appelle sans vergogne le monde du travail. Ma décision prise, je n'eus même pas à chercher vraiment : on vint de façon assez surréaliste me proposer un poste. Ma bonne étoile maasaï ne semblait pas près de me quitter, à l'image de la bague offerte par Selenoï qui était glissée vingt-quatre heures sur vingt-quatre à mon annulaire... droit bien sûr !

Claudia, que j'avais forcément mise entre parenthèses durant mon initiation maasaï, malgré le coup de foudre que nous avions connu tous les deux à Cambridge et les prouesses du *loïbon*, avait elle aussi tracé sa voie et s'apprêtait à quitter l'Europe pour les États-Unis. Je fus rassuré de le constater. Il en allait des relations amoureuses comme de la vie elle-même ; elles arrivaient, du moins en ce qui me concernait, au moment où on ne les recherchait pas, c'est-à-dire à des périodes clés où on est occupé à une seule chose : avancer sur la voie de sa réalisation, l'unique issue possible. Avec le recul, j'ajouterais qu'il est vain de vouloir les retenir, les enfermer (là encore, enfermer !), car la quête n'est jamais finie. Il faut continuer d'avancer pour toujours être relié à ce qu'on ressent de plus précieux en soi, et si une personne dont vous croyiez être amoureux vous en empêche, la solution est en vous et vous la connaissez ! La question s'était posée pour moi. J'avais rencontré Claudia un jour de l'automne 1980, et ce fut si fort et si évident que nous eûmes le sentiment de nous connaître dès le premier regard. Après une année passée ensemble, ivres de bonheur, je n'en avais pas moins choisi de partir ! Elle le savait et n'a rien fait pour m'en empêcher. J'avais ma vie à vivre, elle avait la sienne, et nous garderions à jamais de notre mystérieuse rencontre d'âmes la grâce d'instants partagés...

Je commençai donc à travailler, à deux pas de la place de la Concorde. Le poste qu'on m'avait proposé était un mi-temps de concepteur-rédacteur dans une agence de relations publiques. Je découvrais à peine ce boulot de « créatif » quand je reçus un coup de fil du ministère de la Coopération. Ils tentaient apparemment de me joindre depuis des mois pour me confier une mission d'expert au Kenya et mon interlocutrice, incrédule, me demanda par deux fois si j'étais bien Xavier Péron. Elle insistait comme si elle avait affaire à un extraterrestre : « Le Xavier Péron qui a vécu deux ans chez les Maasaï ?

— Oui, oui, en effet, c'est bien moi ! » lui avais-je répondu, complètement excité par sa proposition. Je demeurais malgré tout sur mes gardes, au cas où ce n'eût été qu'un canular de mauvais goût.

« Seriez-vous libre pour partir en octobre prochain ? Il s'agit d'une mission chez des nomades qui appartiennent à la famille maasaï que vous connaissez apparemment bien... », avait-elle poursuivi sur le même ton, comme on annonce à quelqu'un qu'il pourra prendre ses congés à ces dates-là, sans plus.

« Dites-moi, ces nomades, ce ne serait pas les Samburu, par hasard ? l'avais-je alors coupée, de plus en plus sur des charbons ardents.

— C'est ça, les Samburu ! Il s'agit de faire une étude de faisabilité pour implanter des *cattle-dips*. C'est un micro-projet, financé conjointement par le ministère français des Relations extérieures et la CEE... »

Je ne l'écoutais déjà plus, abasourdi : Kenny venait encore de frapper un grand coup dans le monde de l'invisible...

***

Je suis à pied d'œuvre, comme on dit, depuis plus d'un mois, exactement à l'endroit indiqué par l'homme de mon rêve, toujours lui, lorsque je suis allé le voir à Oloïtokitok, il y a un an ! J'ai en effet pris Barsaloï comme camp de base, à partir d'où je rayonne dans toute la région.

Avant de me mettre au travail, j'ai bien sûr rendu visite à mes amis maasaï, quoique très brièvement, le temps de montrer à Selenoï que sa bague du ciel me protégeait toujours, bien en évidence à la main droite ! Mais ma priorité allait à Kenny, à cause de ce qui lui était arrivé un mois avant mon retour. Je suis allé le voir chez lui, à Indupa, en pleine convalescence parmi les siens et ses vaches. Je m'attendais à le voir diminué, cassé de partout, or à ma grande stupéfaction je l'ai trouvé encore plus radieux ; c'est à peine si l'affectait une légère claudication, due à un tibia brisé en maints endroits. Son récit m'a confirmé ce que je n'avais cessé de ressentir à propos de cet homme exceptionnel et de son destin hors du commun.

Kenny avait continué d'aller de village en village sans relâche pour sensibiliser les siens à l'absolue nécessité de poursuivre l'initiation des jeunes générations tout en s'ouvrant sur la modernité, sans y succomber ! Il marchait beaucoup, mais prenait aussi souvent le car et un jour, alors qu'il venait de quitter Oloïtokitok, celui-ci s'est emballé, plus de freins, et il a basculé dans un précipice. Kenny fut l'un des rares à en réchapper, ce qui n'est déjà pas insignifiant, mais surtout, à l'instant où il revenait à lui, il entendit une voix très claire lui dire : *Kenny, ta mission sur terre n'est pas de faire de la politique, continue de prendre soin des tiens car ils ont déjà la lumière. Sauve ton peuple comme tu le fais, en lui redonnant confiance !*

Mercredi 30 octobre, *Barsaloï, district de Samburu, mission catholique, 10:00*

Je suis assis sur la véranda de ma case en planches, bizarrement juchée sur de hauts pilotis de ciment et à moitié envahie d'herbes jaunies. La mission catholique de Barsaloï est ainsi composée, à flanc de colline, d'une dizaine de maisons en tôle comme la mienne. J'en suis à ma cinquième tasse de thé, mais la chaleur est toujours aussi suffocante. Comme chaque mercredi, des centaines de femmes samburu font la queue devant un dispensaire de bois aux façades disjointes, protégeant des affres du soleil dans un drapé de couleur leur bien le plus précieux, un nourrisson ou un enfant en bas âge. Elles attendent en silence qu'on les pèse et surtout qu'on leur donne une boîte de lait en poudre. « On », c'est le père Aldo Vettori, un prêtre italien minuscule et râblé, qui s'agite depuis ce matin en gestes et en paroles, moitié dans sa langue, moitié en swahili, pour tenter d'y mettre bon ordre, bien que je n'aie pas encore remarqué le moindre débordement dans la file. C'est le calme qui l'effraie, c'est sûr ! En tout cas, il ne ménage pas sa peine. Je lui ai proposé plusieurs fois de l'aider, mais à chaque fois, il s'est écrié : « Tu es fou ! M'aider... déjà qu'il n'y a pas de place ici ! Tu veux me tuer ? »

Depuis mon arrivée, au début d'octobre, je suis témoin d'une sécheresse qui pourrait s'avérer très grave. Rien à voir avec ce que j'ai connu l'an dernier à Entepesi. Accueilli par des défilés de vaches étiques, j'ai découvert pour la première fois de ma vie en voyageant plus au nord, en direction du lac Turkana, des pâturages jonchés de carcasses et de cous déplumés, les vautours. Les Samburu comparent leur situation actuelle à la « sécheresse des peaux » de 1934 où ils en étaient arrivés à manger la peau de leurs vaches !

Le père Aldo m'a proposé les services d'un jeune homme qui connaît bien la région, Simon Lerikan, au sens de l'humour très développé ; il n'arrête pas de faire le pitre, et ça me fait du bien. Il est issu d'un lignage qui a beaucoup souffert de la mortalité des vaches et qui s'est installé dès 1982 derrière la colline de Raraïti, là où se trouve la mission, pour bénéficier de l'aide extérieure. Aldo l'a employé tout de suite pour donner des rudiments d'alphabétisation aux jeunes bergers du voisinage.

Je l'attends pour faire le point sur une enquête que je lui ai demandé de réaliser dans ces villages qui ont perdu leur autonomie. Jusqu'à présent, mes observations ont toutes abouti à la même conclusion. Des centaines de familles ont choisi de se rassembler sur un petit périmètre autour de Raraïti dans de grands villages aux maisons de facture traditionnelle, qui ressemblent à s'y méprendre à ceux de leurs cousins maasaï, mais que je considère artificiels car elles s'y sont installées dans le seul but de recevoir d'Aldo farine de maïs et lait en poudre. Là où ça devient intéressant, c'est qu'en consultant en catimini les fiches d'examen des nouveau-nés du père Vettori, j'ai constaté que les mieux portants étaient de très loin ceux dont les parents continuaient de résider dans leurs villages d'origine, les plus éloignés de Barsaloï ! En un mot, ceux qui refusaient de faire boire du lait en poudre à leurs bébés...

J'observe toutes ces mamans, dignes, qui se parlent à peine en attendant ; à croire qu'Aldo les terrorise ! Elles sont d'une grande beauté, physiquement très proches des Maasaï, mais leurs parures diffèrent, en particulier leurs colliers. Contrairement à mes sœurs d'Entepesi dont les épaules sont couvertes de larges plateaux de perles agencées selon un code de couleurs précis, leur cou disparaît ici complètement sous une accumulation de rangs de perles monochromes, à dominante rouge et bleu, mais leur crâne est le plus souvent cerclé d'un bandeau de perles agencé à la façon maasaï.

Je dois souvent reprendre mon souffle, la chaleur est vraiment étouffante, mais je suis heureux. Comment ne pas l'être ? J'enquête chez des Maasaï et on me paie pour ce bonheur ! La coïncidence inouïe qui m'y amène aujourd'hui, envoyé par la France, ne me fait pas oublier que si Kenny m'a demandé de venir à Barsaloï, c'est qu'il y a quelque chose de capital à découvrir ici. En levant la tête, je repère un nombre incroyable de marabouts tournoyant dans une ascendance thermique. De nos jours, ils n'ont guère besoin de monter très haut pour repérer les carcasses, pensé-je.

« Xabio ! Tu es un Maasaï, regarde ce que je t'ai rapporté ! Une belle natte faite avec des tiges d'herbe de lion... » C'est Simon, l'air en fête comme d'habitude. « Pour quoi faire ?

— C'est pour délimiter ta maison, si tu n'as plus d'intimité, on ne te respectera plus ! »

Selon un rituel bien compris, il commence toujours ses phrases en maa puis passe invariablement à l'anglais. D'allure vigoureuse et la démarche pleine d'aisance, les yeux expressifs et le sourire ironique, Simon, portant short, polo blanc et sandales, a l'attitude insouciante d'un Adonis qui reviendrait de la plage, avec plein d'histoires de filles à raconter. Je lui tends une tasse de thé.

« Alors, voilà ! me fait-il, théâtral. Conscient de mes devoirs... » Je l'arrête, trop impatient d'avoir ses réponses. « Ce ne sont pas les tiques, le problème ! C'est le manque de ressources... Les aînés m'ont affirmé que depuis deux, trois ans, on les empêche d'accéder aux pâturages des hautes terres lorsque les pluies d'été sont arrivées. Tous leurs veaux sont morts et, dans l'ensemble, à peine un quart de leurs animaux sont encore en vie. »

Silence, puis il fait l'idiot ! C'est habituel chez lui et relativement bon signe ; je suppose qu'il ménage simplement ses effets. Je sais qu'il aime bien avoir un public et qu'il a horreur d'être bousculé... D'ailleurs, il n'y a pas de quoi s'énerver : la chaleur grimpe et la voix d'Aldo va déjà crescendo, ce n'est pas la peine d'en rajouter.

« Il y a beaucoup mieux, renchérit-il. La seule maladie transmise par les tiques dans toute la région est la *ndis* (anaplasmose), mais elle se soigne très bien avec une soupe à base de baies d'acacia. Par contre, la trypanosomiase, provoquée par la mouche tsé-tsé, semble leur poser beaucoup de soucis...

— Où ont-ils envoyé leurs vaches rescapées ?

— Dans les plaines de Lkees et sur les pentes du mont Kulal, dans le district de Marsabit. C'est très loin d'ici.

— Nous irons là-bas dès demain, je veux me rendre compte par moi-même concrètement et voir comment tout ça se tient, décidé-je sur une impulsion. Et, toujours rien à propos de la *lipis* (fièvre dite "de la côte orientale", encore appelée theilériose sud-africaine) ?... » Je commence à comprendre mon rôle de caisse enregistreuse dans cette affaire où la messe est dite depuis longtemps. Je suis maintenant à peu près sûr d'avoir été choisi dans le seul but de cautionner la décision prise en haut lieu de construire dans la région pas moins de trente baignoires désinfectantes contre un fléau qui n'a jamais existé.

« J'ai rencontré un jeune de mon âge, un certain Lenyakopiro qui a bien voulu me parler. Il m'a dit avoir vu à plusieurs reprises un Blanc avec son oncle, qui travaille à Maralal, au conseil général du district. L'an dernier, alors qu'il l'accompagnait à Maralal, en voiture, pour se faire soigner d'une crise de paludisme, et qu'il délirait sur le siège arrière, il ne sait pas comment ça s'est fait mais, avec certitude, il a surpris une conversation qu'il n'était pas censé entendre. Entre deux cahots, il s'est réveillé alors que ce même Blanc qu'il avait déjà vu au moins une fois avec son oncle était assis côté passager. Il l'a clairement vu lui remettre une grosse somme d'argent et prononcer un truc du genre : "Tu en auras le double si ça marche !"... »

Simon ne tient plus en place, véritable pile électrique. Je le relance, complètement pris par son récit : « Est-ce qu'il t'a dit ce qu'il fait, ce Blanc ?

— Qu'est-ce que tu crois ? Je ne l'ai plus laissé tranquille. Mais il faut que tu saches, j'ai dû moi aussi lui promettre une certaine somme d'argent... pour qu'il parle !

— Pas autant que le Blanc, j'espère ! lui répliqué-je avec une pointe d'humour.

— Non, beaucoup plus ! rétorque-t-il, mort de rire.

— Alors ? » fais-je, conscient de rentrer enfin dans le vif du sujet. Jusqu'ici, j'étais habité par le sentiment diffus d'en avoir effleuré les bords, d'avoir été en repérages, en touriste pour ainsi dire. Et puis, si Simon a beau être un compagnon idéal – il m'arrive même de le comparer à Yiaro –, le fait que je ne partage pas le quotidien des gens, dans leurs villages, que je ne marche pas sur de longues distances, que je ne chevauche plus ma rossinante, bref que je vive cette fois en spectateur plutôt qu'en acteur, m'empêche d'être pleinement en accord avec moi-même. À quoi ça tient tout de même ! Oui, mais ce « quoi » est justement l'essentiel...

« ... Alors, tu vas rire, mais il m'a dit avoir vu sa voiture, un pick-up bleu ciel, et sur la portière il y aurait un dessin, un cercle avec une sorte de tête de mort à l'intérieur, et aussi un sigle, mais il n'a retenu que les deux premières lettres : B, A. Tu vois ce que ça pourrait être, Xabio ?

— Oh ! très, très bien, je vois on ne peut mieux de quel organisme il s'agit ! »

L'écœurement laisse vite place à la prudence : il conviendra désormais de se changer en caméléon à chaque sortie, à chaque interview, et je décide de ne divulguer le nom qui me vient à l'esprit à personne, même pas à Simon. Parano ? Je ne fais que suivre mon intuition, comme les Maasaï me l'ont appris. En reprenant mon carnet, machinalement j'inscris *BA*... Non, je ne l'écris pas non plus. Rien que de repenser à cette multinationale agrochimique allemande qui a fait sa fortune durant la Seconde Guerre mondiale, j'en ai la nausée. Les armes, les matières premières, les médicaments, même insolente certitude de leurs marchands de n'être point contredits, *alors on y va,* dans l'indifférence générale !

« Surtout, tu ne parles de ça à personne ! » C'est drôle comme la découverte d'un élément vous éclaire brusquement sur l'ensemble. Je suis venu chez les Samburu parce que j'ai été choisi, par Kenny d'abord, puis par le ministère français. D'accord. La France, la CEE, elles ne se posent pas de questions métaphysiques. Que s'est-il passé ? Réfléchis, *olperon* ! Il y a un Français qui travaille au ministère kenyan du Plan. Il a monté un dossier de microprojet à partir d'une décision prise par les autorités du district de Samburu, confirmée, car il est allé les voir sur place, par les dires unanimes des anciens. Point final. Mais, comme c'est devenu la mode, on ficelle le tout en envoyant un anthropologue sur le terrain. Sauf que l'anthropologue, c'est moi, et que j'ai aussi été choisi par... Kenny. Ça, ils ne l'ont pas prévu, dans les bureaux où l'on décide du sort des gens dans les pays « du Sud », comme on dit aujourd'hui. C'est en cette seconde, où je démêle la pelote dans ma tête, que je comprends pourquoi Kenny a tant insisté pour que je vienne ici enquêter sur les *cattle-dips*. Guidé au-delà des apparences, il a décrypté ce qui se tramait en coulisse. Je suis fier de sa confiance.

Et puis, tout le monde y trouve son compte ! En imposant des *cattle-dips*, puis, un peu comme les vaccins chez nous, en forçant les pasteurs samburu à les utiliser régulièrement, la multinationale s'enrichira, les vaches traditionnelles perdront leur résistance naturelle, les pasteurs seront marginalisés et remplacés peu à peu par des entrepreneurs tout acquis au marché de la viande. C'est la conclusion à laquelle j'arrive après deux années passées avec les Maasaï (et j'arriverai à la même longtemps après, y compris à l'heure d'écrire ce livre).

« Une dernière chose, Simon ! Penses-tu que ce commis venu soudoyer l'oncle de ton ami ait choisi Barsaloï parce que les gens y sont plus affaiblis qu'ailleurs ? Pourquoi Barsaloï ?

— Non, ce n'est pas pour ça. J'ai une autre explication. Chez nous, les lignages et les clans vivent séparément, ils ne se mélangent pas. À Barsaloï, ils sont tous mélangés et c'est un grand facteur de désordre. L'autre jour, par exemple, des moranes se sont battus et ça a créé beaucoup de tension. Tu sais, ici, c'est devenu très différent des Maasaï : les moranes de chaque clan constituent leur propre club et ça fonctionne plutôt bien tant que le clan et ses moranes vivent sur un même territoire, sans se mélanger aux autres. À Barsaloï, tout a dérapé à la suite de la mort accidentelle d'un morane. Normalement, quand tu es initié, tu es automatiquement inclus, au sein de ton sous-clan, à un groupe de moranes d'environ soixante individus, qu'on appelle le groupe des "cheveux identiques". À la mort de l'un d'eux, tous les autres doivent se raser le crâne, or là plusieurs moranes appartenant à d'autres clans que le défunt ont revendiqué le droit de faire partie de ce groupe et ils se sont rasés aussi, provoquant une bagarre générale !

— Tu dis qu'ils se sont rasé le crâne... Mais pourquoi ?

— On dit que c'est à cause des cheveux du mort, pour éviter que les leurs ne soient à leur tour contaminés. »

***Jeudi 31 octobre**, sur la piste d'Oloyiangalani, vers les plaines de Lkees, 10:30*

Je ruisselle de sueur, la chaleur est déjà accablante. Je me tourne vers Simon, on dirait qu'il s'est grimé pour aller au combat ! Je souris, mais en jetant un œil dans le rétroviseur, je pleure de rire : j'ai moi-même vieilli de vingt ans ! À chaque nid-de-poule, la poussière remonte ou nous envahit par l'arrière du 4x4, une simple toile ; et puis les vitres sont bien sûr baissées en permanence. L'œil rivé sur la route sableuse déserte, j'inspire à longues goulées l'air brûlant, éprouvant le besoin de m'aérer les poumons comme si j'avais inhalé des vapeurs toxiques, mais c'est un cercle vicieux puisque je ne fais qu'avaler ainsi plus de poussière.

Peu après avoir quitté Baragoï, la route s'encaisse en sinuant entre des collines, vacuité sans homme ni bête. J'ai arrêté de demander une escorte, pour ne plus devoir attendre une éternité qu'on m'imposât une date fixe. Je dois déjà gérer la frustration de ne plus pouvoir compter sur ma fidèle rossinante, il m'est tout à fait insupportable d'attendre en plus dans un bureau pour m'entendre dire de revenir le lendemain. J'ai donc décidé de le jouer à la maasaï, en me faisant confiance et en visualisant que tout ira bien ! Il n'empêche, à chaque fois que la Jeep franchit une crête, je prie pour que d'un fourré d'herbes jaunes, de buissons d'euphorbe ou de commiphora, ne miroite pas dans notre direction le canon d'une mitrailleuse. De dangereuses bandes armées d'automatiques venues d'Éthiopie sévissent en effet dans la région depuis l'année dernière, au point qu'il n'est plus rare de voir les moranes un fusil en bandoulière ; les autorités leur en ont distribué pour défendre plus efficacement la population locale face à ces agresseurs d'un nouveau type...

Après avoir dépassé les bourgs de Baragoï et de South Horr, et enduré la tôle ondulée de la piste comme des sacs à patates, nous nous retrouvons sur le chemin lisse d'un plateau herbeux à perte de vue, seulement encadré de loin en loin par les cônes bleutés des volcans Nyiru, Mara et Kulal, sur la rive orientale du lac Turkana. Là, c'est le choc : tous les troupeaux de la création semblent s'y être donné rendez-vous ! « Tu as vu tous ces dromadaires ? » fait Simon en imitant l'image d'une marque de cigarettes bien connue. C'est la première fois que j'en vois une telle concentration. « ... Les Samburu les adoptent de plus en plus, parce qu'ils sont mieux adaptés aux sécheresses. Tu en as vu, même à Barsaloï, enfin je veux dire ailleurs qu'à Raraïti bien sûr ! Mais je suis persuadé que tu n'as pas idée de la raison exacte de leur présence.

— Tu l'as dit : ils sont plus adaptés que les vaches par temps très sec !

— Non, c'est que beaucoup d'anciens ont refusé le lait artificiel du père Aldo. Comme toutes les vaches avaient déserté leurs villages en quête de pâturages, ils avaient quand même besoin d'un lait de substitution ; alors ils en ont cherché un qui soit digne de ce nom. Ils ont commencé par se procurer une centaine de dromadaires ; ça, c'était l'année dernière. Et ça a tellement bien marché qu'ils en ont racheté deux cents en début d'année. Ils sont allés trouver les Turkana d'Oloyiangalani, qui les leur ont fournis en échange d'un nombre équivalent de bœufs. »

Le plus étrange est d'avoir devant les yeux cet écran géant grouillant de vie, après le vide minéral et sans vie que nous venons de traverser. L'herbe a une couleur spectrale mais les vaches (il en reste heureusement) sont très nombreuses à la brouter, preuve qu'elle doit être encore suffisamment nutritive. Avisant deux moranes assis sur une roche basaltique, en bordure de piste, je propose à Simon de faire halte pour leur poser quelques questions. Dès que je freine, ils se lèvent et se saisissent de leurs lances ! Simon leur parle aussitôt dans leur langue et de mon côté, tout sourire, je leur fais un signe de la main. J'ai beau ne pas avoir le physique des brigands qui volent leur bétail avec des AK47, on n'en fait jamais trop pour éviter toute confusion sur cette route réputée très dangereuse ! Leurs lances ne sont pas effilées de haut en bas comme l'*eremet* maasaï, mais de simples tiges de métal prolongées par une minuscule lame ovale : ne luttant pas vraiment à armes égales avec leurs agresseurs, on peut comprendre leur méfiance. Je me secoue les cheveux avant de sortir du 4x4, de peur de les effrayer une seconde fois. Arrivé à leur hauteur, j'ai toujours l'impression d'être assis, tant ils sont élancés. Je n'ai pas tout entendu de la conversation que Simon vient d'avoir avec eux, mais une chose est sûre, ça les a complètement déridés. Pour avoir l'air moins ridicule, je leur propose que l'on s'assoie. Ils acceptent, et je me sens tout de suite beaucoup plus à l'aise... Leur torse nu est simplement barré de rangs entrecroisés de grosses perles rouges et noires, et leurs chevelures recouvertes d'un fin tissu jaune flottent derrière eux tels des rubans dorés par le soleil. Quand ils parlent, ce sont surtout leurs grandes et belles mains qui expriment le plus justement tout leur être. Fascinant ! Lorsque soudain je m'exprime en maa, leurs yeux se mettent à pétiller comme du champagne ! J'en profite pour leur demander : « Êtes-vous d'ici ?

— Non, nous sommes de Louwa, pas loin de Barsaloï.

— Et vous avez fait tout ce chemin pour venir dans ces plaines ?

— Oui ! C'est une très longue distance, mais nous avons l'habitude, nous les moranes, on ne nous appelle pas les "propriétaires du pays" pour rien !

— Mais toutes ces herbes sont blanches ! Elles sont encore bonnes ?

— Oui, oui, bien sûr. Vous avez vu le nombre d'animaux qu'il y a ici, c'est tout simplement prodigieux ! Et puis, on n'a pas le choix. En temps normal, on ne vient jamais ici, et même les résidents habituels de cette région ne viennent ici qu'à la saison des pluies. À la saison sèche, ils conduisent leurs troupeaux sur les pentes du mont Kulal. Mais là-bas aussi, comme à Barsaloï, il n'y a plus un brin d'herbe.

— Le gros problème que nous avons à résoudre, dans ces plaines de Lkees, c'est qu'il n'y a pas un point d'eau à quarante kilomètres à la ronde. Pour nos trente dromadaires, pas de souci, mais nos deux cents vaches ne peuvent pas rester aussi longtemps sans boire. En gros, on les emmène tous les quatre jours aux puits de South Horr, au pied du mont Nyiru. » Pendant qu'ils parlent – je dis « ils », car ils ont beau parler de concert ou en alternance, c'est toujours avec une grâce égale –, les grandes bêtes dédaigneuses que sont les dromadaires ont délaissé leur repas pour venir inspecter la capote de ma Jeep. Je pose une dernière question, concernant les acariens cette fois : « Vos vaches ont-elles à souffrir des tiques ?

— Des tiques ? fait l'un des deux, éberlué. Il n'y en a pas, ou très peu. On nettoie bien de temps en temps la robe des vaches avec une brosse et un peu de produit dilué dans de l'eau, et en cas de pépin, on fait des soupes à base des cendres de la peau d'un *waterbuck* ou des fruits d'un *sumuroï* (arbre épineux).

— Et y a-t-il de la *lipis* ?

— Jamais, jamais ! La *lipis*, il n'y en a que sur le haut plateau de Maralal ! Les tiques, il y en a si peu en temps normal qu'en période de sécheresse comme en ce moment, on s'occupe de bien autre chose, en premier lieu trouver de l'herbe et de l'eau !

— Et les *cattle-dips* ?... Que pensez-vous du projet d'en construire une trentaine dans les plaines ?

— Je ne comprends pas, c'est inutile et dangereux, mais c'est voulu... ! On cherche à nous détruire.

— Qui ça, "on" ?

— Vous devriez aller voir Lemerdete, il est sous-chef à Ngelaï, près de Baragoï. Il vous dira des choses... »

***Lundi 4 novembre**, dans le lit de la rivière Serelbarta, Ngelaï, 9:00*

De la roche noire coule comme de la lave sur le sable miroitant du lit à sec de la rivière Serelbarta. Je m'agenouille sur le rebord de la crevasse pour voir ce qu'il y a au-dessous du niveau de la roche, aimanté par l'écho mystérieux de voix haut perchées et de rires en cascades qui semblait provenir des entrailles de la terre. En plongeant ma tête dans l'obscurité, je découvre tout un monde aquatique de jeunes filles, les unes au-dessus des autres, tenant chacune debout comme par miracle sur une marche étroite de pierre tendre, s'arc-boutant et se redressant sans cesse pour remonter à la lumière un bidon en fer-blanc. Tout se passe très vite, les gestes sont précis, l'espace millimétré ; d'ailleurs j'ai à peine remonté ma tête à l'air libre que la jeune fille la plus proche me frôle en déposant le récipient sur le bord. Sa beauté est saisissante, elle se tient dans l'ombre du vide puis, un court instant, s'offre à la lumière ambrée qui fait reluire à plein l'ocre de sa peau et le rouge vif de ses perles. Aplati contre la roche, je fais corps avec la Terre-Mère, m'emplissant les cellules de cet hymne vibrant à cette ressource si précieuse qui nous fait vivre. Je me redresse au bout de l'extase, le visage rayonnant ! « Alors, il est beau, mon puits ? me lance avec fierté Lemerdete qui a reporté son regard à mes pieds, sur son œuvre.

— C'est vous qui l'avez creusé ?

— Oui, avec mes frères. Il est profond de dix mètres et jamais tari !... »

Il m'accueille dans son village depuis hier ; j'ai dormi dans sa maison : une vraie coupole de bouse, impeccable pour refaire le plein d'énergie. Cela faisait quasiment un an que je n'avais pas dormi sur un grand lit de peaux, dans une bulle de réconfort où je me sente si bien ; et son épouse ressemble en plus à *mamaï* comme deux gouttes d'eau ! Il a sacrifié un mouton en mon honneur, mais lorsque, au coin du feu, j'ai voulu engager une discussion sur les tiques, il s'est raidi et m'a glissé à l'oreille : « Pas ici ! À la rivière, demain... » Nous y sommes et, un peu comme on parle du temps pour noyer le poisson, je demande : « Ce n'est pas dangereux pour les jeunes filles ? J'ai vu qu'elles portaient leurs longues robes et tous leurs bijoux.

— Elles ont l'habitude, mais, à cette époque-ci, oui, ça peut vite devenir un piège mortel ! » L'homme, la peau lisse et tendue à son maximum sur des muscles oblongs sans graisse, porte avec une élégance stricte une chemise blanche en coton rabattue sur une jupe longue somalienne battant la cheville ; il tient à la main droite le symbole maasaï de l'autorité, un club en ébène. Mon expérience m'incite à penser qu'il s'est habillé ainsi pour inspirer le respect et... se mettre à table. Je prie Enkaï pour que j'aie raison !

« Qu'entendez-vous par piège mortel ? » Tout en lui parlant, je prends place à ses côtés sur la racine adventive d'un ficus qui semble s'être accroché à la berge dans le seul but de fournir aux jeunes filles préposées au puisage ses délices ombragés. C'est l'arbre sacré des Maasaï et, par extension, quelqu'un qui sait écouter et parler possède lui aussi les qualités requises pour dispenser de l'ombre au plus grand nombre. À l'image de cet homme très posé ?

« Tout d'abord, la roche est particulièrement friable, or les jeunes filles sont les unes sur les autres, quasiment à l'à-pic du vide, pour remonter les conteneurs à la surface. C'est très dur vraiment ; je les admire beaucoup ! Vous les entendez, n'est-ce pas ? Elles sont joyeuses de contribuer à notre survie. Mais le plus grand de tous les pièges, c'est lorsqu'il a plu et que le lit de la rivière s'est rempli en amont. Il est arrivé plusieurs fois que des filles qui n'étaient pas remontées à temps se noient. » Je l'interromps pour tourner la tête en direction d'un nouveau groupe de jeunes filles qui arrivent à proximité du trou, arnachées de bidons dont les couleurs criardes rivalisent avec l'incarnat de leurs bijoux.

« Il n'y a que votre puits qui fonctionne pour tout Ngelaï ? » lui demandé-je aussitôt, pressentant qu'il s'agit là d'un élément clé pour éclairer l'enquête.

« C'est une bonne question, vraiment ! On nous a forcés à accepter que des personnes qui font de l'élevage commercial s'installent le long de ce cours d'eau, sur quinze kilomètres. Elles n'ont bien sûr eu aucun mal à obtenir des titres individuels de propriété. Le grave problème, c'est que maintenant elles refusent l'accès à tous ceux qui ont leur puits en aval !

— Oui, mais pourquoi ne pas utiliser le lac artificiel de Ngelaï ? » J'ai en effet observé, stupéfait, en arrivant, cette nappe d'eau claire ; à moins de deux kilomètres à l'ouest.

« Vous savez, comme je vous l'ai dit, je suis un aîné traditionnel, mais aussi le sous-chef administratif de cette région ! Que cette conversation reste entre nous. Vous êtes une bonne personne, je vous fais confiance !... L'eau de pluie du lac de Ngelaï est excellente bien sûr, même pas salée, et vous avez vu : malgré la sécheresse, elle n'a pas bougé. Vous savez, ce qui se passe ici est terrible. On est en train de nous voler cette terre, on nous fait sentir depuis toujours qu'on ne la mérite pas, qu'il faut la laisser à ceux qui veulent travailler et acceptent ce qu'ils appellent le développement ! C'est tout. Mon patron, le *senior chief* Lemonke, qui est un Samburu borné, a su en retirer tous les avantages ; d'abord pour lui, en annexant et en clôturant un immense territoire – qui inclut le lac – pour y installer son ranch, et ensuite pour ses amis haut placés... »

Il en a trop dit ou pas assez ! En tout cas, je suis sur la bonne voie, mais je dois être patient comme je l'ai été hier ; il pourrait se braquer au cas où je me montre inquisiteur. L'écouter, le faire rebondir sur un mot, enchaîner lorsque le silence commence à s'installer, surtout ne pas perdre le fil. « C'étaient de bons pâturages, ce que ce chef a pris pour lui ? dis-je sur un ton innocent.

— De bons pâturages ? Les meilleurs ! C'était notre réserve pour la saison sèche, on y allait chaque année à partir de juin. Total, nous, les pasteurs traditionnels, on a déjà perdu près de quatre-vingts pour cent de nos animaux. Moi, par exemple, qui avais six cents vaches il y a à peine six mois, je n'en ai plus que soixante !

— Elles sont mortes de quoi ?

— De quoi ? Je ne sais pas, moi, elles étaient épuisées voilà tout, à force de devoir se déplacer sur de trop longues distances sans eau et sans herbe nutritive !

— Et celles du *senior chief*, elles ont souffert autant ? ajouté-je de façon anodine.

— Mais pas du tout, il n'en a même pas perdu une seule. Grâce à nos pâturages, il est devenu autonome, pendant que toutes nos vaches meurent de faim ! Vous ne trouvez pas cela injuste ?

— Ses vaches sont les mêmes que les vôtres ?

— Non, il n'a que des *high-breeds*, des bêtes qu'il engraisse et qu'il vend avec un maximum de profit ! »

On y est, on approche, c'est le moment de porter l'estocade : « Et il a un *cattle-dip* ?

— Oui, il en a un. Ces vaches-là, si tu ne les passes pas deux fois par semaine minimum dans la baignoire antitiques, elles meurent rapidement ! »

Je renchéris sans perdre de temps : « Mais je croyais qu'il n'y avait pas de tiques dans ces plaines !

— C'est vrai, il y en a très peu, et nos vaches maasaï les supportent très bien, mais ces espèces exotiques n'ont jamais eu le temps de devenir résistantes. Le *cattle-dip* leur est absolument indispensable. »

Je jette un œil à la boursouflure brunâtre qui inaugure sur le sable étincelant l'entrée du puits-qui-chante. Les filles qui faisaient la chaîne tout à l'heure ont été remplacées par une nouvelle équipe. L'aîné et sous-chef saisit d'une main la tabatière cylindrique qui pend à son cou et la secoue dans l'autre pour en extraire quelques précieux fragments. Une fois qu'il a porté un bout de tabac à ses lèvres, je l'assomme pour le compte (en tout cas telle est mon intention) : « Si j'ai bien compris, les trente *cattle-dips* que les autorités projettent de construire dans toutes ces plaines ne serviront à rien !

— Non, à rien, fait-il de dépit. Mais si vous saviez... »

Je sens bien qu'il veut tout me dire, tout, mais il hésite. Je le regarde alors dans les yeux pour qu'il sente bien que je suis à cent pour cent de son côté. J'attends, mais très vite il se reprend : « Ce que je vais vous dire maintenant doit rester entre nous, car je risque ma vie avec toute cette histoire !...

— Vous avez ma parole.

— Tout a été planifié en haut lieu pour abattre le pastoralisme que nous pratiquons depuis toujours, et tout fonctionne en secret, par l'intimidation et la force. Le *senior chief* est leur homme pour cette région-ci ; à Barsaloï, il y en a un autre. C'est en échange de ses loyaux services qu'il a reçu son titre de propriété, tout comme ses acolytes le long de la rivière. Et nous, on nous a mis de force dans un *group-ranch* qui ne renferme que de très mauvais pâturages. À terme – et vous voyez déjà où on en est rendu –, c'est la mort pour nous, car ce qu'ils veulent au final, c'est nous rayer de la carte et nous remplacer par d'immenses ranchs privés, avec *high-breeds*, *cattle-dips* et *boreholes* (puits forés mécaniques) ! »

Le silence retombe l'espace d'un instant qui me semble durer une éternité. Le ballet des mouches s'est intensifié dans la lumière vive de la mi-journée, et l'écho de rires étouffés remonte de la caverne comme les bribes d'un message ésotérique à décoder. La réalité m'accapare à nouveau. Cet homme m'en a beaucoup dit, certes, mais je ne doute pas qu'il puisse m'en dire plus encore. Je veux à tout prix qu'il me confirme l'information recueillie à Barsaloï à propos du Blanc mystérieux de BA... Alors je lui demande sans ambages : « Avez-vous entendu parler d'un Blanc qui donnerait de l'argent à des Samburu pour qu'ils convainquent la majorité d'accepter la construction massive et l'utilisation généralisée des *cattle-dips* ?

— Ah ! Je vois que vous êtes bien informé et que vous arrivez au terme de votre enquête. Faites bien attention à vous ! Cet homme est très puissant ; il a beaucoup d'argent à distribuer, beaucoup de mort à semer. Moi aussi, il a voulu m'acheter, mais j'ai refusé naturellement...

— Que cherche-t-il, ce Blanc ? Pour le compte de qui travaille-t-il ?

— Je ne connais pas le nom de sa société. Ce que je sais avec certitude, c'est qu'il travaille pour le compte des fabricants de produits acaricides. Mais attention à lui ! Il a acheté tous les leaders de ce pays. Vous ne trouverez plus grand monde à part moi et quelques autres qui ose s'affronter à eux ; c'est devenu trop dangereux... Faites-moi plaisir : une fois rentré dans votre pays, dites aux gens de cœur ce qui se passe ici pour une question d'argent – comme si l'argent pouvait sauver la terre ! Il la détruit, au contraire. Je pense que nous allons mourir. »

***Mercredi 6 novembre**, en route vers le haut plateau de Leroki, 7:30*

En nage du fait d'un soleil pourtant encore au ras de l'horizon, je me tourne vers Simon pour lui proposer un jeu : « Le premier qui repère une vache sur les flancs paie une bière bien fraîche dans un *lodge* à Maralal ! » Il me répond en secouant la tête : « Des vaches sur les flancs ? Mais il n'y a que ça partout !

— Tu as raison, mais moi, j'en veux une qui ne soit pas encore morte ou du moins dont la mort ne date pas d'avant-hier !

— De toute façon, tu as vu tous ces nettoyeurs à l'œuvre... Eh bien, une vache qui succombe le matin n'est plus qu'une carcasse le soir, il suffit donc d'en repérer une qui soit demeurée intacte pour être sûr qu'elle vient juste d'expirer ! »

Je hoche la tête avec un sourire incrédule, trouvant son entêtement plutôt comique. Je m'apprête en fait à utiliser ma botte secrète, qui me vient... de Kenny, encore lui ! Avant mon retour en France, il m'avait parlé d'un certain Roy Benton, spécialiste des tiques et surtout incorruptible. Je lui ai donc rendu visite les yeux fermés et ce dès que j'ai remis le pied sur le sol kenyan. Je jubile en me remémorant ses premiers mots : « Mais ce n'est pas du tout une zone à tiques, qu'allez-vous y faire ? Et on vous paie pour ça ? » Après m'avoir écouté, il m'a remis un coffret contenant une dizaine de seringues aseptisées. Objectif : prélever un peu de sang sur des vaches agonisantes, et les lui rapporter à Nairobi dans les quarante-huit heures...

Partout, des carcasses éventrées, avec cette odeur âcre de la putréfaction qui me donne la nausée ; mais je fais confiance aux hyènes – et à leurs cousins volants, les vautours, ces hyènes à plumes qui en ont pourtant si peu par endroits qu'on les croirait atteints de la gale – pour débarrasser la plaine de tous ces cadavres en un temps record ! Ils éviteront ainsi la propagation de nouvelles épidémies qu'on s'empresserait certainement sinon de mettre sur le dos des tiques ! La Jeep cahote maintenant en tout sens, enfin je devrais plutôt dire « balance là où il y a une prise », tant j'ai subitement l'impression d'escalader une montagne. La piste est devenue un roc impraticable, j'ai dû actionner le crabot et enclencher la première. Je peste en m'épongeant régulièrement le visage, l'œil rivé au rocher : « Ce passage fait des kilomètres, ça n'en finit pas ! » Mais, au lieu de répondre à cette question, il me réplique avec un sourire de triomphe : « Tiens, voilà, j'ai gagné une Tusker Premium (*marque kenyane de bière*) !

— Où tu en vois ? Où ? Je ne vois rien !

— Mais si, là, à gauche, derrière le bouquet d'arbres...

— Écoute, je ne peux ni regarder ni encore moins m'arrêter ici, sinon je ne pourrai plus repartir ! Je sors de cette galère et on revient à pied, d'accord ? » J'ai dû crier, autant par excitation que pour couvrir les aigus de la mécanique poussive.

Parvenu au sommet de cette éminence terrifiante, du moins pour mes pneumatiques, je me gare où je peux ! Simon est déjà dehors ; je le rattrape, la boîte de seringues à la main. Il nous faut contourner une masse de rochers qui ressemblent à des chevaux cabrés contre le ciel pour atteindre un petit sentier dominant une sorte de cuvette, proche, selon Simon, de l'endroit où il a vu des vaches mal en point. Mon pas s'accélère et mes pensées s'éclair-

L'une des femmes de ma classe d'âge des « Vainqueurs », mais aussi l'une de mes voisines et amies préférées dans le grand village communautaire d'Entepesi, en 1982.

En haut : ma mobylette se repose des pistes à Mashuuru, chez Agnès.
À l'arrière-plan, la Montagne blanche (Kilimandjaro).
En bas : Papaaï, mon père adoptif, drapé dans sa couverture de laine
de « plume légère », à Entepesi, à la fin des années 1980.

En haut : tout juste après mon arrivée à Entepesi, le 4 mars 1982. Vue générale de l'environnement dans lequel se nichait mon *enkanasa* (grand village rassemblant plusieurs dizaines de familles).
En bas : j'enquête à Barsaloï, dans le nord du Kenya, chez les cousins samburu, un jour d'octobre 1984.

En haut : le 18 septembre 1989, en partance vers Kiloo en compagnie des fils aînés de Takuna, pour une journée de transhumance avec les vaches de Papaaï.
En bas : Noolkisakara, la première épouse de Takuna, en pleine traite du matin.

Mamaï, ma mère adoptive, plastifiant d'*emodioï* (mélange de bouse et de terre) sa toute nouvelle maison qu'elle a construite de ses mains, dans l'immense village d'Entepesi.

Jeune fille samburu en train de puiser de l'eau dans un puits très profond
de la rivière à sec de Serelbarta, près de Baragoï, lors de ma mission de 1984.

Les deux moranes samburus que j'ai rencontrés dans les plaines de Lkees, non loin du lac Turkana, le 31 octobre 1984.

En haut : un jour de juillet 1996, en lisière de Naimina Enkiyio,
la « forêt de l'Enfant perdu », ... je tutoie le Paradis !
En bas : en plein tournage de mon film, *Maasaïtis* (coréalisé avec Cédric Klapisch),
avec les moranes de la région de la Montagne blanche.

Lors de mes enquêtes samburus, en octobre et novembre 1984, je montre à deux jeunes filles incrédules leur portrait, que je viens de réaliser à l'aide de mon Polaroïd.

Kintalel, le fils aîné de Takuna, à la fin de l'année 1990.

En haut : les mastodontes (des buffles) que j'ai rencontrés sur la piste vers Oloïrobi (Ngorongoro Conservation Area), le 22 mai 1989.
En bas : des moranes, avec ce qui reste du bœuf sacrifié en l'honneur de la circoncision du fils du chef qui me retient prisonnier, au village d'Oloïrobi (Ngorongoro), le 23 mai 1989.

En haut : Peter, supervisant les Moranes menés par Lekukei, tous deux proches cousins de Kenny, lors de l'*eunoto* de 1993. En bas : à son village d'Indupa, Kenny et son fils aîné Koné, en grande tenue cérémonielle en septembre 2005.

En haut : le fils aîné de Kenny troque officiellement sa tenue sombre de circoncis, qu'il a gardée durant une période de plusieurs mois, considérée comme impure, contre des drapés rouges de jeunes moranes (septembre 2005).
En bas : Kalama ole Koyiaki, homme-médecine de très grande renommée, conduisant ma classe d'âge, lors de la grande cérémonie du « village des Tabourets » (*Olngesher*) de septembre 1989.

En haut : je suis invité, en mai 1989, par ces moranes de la section territoriale voisine des Keekonyokie à assister à leur cérémonie du « village des Tabourets », célébrée au pied du volcan Suswa.
En bas : Kenny et ma fille Gabrielle, en Bretagne, à l'occasion de son cycle de conférences qu'il donna en France à la fin 2003.

En haut : à Entepesi, Takuna est rasé par son épouse Noolkisakara, le 9 septembre 1983, lors de la « cérémonie de la Viande ».
En bas : j'ai le grand privilège d'être aux côtés de Kenny et du grand leader spirituel Mokompo accompagné de l'un de ses fils, au cœur de la « forêt de l'Enfant perdu » (septembre 2005).

En haut : Kenny me remet les insignes maasaï de l'Aînesse, lors de la cérémonie de soutenance de mon doctorat, au Panthéon-Sorbonne, le 14 octobre 1993.

En bas : le 3 décembre 2003, Kenny Matampash ole Meritei rayonne de joie, après sa conférence de Quimper !

cissent. Dès que je crapahute – c'est d'ailleurs ce qui me manque le plus depuis mon arrivée –, je retrouve instantanément mon équilibre, ma joie de vivre et ma liberté d'esprit ; tout redevient possible ! « Décidément, le contact avec la steppe m'est aussi indispensable que l'air que je respire. »

« Comment ? fait Simon en se retournant.

— Rien, je parlais tout seul. Tu es sûr que ce n'était pas plus à l'est ?

— Je croyais que tu n'avais rien vu... Laisse-moi faire, un Maasaï ne se trompe jamais !

— Justement, tu es un Samburu et *je* suis un Maasaï ! »

Des beuglements de détresse qui s'apparentent aux appels sinistres d'une corde de brume finissent par nous mettre d'accord sur la direction à prendre. Je me dépêtre tant bien que mal d'une pente caillouteuse recouverte d'un fouillis d'épineux desséchés et de hautes herbes très coupantes. Derrière le noir des branches étiolées, j'entrevois du rouge, beaucoup de rouge ! Des moranes, trois, non quatre, en plein palabre. À leurs pieds, plusieurs vaches sont couchées sur les flancs, et celles qui tiennent encore debout ne tarderont pas à les rejoindre.

« Je les interroge sur ce qui se passe ? » me demande Simon par-dessus mon épaule, comme s'il était soudain devenu timide. Je hoche la tête tout en observant le bas de la pente, dont la blancheur réfléchissante tranche avec la roche volcanique noire alentour. Après nous avoir présentés et leur avoir expliqué le sens de notre présence, Simon s'enquiert à son tour d'où ils viennent. « Nous sommes d'Ongata Nanyokie. Ici, il y a du sel et un peu d'herbe ! On ne s'attendait pas à ce qu'il y ait une telle hécatombe aujourd'hui ; hier encore, toutes nos vaches étaient relativement en bonne santé. On ne sait pas ce qui se passe...

— Vous permettez que je prélève un peu de sang sur vos vaches ? Je vous promets de revenir pour vous dire de quel mal elles souffraient.

— Oui, pas de problème, allez-y. De toute façon, ces vaches-là sont condamnées ! »

Je ne me fais pas prier. Fébrilement, je me mets au travail, en ayant l'impression d'opérer clandestinement. Je fais surtout vite, comme si je m'attendais à voir débarquer à tout moment une bande de tueurs à la solde de la multinationale agrochimique. Agenouillé près d'une première victime en pleines convulsions, j'ouvre la boîte, prends une seringue, déchire l'enveloppe hermétique et enfonce le cylindre dans la jugulaire sans me poser de question. Je réitère l'opération jusqu'à ce qu'il ne reste plus dans la boîte qu'une seringue ; je la conserve au cas où j'en aurais encore besoin ailleurs. Je me relève, ankylosé et incommodé par la chaleur. Je coupe Simon, en pleine discussion animée avec l'un des « propriétaires du pays », car je viens de réaliser qu'il me faudra poursuivre aujourd'hui même sur Nairobi pour ne pas risquer de gâcher cette opportunité unique d'ajouter une pierre à l'édifice de la vérité.

« Où allez-vous maintenant ? questionne l'un des moranes.

— Nous allons à Nairobi, mais, en passant sur le plateau de Leroki, nous allons nous arrêter dans le *group-ranch* de Loodokejek !

— Loodokejek ? Mais j'y ai plusieurs oncles. Allez donc voir de ma part Lesiamito ; il connaît bien toute l'histoire du *group-ranch*. Parce que, si vous voyez les membres du comité qui le dirigent, vous n'en tirerez rien : ils sont tous corrompus !

— Et ton nom ?

— Je m'appelle Leunya... »

Plateau de Leroki, Loodokejek, 11:30

J'ai suivi le conseil de Leunya. Après être remonté sur le plateau situé plus de mille mètres au-dessus des plaines grillées de Barsaloï, et après avoir effectué plusieurs arrêts pour demander notre route, le village de son oncle nous apparaît comme sur une carte postale : pas moins de trente-neuf maisons traditionnelles harmonieusement nichées à la lisière d'une forêt toute jaune d'arbres à fièvre. En général, à la mi-journée, il est rare de rencontrer âme qui vive dans les villages, du moins si j'en crois mes souvenirs maasaï. Mais la chance est avec nous ! Lesiamito, un bel ancien au visage parcheminé, est présent car il attend des visiteurs. C'est sûrement que je devais le rencontrer, il doit avoir des choses importantes à me révéler !

Ayant écouté la présentation rapide de mes recherches et mes intentions, il nous donne à chacun un tabouret et nous partons tous trois en quête d'ombre – ce qui n'est pas un luxe, car depuis ce matin je n'ose plus ouvrir la bouche tant l'air me brûle à chaque inspiration. Confortablement installés sous la frondaison d'un gracieux acacia *xanthophloea*, l'interview peut commencer. Pris par le temps – je pense au sang prélevé, qui n'est pas vraiment au frais –, je ne m'embarrasse pas de préliminaires : « Je viens de voir, comme je vous l'ai dit en arrivant, les vaches mal en point de votre neveu ! Qu'en est-il des vôtres ?

— Vous qui connaissez bien notre culture, je vous fais confiance et je vais vous répondre sans détour. Comme chez les Maasaï, nous avons des tiques, des mouches tsé-tsé et plein d'autres parasites, qui peuvent tuer. Mais nous avons toujours fait en sorte que nos animaux développent la plus grande résistance possible, notamment en exposant les veaux dans les zones les plus infestées. Les problèmes sont apparus dès le moment où on nous a forcés à nous regrouper dans des *group-ranches* et à utiliser des *cattle-*

dips. Ne trouvez-vous pas étrange que la *lipis* propagée par les tiques soit apparue chez nous pour la première fois une année seulement après l'inauguration de ces baignoires de la mort ?

— Et aujourd'hui, c'est ce fléau qui tue vos vaches ?

— Peu m'importe de savoir de quoi meurent mes vaches ! Ce que je sais, c'est que nos vaches n'ont plus la possibilité de bâtir naturellement leur résistance. Après, elles contractent toutes les maladies !

— Votre *group-ranch* est-il autonome ? Dispose-t-il de pâturages toute l'année ?

— Non, loin s'en faut ! Et le pire, c'est que maintenant, avec toutes ces frontières qu'on nous impose, on ne peut même plus descendre dans la plaine durant les pluies d'automne. C'est grave pour nos vaches, car dans les plaines il y a une quantité importante de sel, nécessaire à leur bonne santé. Le sel participe activement à leur résistance naturelle contre les maladies transmises par les tiques.

— Pourquoi vous ne refusez pas toute cette politique, puisqu'elle vous détruit ? fais-je pour l'obliger à me dire sa vérité encore plus fort.

— Le recours à la force n'est pas une solution pour nous, il est toujours voué à l'échec. C'est individuellement qu'il faut agir, en toute conscience. Ne pas se faire acheter par exemple, ne pas faire l'usage des *cattle-dips*, renforcer nos associations d'élevage traditionnelles... c'est autrement plus efficace !

— Qui achète qui ?

— Il y a un Blanc qui vient souvent nous voir ; il arrive avec des bonbons pour les enfants et des liasses de billets pour nous !

— Et vous acceptez ?

— Le problème, c'est que vous ne pouvez pas empêcher quelqu'un d'accepter. Vous pouvez juste aller lui parler pour tenter de le convaincre que c'est mal. Le Blanc le sait ; il a semé la haine entre nous, et il continue !

— Que veut-il en échange ?

— Juste qu'on utilise régulièrement les *cattle-dips*... »

***Jeudi 14 novembre**, laboratoire de recherches vétérinaires, Kabete, faubourg de Nairobi, 9:00*

Comme la semaine dernière, j'ai garé ma Jeep à l'emplacement réservé au directeur, face à l'entrée principale d'un bâtiment de finition récente, austère et fonctionnel (tout l'inverse de Roy Benton !). Sur le départ pour la France, je passe aujourd'hui en coup de vent chercher les résultats de l'analyse des prélèvements que je lui ai remis après être revenu en trombe de Maralal, et recueillir ses derniers commentaires. Il me reçoit dans son bureau, mais je fronce les sourcils en le voyant fermer la porte derrière lui.

« Monsieur Péron, ceci reste strictement entre nous, d'accord ? » commence-t-il sous son regard impassible. Cela tranche avec l'impression que j'ai eue de lui les deux fois précédentes : un jeune Américano-Indien blond aux yeux de jais incapable de tenir en place, à l'image de son physique de pur-sang ! Le sourire averti et le regard furieux, Roy se contient, visiblement secoué : « Je vous l'avais dit, ce n'est pas une zone à tiques ! Ce sont des mouches tsé-tsé qui ont tué vos vaches, pas les tiques ! Elles leur ont transmis le trypanosome...

— D'accord ! Mais au point où on en est, de toute façon... fais-je, complètement dépité.

— Oui, je comprends qu'au fond de vous, avec tout ce que vous savez, vous nourrissiez un sentiment d'impuissance. Mais vous m'avez en tout cas convaincu d'y aller faire moi-même d'autres prélèvements, officiellement cette fois !

— Mais vous venez de me dire que cela devait rester entre nous...

— Non, pas ça, c'est mon métier ; on attend de moi que je fasse ce genre de chose. C'est la révélation de ce que je compte en faire qui doit demeurer secrète. J'ai une amie qui travaille au *Washington Post*... », insiste-t-il, sans merci. Des rais de soleil matinal s'infiltrent entre les rideaux jaunâtres et, je le remarque à l'instant, éclairent un très beau collier maasaï accroché au mur, de mon côté, la seule chose qui égaye l'austère mobilier de fonction.

« Cela n'empêchera pas le business de continuer de se faire sur le dos des pauvres pasteurs !

— Peut-être, mais j'ai déjà réuni pas mal d'éléments qui peuvent freiner leur enthousiasme ! À commencer par les pratiques de ce Blanc dont vous m'avez parlé. » Il me livre son nom, ainsi que celui de la société qui l'emploie. C'est bien celle à laquelle j'ai pensé depuis le début de mon enquête...

« Permettez-moi tout de même de demeurer très pessimiste, quand on sait qu'ici la démocratie rime avec racket et corruption. Ce n'est pas des officiels ou des ministres qu'il faut incriminer, c'est le système lui-même, hypocrite et menteur, qui prêche la liberté pour tous, sauf là où il espère se faire du fric !

— Vous avez tort, tout cela peut finir par porter ses fruits !

— Pour en revenir aux tiques, pourquoi toute cette folie autour des *cattle-dips* ?

— C'est la seule méthode que les colons blancs avaient trouvée pour venir à bout des maladies mortelles, en particulier celle qu'ils appelaient la fièvre de la côte orientale, qui touchaient leurs vaches importées d'Angleterre ou d'Afrique du Sud. Mais aujourd'hui, puisque, selon votre expression, c'est là où il y a du fric à se faire, on ne cherche à développer que l'élevage commercial initié par les

Anglais au temps de la colonie. À coup de chimie. C'est le monde d'aujourd'hui, froid et calculateur. Quant aux pasteurs, on les a volontairement marginalisés, on les a oubliés ; ce ne sont après tout dans l'esprit des scientifiques et des marchands que des arriérés analphabètes, incapables de s'intéresser au profit ! Derrière, il ne faut pas oublier les multinationales. Alors, vraiment, oui, ils n'ont jamais pesé bien lourd, les Samburu, les Maasaï...

— Vous voyez bien, rien ne pourra les arrêter de continuer dans cette voie ! le coupé-je en éclatant d'un rire forcé.

— Vous vous trompez ! Je vais vous donner deux exemples. Le dispositif anti-nature que constitue le contrôle massif des tiques au moyen du *cattle-dip* ne peut fonctionner que s'il est draconien et régulier. La moindre défaillance ou, pire, l'arrêt brutal de la prophylaxie chimique signent à coup sûr la mort de la vache. Ce fut le cas en Tanzanie, lorsque ce pays est devenu un État au début des années soixante, et au Zimbabwe, à l'époque des conflits d'indépendance. Plusieurs millions de vaches sont mortes, du simple fait de l'abandon durant une année de tout contrôle des tiques. C'est coûteux et dangereux, et ça peut amener un pays à sa ruine. Ils le savent, en haut lieu ; ils ne sont pas si à l'aise qu'ils en ont l'air.

— D'accord, mais comment faire pour arriver à convaincre que les Samburu et les Maasaï n'ont pas besoin des *cattle-dips* pour venir à bout de ces maladies ?

— Je m'y emploie. Je dirais d'abord que le *cattle-dip* fait perdre aux vaches de type maasaï leur immunité naturelle, qui s'est génétiquement bâtie au fil des siècles. Je dirais ensuite qu'il masque le fait que les tiques ne sont jamais la cause réelle de la mort des zébus, c'est la malnutrition – la sécheresse actuelle le prouve – qui leur fait perdre leur immunité et les expose à toutes les maladies. Les tiques ne sont qu'un leurre, c'est l'introduction de l'élevage commercial, on y revient toujours, sur les meilleures terres qui les condamne. Car, ce faisant, année après année, leur terre est tellement grignotée qu'ils n'ont plus nulle part où aller dès qu'une saison des pluies ne répond pas à l'appel ! Toutes ces terres maintenant clôturées étaient absolument vitales pour leur adaptation aux périodes de sécheresse. Moi, je me bats pour prouver que le pastoralisme est le mode d'élevage le plus adapté à ce pays. Il y a six mois, j'ai fait une expérience très instructive à la station de recherche de Kiboko, en bordure du pays maasaï. Durant deux semaines, j'ai fait pâturer en un même lieu infesté de tiques un zébu maasaï n'ayant jamais connu les *cattle-dips* et une frisonne ayant subi jusque-là un contrôle intensif des tiques. Eh bien, au bout de quelques jours, le zébu n'abritait sur sa robe que vingt tiques tandis que la vache *high-breed* en avait sept cent soixante. Cependant, en poursuivant l'expérience, j'ai constaté qu'au bout de trois mois, non seulement le nombre d'acariens sur cette vache européenne avait baissé de moitié, mais elle avait déjà acquis une certaine résistance ! Tout ça pour dire que, même pour ces vaches-là – c'est ce que je m'efforce de prouver –, les méthodes pastorales pourraient être d'une grande utilité. Pour moi, pastoralisme et élevage commercial ne doivent plus s'opposer mais se compléter... »

4

— 1989 —

PRISONNIER SUR LES BORDS DU NGORONGORO

Le temps a-t-il fait son œuvre ? Les années ont passé, c'est vrai, mais rien n'y a fait, bien au contraire. Le sentiment, voire la sensation, d'avoir les Maasaï près de moi, en moi, à mes côtés, s'est encore amplifié, même si je n'ai plus vécu au quotidien avec eux que sporadiquement. J'ai eu beau vivre à Paris dans un espace miniaturisé, prendre le métro aux heures de pointe, supporter la vie de bureau, courir comme un marathonien parmi les gaz d'échappement pour garder la forme – et j'en passe... – la moindre de mes cellules a continué de faire remonter jusqu'à ma conscience son chant maasaï le plus mélodieux. Ce fut pour moi une grande force, qui m'a aidé à ne jamais baisser les bras ! Cependant, il n'y eut pas une seule journée où je ne me suis entendu penser ou dire que les Maasaï c'était maintenant du passé et qu'il me fallait débuter une nouvelle vie sans eux, ou du moins vivre une vie dans laquelle ils n'auraient pas toute la place. Ne m'avaient-ils pas enseigné eux-mêmes que « le passé est un pays où je n'habite plus » ? Oui, mais tout dépend précisément de la qualité de ce qu'on a pu vivre ! Je range dans ce « passé où je n'habite plus » tout ce qui m'encombre et m'empêche de vivre le présent.

L'enseignement que j'ai reçu d'eux, non seulement je le garde, mais il continue de croître en moi et m'amène à aimer vivre chaque instant. Ce passé-là, je l'habiterai toujours et j'en redemande !

Avec cette force en moi, j'ai fait l'expérience de la dilatation du temps. Les journées m'ont soudain paru plus longues ; je n'aurais jamais imaginé que l'on pût accomplir autant de choses en vingt-quatre heures ! Sans doute était-ce dû en partie au rythme de vie que j'avais adopté. Comme j'avais appris à le faire à Entepesi, je continuais à me lever avec le soleil, condition favorable pour recevoir une énergie qui m'a permis de créer davantage et dans la joie. Pourtant, hormis des reportages ponctuels en Asie en tant que photographe, avec un ami journaliste, c'est un quotidien très sédentaire et réglé comme du papier à musique que je connus durant près de cinq ans. Donc a priori rébarbatif, si l'on s'en tient à des critères largement répandus. Le quotidien est ainsi vu comme le lieu du stress, de l'ennui, de la monotonie et des responsabilités. Eh bien, pour moi, ce fut tout le contraire ! Je le pris en effet avec jubilation comme une nouvelle façon de voyager au fond de moi, ou plus sûrement avec le sentiment d'agir en vrai Maasaï, pour qui l'équilibre se trouve justement dans ce qui se répète. Et le tout, sans me plaindre ! J'avais conscience que je devais beaucoup travailler ce point car, même s'il paraissait tout à fait anodin, je pressentais qu'il était la clé du bonheur au quotidien. J'ai appris, ces dernières années, que cela change tout. Tout dépend de notre façon de réagir aux petites choses de la vie. Les petites choses sont très importantes, ce sont elles qui déterminent notre vie quotidienne, notre mauvaise humeur, notre impatience pour un oui, pour un non, ou parce que le ciel est gris et qu'il pleut...

Dans le but de recréer la chaleur fœtale d'une *enkaji* (la maison maasaï traditionnelle), j'avais couvert le plafond et les murs de mon appartement de drapés et de bijoux maasaï. J'avais déniché un encens tibétain aux bois d'agar et de santal qui dégageait les mêmes notes parfumées et relaxantes que le feu de bois de ma maison d'Entepesi. C'est peu de dire qu'à peine quitté mon lit j'en brûlais de façon immodérée, et ce jusqu'au soir. Toutes mes journées commençaient par une séance de décrassage – étirements, assouplissements –, un rituel essentiel qui se terminait invariablement par une prière où je louais Enkaï en prenant soin de regarder en direction du soleil levant. Après avoir fait honneur à la vie, j'attaquais mon petit déjeuner, maasaï lui aussi : deux grandes tasses de thé, dont j'avais rapporté des stocks du Kenya, au goût caramélisé de lait frais à peine coupé d'eau. Ensuite, à partir de six heures, je m'attelais à transcrire en mots mon vécu maasaï de la première moitié des années quatre-vingt. À onze heures, j'enfilais ma tenue de jogging, descendais l'avenue Parmentier, très passante, remontais tout le boulevard Richard-Lenoir, sur l'esplanade centrale où se tient le marché, coupais à droite vers le boulevard Beaumarchais, à la hauteur du métro Chemin-Vert, pour aboutir enfin à la place des Vosges, dont je faisais le tour du jardin plusieurs fois... avant de repartir en sens inverse, toujours d'un pas léger, sans forcer, et regagner mon logis « maasaï » (même s'il n'était plus de bouse). Cette heure-là m'était très bénéfique, elle scandait bien ma journée et me redonnait surtout ce sentiment d'infini et de liberté que j'avais en marchant dans la steppe de mes frères pasteurs !

À mon retour, au lieu de prendre une douche, je remplissais d'eau une bassine pour m'en éclabousser tout en me massant les muscles, comme j'avais l'habitude de le faire dans l'Olkerie, au creux d'une dune. J'en retrouvais alors un peu la saveur de détente et d'insouciance. On pourrait en conclure que je me complaisais ainsi dans la nostalgie, mais il s'agissait au contraire pour moi d'accepter de vivre au jour le jour, en donnant plus de chair et de jubilation à ces gestes quotidiens apparemment banals. Je prenais ensuite mon repas, composé de porridge, de fruits et surtout de lait frais. En fait, depuis Entepesi, où je me sentais tellement en forme, j'en buvais toute la journée et je ne partais jamais au bureau sans en emporter une bouteille. Ce régime alimentaire me rendait heureux !

À treize heures trente précises, habillé d'un blazer bleu marine, d'une chemise blanche avec cravate en soie et d'un pantalon de flanelle, je prenais le métro à Saint-Ambroise, le cœur léger, le regard clair et la démarche alerte ! Était-ce mon attitude franche et joyeuse qui les attirait ? Très souvent, sinon tous les jours, je me faisais aborder par des jeunes femmes lors de mon changement à République. C'en était devenu un nouveau rituel quotidien. Et lorsque ce n'était pas dans les couloirs, c'était à l'intérieur de la rame sur la ligne Créteil-Balard, au point que j'en oubliais parfois de descendre à Concorde. Alors que je me faisais tout petit et que la cohue m'écrasait sur la porte comme une mouche, elles profitaient d'un tel moment pour engager la conversation avec moi ! Toujours par la même question : « Vous portez une jolie bague, elle vient de quel pays ? » C'était inouï, Selenoï vibrait à travers moi jusque dans le métro parisien.

Au bureau, j'étais à nouveau reversé dans un monde à part : le travail surréaliste de la communication, dans un monde qui, paradoxalement, ne communique plus depuis belle lurette. Mais je n'en avais pas peur, au contraire, je remerciais Enkaï de m'avoir placé au cœur du jeu de la vie, quand bien même il était aux antipodes de mes préoccupations. Et c'était assurément le cas :

je devais créer des slogans publicitaires pour des technologies dites avancées ! Je crois pouvoir affirmer que j'étais plutôt créatif, même si je ne comprenais pas un traître mot de ce à quoi mes textes faisaient référence. Je trouvais ça infiniment drôle, c'était comme une récréation, le temps de me recharger de ce qui se passait dans la cité pour mieux me replonger ensuite dans mes méditations, rêveries et réflexions maasaï, avant d'avoir à nouveau toute l'énergie nécessaire pour épouser positivement la réalité extérieure. Un jour, comme cela m'arrivait parfois, le directeur de l'agence me demanda de remplacer un journaliste scientifique, spécialiste des systèmes d'information, pour assister à une réunion de presse avec un gros client américain. L'agence qui m'employait faisait en effet aussi les relations presse de certains clients, et organisait à ce titre des réunions avec les journalistes. Si l'un d'eux faisait faux bon au dernier moment (ce qui n'était évidemment pas bon pour l'image de l'agence), il fallait le remplacer au pied levé ; comme je ne me sortais pas trop mal de ce genre d'exercice et que je donnais en plus l'impression d'y prendre goût – ce qui était vrai, je l'avoue –, on était trop heureux de me désigner. Le problème, c'étaient les éventuelles questions techniques, à éviter absolument ! Or ce jour-là, à ma grande stupeur, ce fut le cas : « Pourquoi, selon vous, nos ponts et routeurs, et non pas IBM, vont révolutionner les systèmes d'information des grandes entreprises en Europe, etc. ? » Je ne me suis pas laissé démonter, et j'ignore totalement ce que j'ai répondu à ce monsieur très distingué, mais ma réponse eut l'air de le satisfaire. Je me souviens juste qu'au lieu de réagir n'importe comment à cette circonstance adverse, j'ai instantanément eu foi en la puissance d'Enkaï pour qu'en quelque sorte il réponde à ma place...

Côté université, j'avais tenu bon. Je ne mettais les pieds à la Sorbonne qu'une fois l'an, le jour des inscriptions. Je rasais alors les murs comme après une maraude, la peur au ventre à l'idée de rencontrer mon directeur de thèse et de devoir lui expliquer le sens de ma recherche et surtout de ma vie, bref de rendre des comptes ! Je m'étais tellement fait oublier qu'une légende s'est mise à circuler sur mon compte. Une vieille connaissance de la fac rencontrée par « hasard » dans la rue faillit ainsi tomber à la renverse en me voyant venir à sa rencontre : elle était persuadée d'avoir affaire à un spectre ! J'appris ce jour-là que beaucoup m'avaient déjà enterré, mort du sida ! Pour ma famille, à part ma mère avec qui j'échangeais régulièrement des lettres, j'étais non moins sûrement devenu l'homme invisible. C'était pour moi la façon la plus simple d'éviter la sempiternelle question tant redoutée : « Et ta thèse, elle avance ? »

Mais soudain, l'an dernier, j'ai vu rouge ! Je me suis dit, un peu comme en temps de guerre j'imagine, lorsqu'une petite voix intérieure vous dicte une conduite de résistance, je me suis donc dit que le temps était venu de passer à l'action. Je l'ai fait d'instinct, sans réfléchir, d'un seul coup. Plusieurs facteurs s'étaient combinés pour me pousser à agir (je précise d'emblée que ma décision n'eut rien à voir avec la déclaration, que par ailleurs j'approuve, de Claude Lévi-Strauss, selon laquelle « nous nous identifions à ces peuples que nous avons condamnés au moment où nous découvrons que nous sommes les prochains à figurer sur la liste ! »). Tout d'abord, j'étais tombé sur un article sous forme de plaidoyer de David Western[1], un « Kenyan blanc », spécialiste mondial de la faune sauvage, qui préconisait

1. David Western sera durant les années quatre-vingt-dix le directeur du puissant département kenyan de la Faune sauvage.

de toute urgence la révision du concept de parc national, afin de prendre en compte le rôle absolument vital des vaches maasaï dans la reproduction de cet écosystème exceptionnel mais en danger ! C'était la première fois qu'il m'était donné de lire une telle prise de position, surtout de la part d'un scientifique de renom. Cela me galvanisa à un point inimaginable. D'autant que j'avais découvert sous sa plume quasiment la même phrase que mes amis maasaï n'avaient cessé de me répéter : « Les antilopes, les gazelles, les zèbres, qui sont des millions, ne peuvent pas brouter une herbe haute, il est nécessaire qu'elle ait été préalablement broutée par les vaches qui, de plus, enrichissent les pâturages en leur procurant naturellement du fumier. Et il ajoutait : Les ruminants sauvages et les vaches doivent continuer de migrer ensemble sur de très vastes territoires ; sinon, dans les parcs, devenus de simple zoos, la faune sauvage déclinera jusqu'à entièrement disparaître ! »

Presque au même moment, je tombai sur un papier inverse, plein d'obscurantisme romantique et d'arrogance condescendante, quoique ayant été écrit par un soi-disant expert. Jouant de la corde sensible de l'opinion publique occidentale coupée de la nature mais culpabilisant et nostalgique d'un paradis perdu, ce reportage de vulgarisation était un chef-d'œuvre de désinformation destiné à justifier face au monde, en mettant habilement en scène l'amour désintéressé et le travail acharné d'une poignée d'hommes, la création d'une nouvelle aire sauvage protégée. Pour faire court, il préconisait, à l'opposé de David Western, le renforcement et même l'extension du concept de parc national. Mais cette poignée d'hommes parés de toutes les vertus, je les connaissais bien ! À mesure que le monde s'occidentalisait et que la Terre était ravagée par le progrès meurtrier, nos héros prenaient du galon. L'organisation qu'ils venaient de créer, l'Union internationale pour la conservation de la nature, s'était fait une spécialité de la sauvegarde, disait-elle, d'espaces vierges d'une nature sauvage inviolée – comme s'il existait un seul écosystème au monde qui n'ait pas été façonné en interaction avec l'homme ! Ils repéraient sur les cinq continents les lieux les plus riches en faune sauvage de la planète, rédigeaient un plan d'action soumis aux autorités des pays concernés, qui se faisaient un plaisir d'expulser les populations appelées non sans mépris « autochtones ». C'est précisément ce qui venait d'arriver aux Maasaï de Tanzanie, sommés de quitter à jamais le célèbre cratère du Ngorongoro ! Décidément, le père de cette idéologie, Bernhard Grzimek, paix à son âme, devait boire du petit lait depuis là-haut ! Ses mots, qui remontent aux années quarante, n'avaient pas pris une seule ride : « Un parc naturel doit permettre de conserver la pureté primordiale du monde sauvage. Aucune population, même indigène, ne peut y résider ! »

Ce fut la goutte de trop, et le vase explosa. Ces experts avaient fondé leur organisation non gouvernementale ? Eh bien je fonderais la mienne ! Mais avec l'objectif exactement inverse : faire reconnaître l'homme, en l'occurrence ici les Maasaï, comme le meilleur agent de préservation de la nature. C'est ce que je fis. Baigné dans l'enthousiasme de mon engagement devenu en quelque sorte militant, j'écrivis un article cinglant que j'envoyai au journal *Libération*. Je l'avais intitulé « L'Afrique à trouver ». À mon grand étonnement, ils le publièrent en l'état. J'y écrivais sur un ton passionné que l'ethnologue, par exemple, devait sortir de sa tour d'ivoire d'observateur et intervenir pour dénoncer de telles politiques destructrices visant les peuples premiers, et que ne pas intervenir était le moyen le plus sûr de s'assurer effectivement de la disparition à très court terme de ces sociétés... En un mot, j'y exprimais du bon sens.

Dès le lendemain de sa publication, je fus convoqué à la présidence de la République par Jean Audibert, le conseiller diplomatique de François Mitterrand, et par le fils du président, alors en charge des affaires africaines, plus connu sous le sobriquet de « papamadit »... Dans ma grande naïveté, je m'y rendis en pensant réellement que mon argumentation les avait touchés. Outre la taille phénoménale de son bureau Empire, ce qui me marqua le plus fut l'accablante rhétorique d'un homme de pouvoir que je voyais pour la première et la dernière fois. À peine m'étais-je assis qu'il m'assena cette phrase qui résumait tout : « J'aurais pu passer par les Renseignements généraux pour savoir qui vous êtes, mais je préfère que vous me disiez vous-même ce à quoi je pense ! » Je ne compris pas tout de suite, mais lorsqu'il enchaîna sur un ton sans appel « Êtes-vous d'extrême droite ? » tout devint lumineux ! Ainsi donc, le fait que je me fusse exprimé avec autorité sur un sujet aussi sensible que l'Afrique, qui plus est en prenant fait et cause pour le respect du champ africain du politique qu'est l'ethnie, m'avait valu d'être rangé dans la case indésirable des nostalgiques de la tradition, voire des fascistes ! En m'opposant à la parole majoritaire, j'avais commis un sacrilège. En cet instant suspendu, je lui aurais répondu que les rapports de production dominaient tous les aspects de la vie sociale primitive, il m'aurait sans doute absous.

J'appris beaucoup ce jour-là, en particulier qu'avec ce type d'hommes, à cent lieues d'imaginer qu'on puisse exprimer une pensée personnelle en dehors de toute idéologie, la démocratie moderne pouvait vite se muer en parachèvement trompeur d'une fausse liberté. J'avais préparé pour ce rendez-vous au sommet un magnifique dossier de sensibilisation sur les Maasaï et le Ngorongoro, minutieusement finalisé la veille jusqu'à une heure très avancée de la nuit ; je repartis avec, sans leur en avoir touché un traître mot, livide et frustré. Mais j'avais la rage, mille fois plus qu'avant ! J'étais remonté contre la terre entière... Après tout, mon dossier était prêt ; il suffisait de le mettre en pratique. Le jour même, je montai un projet pour partir enquêter sur place, en Tanzanie, et récolter les premiers témoignages des victimes. Je lui donnai un titre volontairement provocateur : « Ngorongoro – la vie d'un million de Maasaï, c'est mieux que la présence d'un seul touriste ! »[1] J'étais bien décidé à apporter la preuve que l'exclusion brutale des Maasaï du Ngorongoro et l'aliénation du cratère qu'ils utilisaient depuis des siècles étaient dues à l'intolérable pression du tout-puissant *wildlife lobby* occidental, composé de scientifiques soi-disant réputés mais surtout à la solde des multinationales de la conservation. Ils avaient eu l'impudence et la mauvaise foi d'écrire une lettre au gouvernement pour accuser les Maasaï de transformer en désert le Ngorongoro et menacer d'extinction des milliers d'espèces ! C'en était trop. Je partirais en Tanzanie faire campagne pour qu'on leur rende la jouissance du cratère. Je me sentais vraiment prêt à tout pour accomplir cette nouvelle mission. J'étais d'autant plus motivé que cela faisait plus de trois ans que je n'avais plus goûté au parfum si particulier de ma terre maasaï...

Le surlendemain, j'expédiai le projet au siège de Peugeot pour leur demander un véhicule. La semaine suivante, le directeur de la communication me reçut dans son bureau, avec chaleur, connivence et sans d'autre

1. J'avais repris le titre d'un article magnifique écrit en 1986 par la journaliste scientifique kenyane Otula Owuor, qui s'insurgeait de l'exclusion des Maasaï de leurs terres pour en faire des parcs : *Better a million Maasai and not a single tourist !*

attente que ma propre satisfaction ! Je leur avais donné du rêve en portant haut leurs couleurs sur les pistes ocres avec un deux-roues, ils mettraient cette fois un point d'honneur à me fournir une vraie voiture. Je ris encore au souvenir de son dépit lorsqu'il m'annonça, comme une nouvelle d'une gravité exceptionnelle : « Nous ne pouvons vous proposer qu'une 505. Ce n'est pas un 4x4, j'en suis vraiment désolé ! »

Trois mois plus tard, j'étais à Nairobi pour prendre livraison du véhicule et filer jusqu'au Ngorongoro via Arusha. Comme d'habitude, j'étais parti sans aucune autorisation car je ne connaissais personne sur place qui aurait pu suivre mon dossier. Ma sœur Brigitte habitait bien Dar Es-Salaam, mais les officiels à contacter avaient leurs bureaux tout au nord du pays, à Arusha et près du Crater Lodge. Comme en 1982 au Kenya pour mon permis de recherche, j'avais donc résolu de demander moi-même l'autorisation une fois sur place ; en proportion du temps d'étude projeté, à savoir un mois, l'attente du feu vert ne devrait pas dépasser quelques jours ! Mes prévisions pour le moins optimistes s'avérèrent complètement erronées. Très vite surtout, je dus me ranger à l'évidence de mon impréparation. J'étais parti pour la Tanzanie avec la même insouciance que lorsque j'avais entamé mon long séjour au Kenya. Mais autant, de l'autre côté de la frontière, c'était clair et net, je savais pourquoi j'attendais – quant aux autorités, elles étaient rassurées de m'avoir estampillé chercheur –, autant là, je commençais à douter qu'elles eussent jamais compris le sens de ma requête. Je n'étais mandaté par personne ni par aucun organisme, n'était-ce ma propre association, et la finalité de mon étude les avait rendues pour le moins perplexes. Allez donc expliquer à un gouvernement qu'il se trompe et qu'il doit à nouveau laisser descendre dans le cratère les pasteurs et leurs vaches, surtout si vous n'êtes pas un citoyen de ce pays et que vous ne représentez qu'une obscure ONG française.

Deux semaines d'attente, en vain... Enfin non, pas en vain, j'ai beaucoup appris durant ces deux semaines : tout d'abord qu'on ne part pas comme cela la fleur au fusil, en se disant qu'on va tout changer. Ensuite, cette attente m'a permis de me recentrer et de redécouvrir l'essentiel, que j'avais développé en moi en vivant avec ma famille d'Entepesi, mais un peu perdu ces derniers temps. Je me rendais soudain compte qu'être en guerre frontalement contre les injustices, c'était humain mais ce n'était pas la bonne méthode. C'était sûrement Kenny qui me le soufflait ! J'avais en tête les mots très précis qu'il avait prononcés lors de notre toute première rencontre à Amboseli : « Chaque fois que nos actes sont déterminés par les événements extérieurs plutôt que par notre foi dans l'intervention d'Enkaï et dans son contrôle parfait sur la situation, nous laissons le mal nous vaincre au lieu de le surmonter par la puissance du divin en nous ! » Mon excitation croissait chaque jour un peu plus : n'étais-je pas au cœur d'un pays maasaï que je ne connaissais pas encore ? Ce laps de temps m'a aussi permis de rencontrer certains acteurs du drame en train de se jouer dans l'indifférence générale. Bien sûr, les experts distingués de la très noble Union internationale pour la conservation de la nature n'eurent pas de temps à me consacrer. Normal, pour des gens de terrain, je n'en attendais pas moins d'eux, mais je le pris pour un aveu. Quant aux autorités de la toute nouvelle Ngorongoro Conservation Area, elles me promirent de me contacter lorsque leur agenda surchargé leur donnerait une plage de répit. Les pauvres malheureux ! J'avais là aussi reçu le message cinq sur cinq. En revanche, je passai beaucoup de temps avec un Maasaï qui se trouvait être aussi le député du coin, un certain Lazaro Parkipuny, un homme intègre dans ses prises de position qui m'a rappelé Kenny, c'est dire si je lui ai immédiatement fait confiance !

« Il en a toujours été ainsi depuis l'arrivée des Blancs, me dit-il, mais plus encore depuis l'Indépendance. Les Maasaï n'ont cessé d'être traités de barbares à civiliser... Nous perturbons la bonne marche des affaires, nous ne comprenons rien à la propriété privée, nous n'entendons rien à la gestion rationnelle des écosystèmes, nous devons être éliminés ! À aucun moment, ils ne se sont posé la question de savoir pourquoi la plus grande richesse en faune sauvage de la planète se trouve là où les Maasaï vivent ! Et aujourd'hui, des Européens viennent nous porter le coup de grâce. Ils veulent en fait nous faire la leçon parce qu'ils n'ont pas réussi à conserver la faune dans leurs pays, et que ça les remettrait beaucoup trop en question s'ils devaient reconnaître que les Maasaï sont les seuls, véritables et uniques gardiens de la faune de toute la vallée du Rift ! poursuivit-il. Le cratère est absolument vital pour notre survie, il est une partie intégrante de notre stratégie pastorale.

« C'est parce que nous sommes reliés à la nature, que nous l'avons observée et respectée durant des siècles, que nous avons su inverser notre mode de déplacement. Dans tout le reste du pays maasaï, on utilise les pâturages d'altitude à la saison sèche et les pâturages de plaine à la saison des pluies. Mais, ici, nous avons toujours pratiqué le contraire, pour une raison simple : les plaines du Serengeti et du Ngorongoro sont envahies par les gnous durant les pluies et sont contaminées par le placenta des antilopes qui mettent bas, porteur d'une maladie mortelle pour nos vaches, la fièvre catarrhale maligne. Par contre, il s'agit de notre réserve de pâturages de saison sèche ; si on ne peut plus y accéder, nos herbages d'altitude vont eux aussi s'épuiser et nous mourrons, et les animaux sauvages avec nous, c'est inéluctable ! » Il conclut ainsi : « Il est prouvé que les Maasaï ont façonné l'environnement approprié à la faune sauvage. On veut maintenant nous faire croire qu'en excluant à l'avenir toute influence humaine, il sera possible de maintenir ce que nous souhaitons préserver. Comment la survie des espèces pourra-t-elle se réaliser si l'on exclut leurs gardiens naturels, c'est-à-dire nous, de leurs terres natales, les repoussant sur des terres marginales qui les plongent dans une situation écologique désastreuse ? Les Maasaï, *ti Enkaï !* sont une force autrement plus efficace que n'importe quel régiment de gardiens de la faune assermentés, équipés et entraînés par l'État ! »...

Lundi 22 mai, *Ngorongoro Conservation Area, entrée principale, 9:00*

En bon touriste, je viens de franchir la *main gate*, après m'être acquitté d'un droit d'entrée de cent dollars. J'ai craqué, plus envie d'attendre davantage ! D'ailleurs je crois bien que j'aurais tout aussi bien attendu ma vie entière qu'ils ne m'auraient jamais autorisé à venir enquêter, c'était pour moi devenu une évidence. Que suis-je venu faire dans cette galère ? Sans papier officiel, donc sans recours possible au cas où ça tourne mal ! Le député ne m'a-t-il pas mis en garde devant le peu d'aménité avec lequel les dirigeants de ce nouveau sanctuaire de la faune sauvage traitent les contrevenants aux règlements en vigueur ? Je suis en tout cas prévenu que désormais la route que j'emprunte pour m'élever sur les pentes de l'ancien volcan, transformé en parc d'attractions pour touristes en mal de nature, est strictement contrôlée et qu'il y a bien sûr interdiction formelle d'accéder aux villages maasaï...

Ce matin, le ciel est redevenu très pur. Les violentes bourrasques de la nuit dernière se sont calmées, mais je vais devoir me faufiler entre les débris dont le sol est jonché. Partout, de la pierraille et des buissons déracinés. Tant que ce ne sont pas des troncs d'arbre ! Je suis plus inquiété par toute cette eau qui ruisselle depuis le haut du cône et les rugissements de cascades qui remontent des bois de conifères, de chaque côté de la route. Il valait mieux ne pas être là la nuit dernière ! Mais qu'y aurais-je fait, de toute façon ? L'ennui majeur, peut-être, c'est que mon véhicule n'est pas tout-terrain. Qu'à cela ne tienne ! J'ai confiance, je suis bien. Comme d'habitude en pareille circonstance, j'implore le soutien de Kenny et je sais que rien n'arrivera de fâcheux. Une chose est sûre, je ne pourrai pas compter sur l'aide des conducteurs de vans à touristes, pour la simple raison que je n'en ai pas vu un seul : trop tôt, ou trop tard... Au bord de la route, un clan de babouins me regarde à peine passer, trop occupé, du moins les mâles dominants, à poursuivre les femelles en chaleur (si j'en juge par leurs arrière-trains roses complètement boursouflés). La côte se fait maintenant sentir et le moteur hurle plus souvent, les passages de boue grasse et glissante augmentant à mesure que je monte. À chaque accalmie, je m'emplis du vert tendre de la végétation devenue luxuriante et des accotements ailés, telles des nageoires caudales, de grands feuillus. Je réfléchis aussi à ce que je vais faire. À vrai dire, je n'ai aucun plan en tête. Au point où j'en suis, le mieux est sans doute de me lâcher et de laisser faire. Je sais au moins que je pourrai toujours compter sur mes frères maasaï, quand bien même n'en connaîtrais-je ici aucun en particulier !

La route serpente de plus en plus et n'est plus qu'une alternance d'ornières transformées en étangs et de croûtes de goudron. Mon intention n'est pas de la suivre jusqu'à son terme, un plateau qui domine la caldeira et où se situent tous les *lodges*, mais de prendre à gauche un peu avant, pour rejoindre les villages maasaï, Entulen ou Oloïrobi. Il ne faudrait pas croire que j'en sache beaucoup plus, c'est juste que le député a eu la gentillesse de les reporter sur ma carte qui date un peu et qui n'est malheureusement pas assez détaillée.

À présent que le soleil est entré en action, la multitude de filets d'eau qui ruisselaient le long de la pente ont quasiment disparu, occasionnant chez moi un ouf de soulagement. Bientôt, j'aperçois un chemin sur la gauche. J'hésite à le prendre car, s'il n'est pas inondé, l'eau et la boue semblent l'avoir transformé en une véritable patinoire. Trop tard ! Machinalement, j'ai déjà braqué, rempli d'appréhension, je l'avoue. La 505 tangue, mais le chemin est tellement étroit et la végétation qui le borde si touffue que j'ai l'impression de glisser sur une piste de bobsleigh. Au moment de franchir la lisière d'un bouquet d'arbres plus imposants, je frôle quatre mastodontes noirs aux cornes grosses comme des branches : de formidables buffles. Ma peur est rétrospective. Qu'aurais-je fait s'ils avaient obstrué le chemin, dans la mesure où il n'y a pas la place de faire demi-tour, et avec la boue en plus ? Plus loin, mon angoisse grandit en tombant nez à nez avec le tronc d'un acacia qui semble prêt à s'écrouler sur la piste. Il est tellement penché que je suis persuadé que je ne passerai pas. Je ralentis, j'avance prudemment... Finalement, j'ai juste la place ! Je continue ma progression en priant Enkaï de me donner le courage de surmonter mes craintes.

Des tiges d'épineux cinglent la carrosserie à jet continu en crissant ; mes nerfs sont de plus en plus à vif. Le chemin s'est encore resserré et je m'agrippe au volant, frissonnant d'inquiétude. J'ai comme un pressentiment. Au sortir d'un virage, je ne maîtrise plus rien !

Je tente de redresser la trajectoire, trop tard ! Les roues n'adhèrent plus à rien, et pour cause : je me suis lamentablement échoué sur la partie herbeuse et légèrement bombée du milieu. *Il ne manquait plus que ça !* Je sors en scrutant minutieusement les lieux, à droite et à gauche, afin d'être sûr qu'aucun buffle ni félin ne traîne par là ! Puis je contemple, les yeux écarquillés, le désastre. Le châssis repose entièrement sur la portion herbeuse gorgée d'eau du chemin, tandis que les roues tournent dans le vide de chacun des deux sillons latéraux creusés profond dans une boue gluante et tenace. *Ne t'inquiète pas !* Que faire ? Revenir à pied jusqu'à l'embranchement pour remonter sur le plateau demander de l'aide dans un *lodge* ? Il n'en est pas question, trop dangereux, car les Maasaï m'ont toujours mis en garde contre les buffles : « Un homme à pied est rapidement attaqué s'il provoque le moindre dérangement ! » Aller au contraire de l'avant, en imaginant qu'un village maasaï soit en vue assez rapidement ? Je suis perplexe : le risque est quasiment le même de ce côté... Au moment où je me résigne à l'attente, une autre idée m'effleure l'esprit, mais j'estime ses chances de succès, si tant est que je puisse la mettre en œuvre, quasi nulles. Pas question de se résigner pour autant. Je m'en tiens donc à cette idée. Je file déjà arracher des branchages aux arbres du bord, dans le but de les amasser sous les roues. Puis je décide d'opérer autrement et me mets en quête de pierres plates, que je place ensuite, en les accumulant, dans l'un des rails d'argile grasse, exactement sous la roue avant gauche.

Mon idée est d'y poser le cric qui me permettra peut-être de soulever suffisamment le véhicule pour le remettre sur ses roues ! Le cric est en place, mais au moment d'y enclencher la manivelle, je constate, impuissant, que ça ne fonctionne pas. En effet, par manque de recul tout simplement, il m'est impossible de la tourner et donc de faire monter la caisse, le manche butant contre la paroi engluée dans la boue. Je me laisse tomber sur le bord, un peu désespéré. Les rayons du soleil glissent entre les branches, et, surpris par le chant bruyant de dizaines d'oiseaux à l'allure de moineaux, je finis par les observer en train de faire leur toilette dans un trou d'eau, à dix mètres de l'épave. Les pluies ont au moins fait des heureux ! À leurs couleurs vives, ventre jaune orangé, ailes bordées de jaune citron et tête noire très luisante, je ne doute pas de leur identité : ce sont des tisserins gendarmes. Il n'est d'ailleurs qu'à voir alentour tous ces acacias dont les branches croulent sous le poids de centaines de nids sphériques si caractéristiques de leur habitat. Soudain, stupéfaction : des voix viennent me distraire. Je me retourne, et ce que je vois me soulage instantanément, comme si on m'avait enlevé de la poitrine un poids énorme. Des fantômes ? Deux tout jeunes moranes, abondamment maquillés à l'ocre, les lobes fraîchement décorés de perles colorées, de boutons et de pendentifs de métal, le cou ceint d'un bandeau de graines odorantes, se sont approchés de la voiture avec une fausse nonchalance et sans un regard pour moi. Je ris intérieurement, soulagé n'est pas un vain mot, car je sais d'ores et déjà que je suis tiré d'affaire et ma voiture aussi.

Je ne doute pas un instant qu'ils aient la solution. D'ailleurs, sans perdre de temps et sans mot dire, ils s'affairent déjà sur leurs lances, dont ils ont décoré les pointes étincelantes de plumes d'autruches d'un noir pur, symboles de paix. Drapés d'une seule tunique rouge qu'ils ont rabattue à l'avant jusqu'à mi-cuisses, leur plastique arrière n'est habillée que d'une étroite ceinture en cuir, brodée de perles et ornée d'un motif au niveau des reins, qui sert à porter le fourreau de leur *olalem* (une courte épée). Ils ont visiblement tout de suite compris ce qu'il convient de faire. L'un des deux a saisi sa lance, qu'il avait plantée à ses côtés avant de se pencher pour constater l'étendue des dégâts, et en désolidarise la partie effilée inférieure. J'ai moi aussi deviné ce qu'il compte faire, très ingénieux. Me revient une phrase de Kenny à propos des moranes : « Leur bonne humeur ne faiblit jamais et ils anticipent nos désirs au-delà de toute attente ! » C'est vrai, ils ne m'ont jamais déçu, pas une seule fois.

Le geste sûr, il introduit la pointe dans le trou de la partie mobile du cric et exerce des mouvements brefs de rotation jusqu'à ce que la caisse de la 505 ne soit plus en contact avec le sol spongieux. Ça marche !

À ce stade, je me mets à leur parler en maa. Ils commencent alors à rire, mais à rire... au point que les tisserins ont arrêté leur chant, surpris par notre connivence débordante. Les devinant brillants et courageux, j'aurais tout aussi bien pu m'abstenir de proposer quoi que ce soit, mais je l'ai fait quand même : « On va pousser ensemble pour la mettre de travers et pour que les roues puissent tourner ailleurs que dans le vide ! » En les observant, je constate qu'ils ne dégagent plus aucune ombre ; normal, il doit être midi et la lumière est verticale. Mais cela a beau être normal, une association d'idées me ramène à ce matin où je me suis beaucoup joué de l'ombre démesurée de ma voiture sur la piste : mon ombre portée, c'était celle de mon mental glorifié, redresseur de torts, *tu vas voir ce que tu vas voir !* Rien d'autre en fait que de la naïveté... Eux, qui ont fusionné leur féminin et leur masculin, puisqu'ils reçoivent directement la lumière d'en haut, n'ont plus besoin de croire ou de faire croire – aucune ombre au tableau –, ils sont ! Il n'est qu'à les voir courir derrière la voiture, maintenant que je me suis remis dans le sens de la marche. Heureux comme tout de partager un tel moment inattendu. Je m'arrête tant bien que mal et ils montent à l'arrière, car nous avons convenu qu'ils m'emmènent jusqu'au premier village.

La route est interminable, à travers épineux, fourrés et pièges de boue, mais je ne me suis jamais senti aussi bien depuis mon arrivée en Tanzanie. Au moins aurai-je vécu une aventure avant de repartir ! À tour de rôle, ils chantent dans les aigus une sorte de prière ; j'en saisis quelques bribes, c'est très beau :

« Aucun animal sauvage, aucune aile de vautour ne s'interposeront entre nous, aucune corne de rhinocéros, aucune lance pointue ne nous sépareront... Je prie pour la postérité.

« Laisse-la venir et s'installer... Animaux sauvages et vautours, chut ! Votre attente n'a pas été couronnée de succès car nous sommes toujours en vie... »

En les écoutant m'offrir ce chant, je comprends pourquoi je suis venu : me réconcilier avec moi-même et accepter tout simplement d'être relié pour rester libre, comme – et avec – les Maasaï, sans d'autre revendication que celle-là !

***Lundi 22 mai**, village d'Oloïrobi, prisonnier dans la maison du chef, 15:00*

Pas de chance, je suis tombé sur le seul village qui était à éviter absolument. Cela fait une heure que je suis arrivé et cela fait une heure qu'un homme me martèle, dans un anglais approximatif et avec une haine dans le regard qui me fait froid dans le dos : « *You don't have permit, no official paper, you are in a prohibited area, tomorrow the police will come to take you !* » Il m'a presque violemment obligé à rentrer dans sa maison dont la belle ouvrage traditionnelle contraste d'ailleurs particulièrement avec l'épaisseur de son physique et la lourdeur de ses propos. Curieusement attifé, il cache sa graisse superflue dans une couverture rouge à carreaux et fait une embardée d'éléphant – mes excuses au pachyderme – à chaque fois qu'il se retourne vers moi pour m'invectiver par salves. Il m'a forcé à m'étendre, pas à m'asseoir, sur le grand lit de peaux, sauf que le grand lit a été fait à sa taille, c'est-à-dire un mètre soixante, guère plus, et il est en pente, ce qui m'oblige à me contorsionner pour éviter que mes pieds n'aillent griller dans l'âtre ! Après le moment délicieux que je viens de passer avec les moranes, c'est un peu dur. À se demander s'il est réellement maasaï, j'ai beaucoup de peine à le croire et j'ai eu beau lui parler en maa, il a toujours fait mine de ne pas comprendre. Il a en revanche tout du petit chef zélé, pas vraiment en accord avec les vertus d'écoute et de partage propagées par les Maasaï, dont j'ai encore eu tout à l'heure la preuve vivante. Le plus souvent, il est de dos et ce que je vois n'est pas fait pour me rassurer puisqu'il brasse comme un dément le liquide fermenté que renferme un *olmosori* (calebasse à hydromel) qui lui arrive à l'épaule. Régulièrement, il en retire des fruits-saucisses. Je me dis que s'il lui vient l'idée d'en boire, il pourrait même devenir violent, tant il est sûr de son pouvoir. En observateur attentif, je dirais qu'il se dégage de son comportement une antipathie, pour ne pas dire une aversion, pour tout ce qui n'est pas lui.

« Je suis le chef administratif du Ngorongoro ! Tu es mon prisonnier ! » déclare-t-il maintenant. Eh bien ! au moins il a changé de disque ; enfin pas tout à fait, *peut mieux faire*... Je ne panique pas ; j'attends, c'est tout. Le tableau est hallucinant. Je suppose que lorsque je le raconterai, à mon retour en France, personne ne me croira. « Je suis le chef, tu es un criminel !... » Ah ! une variante... Je cligne des yeux, une fumée épaisse a remplacé les flammes, je tousse, mais j'évite de lui faire remarquer qu'il ne sait pas faire un feu ou du moins l'entretenir convenablement. D'ailleurs, où est son épouse ? En a-t-il au moins une ? Qui voudrait de lui ? Non, là, je suis méchant... Il faut dire qu'il y a un peu de quoi, même s'il est vrai – je suis le premier à le reconnaître – qu'en n'étant pas en règle, je m'exposais à ce genre de désagrément. J'assume, mais tout de même ! Mes pieds brûlent, j'ai froid et une poupée mécanique me serine à qui mieux mieux : « Je suis le chef ! »

Je n'ai rien mangé depuis ce matin, et ce n'est pas avec l'accueil non maasaï qu'il m'a réservé que je risque d'assouvir ma faim avant longtemps. Un petit thé, allez, mon prince ! Un petit thé préparé avec amour... Non ? Au bout de deux ou trois heures, difficile à dire sans montre, il me sort : « Demain, c'est la circoncision de mon fils aîné. Donc, jusqu'à demain, tu es mon prisonnier, et comme demain est un grand jour, tu seras mon invité durant la cérémonie, puis tu redeviendras mon prisonnier ! » Son ton s'est radouci, il a dû soudain prendre conscience que je ne suis pas un voyou, même s'il serait exagéré d'affirmer qu'il est désormais enchanté d'avoir chez lui un invité d'honneur dans mon genre. Je me redresse en position assise, pensant qu'il a baissé sa garde. Erreur ! Il vocifère aussitôt une menace pour que je me rallonge. « Mais, si je dois passer la nuit ici, j'ai besoin d'aller prendre mon sac de couchage dans la voiture ! suggéré-je d'une voix suppliante.

— Non, non, tu restes là. Tu restes allongé. C'est un ordre ! » réplique-t-il avec une rage redoublée.

J'obtempère, avec l'impression de vivre une expérience à mi-chemin entre le drame et la comédie de boulevard.

Son attitude est typique d'une personne faible, donc imprévisible. Méfiance ! Je me remets en position fœtale, tout en gardant un œil rivé sur ses faits et gestes. Bercé par le feu, je m'assoupis en pressant la bague de Selenoï, comme je le fais à chaque fois que je suis en danger. « *Mzungu* ! ("Européen", en swahili) Réveille-toi ! Tu n'as pas le droit de dormir, ce n'est pas l'heure ! » crie une voix glauque que je m'étais empressé d'oublier durant ce bref repos. L'homme est penché sur moi ; il me tend une timbale et... une couverture. « Du bon lait te redonnera des forces, après tu dormiras mieux !... »

***Mardi 23 mai**, Oloïrobi, village du chef, 7:00*

Le soleil effleure à peine les cornes des vaches, que le chef me pousse sans ménagement au devant d'une trentaine d'*isipolio* (jeunes gens récemment circoncis), habillés de vêtements assombris au charbon, la tête cerclée d'un bandeau de perles bleues et, attachées à leurs tempes, des *isurutia*, les ornements de cuivre en spirale habituellement portés par leurs mères. Je sais qu'on considère un tel garçon comme une femme qui vient juste d'accoucher, c'est-à-dire faible et ayant besoin de soins attentifs. Le fils du chef, qui ne ressemble en rien à son père, est assis à moins de deux mètres de moi, les jambes écartées, sur la peau d'un bœuf sans tache sacrifié, j'imagine, pour l'occasion. Des aînés, qui doivent être ses proches, lui parlent en utilisant des termes aussi cruels que : « Fais-nous honte ! » ou « Autant que tu le saches, c'est du sang qui va couler, pas du lait ! » Des propos que ne renierait pas son père... Mais, pour avoir assisté à de telles cérémonies en 1983, je n'ignore pas qu'il s'agit là d'une pratique obéissant à un rituel strictement codifié. D'ailleurs les *isipolio* se chargent aussitôt de rétablir l'équilibre, en chantant afin de l'inciter à tenir bon dans l'épreuve : « Si tu es peureux, les oiseaux ternes seront pour toi ! Si tu es courageux, tu auras les touracos aux ailes rouges ! »... Ma journée d'hier, ma nuit en garde à vue, et ce matin, cet événement fort de l'initiation pour devenir un Maasaï, tout décidément semble avoir été écrit par un scénariste génial pour que jamais je ne doute et qu'en toute circonstance je suive mon intuition, la vie se chargeant du reste !

Le garçon, entièrement nu, regarde droit devant lui, impassible. Il a peut-être treize, quatorze ans. Un aîné s'est placé derrière lui, pour le soutenir et l'encourager. Je suppose qu'un proche parent vient de le laver de la tête aux pieds à l'eau froide. C'est généralement ce qui se fait. L'eau des ablutions, appelée en la circonstance *enkare entolu* (littéralement l'« eau de la hache »), a dû être conservée au-dehors toute la nuit, dans un récipient contenant une hache, supposée la glacer davantage. Cette toilette marque symboliquement l'entrée de l'adolescent dans une nouvelle vie, en le lavant de toutes les erreurs qu'il a pu commettre au cours de sa jeunesse. Mais à un niveau plus pratique, elle l'engourdit quelque peu en prévision de l'opération qui va commencer.

L'officiant vient d'arriver, un vieillard tout ridé. Il le bénit en aspergeant son visage d'*enturroto* (mélange de craie et de lait) d'un blanc brillant. Je regarde autour de moi : il n'y a que des hommes, à présent de tous âges ; une assemblée compacte et recueillie qui s'est formée en quelques minutes. Ils sont tous suspendus à la lame aiguisée du couteau qui pénètre dans sa chair. Ils assistent à l'opération bien sûr, mais ils sont surtout venus pour l'exploit du patient. Car le garçon ne doit pas bouger, d'ailleurs il ne bronche pas depuis que je me suis planté devant lui ; il sait que dans le cas contraire, on le lui reprocherait toute sa vie. Il s'exerce sûrement depuis l'enfance à contrôler ses clignements d'yeux, en demandant à ses amis de le pincer très fort et en s'efforçant de garder les yeux ouverts. S'il y parvient, on pense qu'il réussira également à ne pas flancher durant l'incision. Et c'est exactement ce qui est en train de se passer devant mes yeux. Je souffre pour lui, mais ça me rappelle aussi les douleurs vives que j'ai moi-même ressenties à mon réveil, juste après la circoncision à laquelle j'avais décidé de recourir, certes pour raisons médicales, mais de façon plus qu'étrange un mois seulement avant de partir vivre chez les Maasaï. Sauf que pour moi ça s'était passé à l'hôpital, et sous anesthésie ! Alors, sans, je suis vraiment admiratif...

C'est fini, une calebasse de lait est remise avec un peu d'herbe à l'ancien, qui se met à laver le jeune circoncis ainsi que le couteau ensanglanté. La tension retombe, les langues se délient, de partout s'élèvent des voix qui crient des louanges à l'adolescent qui s'est mis à trembler. Tous sont admiratifs de son courage, tous lui promettent une vache... J'entends un aîné à côté de moi faire mine de maugréer : « Il est trop laid pour être poltron ! » Les Maasaï croient en effet que l'on ne peut être à la fois laid et peureux, car Enkaï ne saurait être assez cruel pour infliger deux travers en même temps à une seule personne. Après une dizaine de minutes et, j'imagine, après avoir estimé qu'on lui a donné assez de vaches en récompense de son courage, il se lève avec l'aide de l'aîné qui l'a soutenu durant toute l'opération et se dirige vers une maison où il passera plusieurs jours à être cajolé et bien nourri. Je suis encore sous le choc, comme si c'était moi qui venais de subir l'opération. J'ai envie d'être seul et je suis heureux de ne pas avoir revu mon tortionnaire ! En tout cas, l'exploit de son fils augure bien de la fête qui va suivre, et j'ai bon espoir que tout sera oublié...

Oloïrobi, 12:00

Le soleil de la mi-journée se réfléchit sur le visage tout rond de mon chef ! Il est heureux, tandis que des clameurs de contentement jaillissent d'une nombreuse assistance qui s'est dispersée aux quatre coins de l'*emboo* par groupes d'âge, pour manger et boire à volonté, afin de fêter l'exploit de son fils. Mon chef a revêtu des drapés tellement bien repassés qu'il semble engoncé comme un premier communiant dans une tenue de folklore. Mais avec son couvre-chef qui ressemble à celui d'un chef... cuisinier et son *olkuma orok,* il plastronnerait plutôt comme un apprenti roitelet ! Je suis assis à sa gauche, mais légèrement sous lui. Tous les invités d'honneur, qui pour la plupart arborent de magnifiques complets assortis d'une cravate, sont assis comme moi sur des tabourets, sur une sorte de tribune officielle assez rudimentaire constituée de gros rondins de bois ; le chef, lui, est installé sur un trône en bois – il n'y a pas d'autre mot – perché sur une estrade. Il nous parle donc de haut, comme il aime à le faire.

Il m'a introduit auprès de tous ses invités comme son prisonnier ! Je n'ai pas encore les poignets attachés avec des menottes, mais c'est tout comme. On vient de m'apporter un Coca-Cola et une platée de riz blanc, un régime finalement guère éloigné de mon nouveau statut, mais je l'avale sans demander mon reste car c'est mon premier repas depuis vingt-quatre heures... Moi qui pensais qu'en cette journée si capitale pour son fils, mais aussi pour lui – je n'ose parler de famille, n'ayant guère vu son épouse –, il relâcherait son petit pouvoir sur moi, j'en suis pour mes frais. Le seul espoir que je fonde maintenant, c'est qu'il boive suffisamment d'hydromel, ainsi que tous les autres invités, pour me permettre de m'éclipser. Je viens d'échafauder le plan de mon évasion ! Je n'ai rien à récupérer dans la maison, ce qui me réjouit énormément, et j'ai mon itinéraire en tête jusqu'à la voiture et bien sûr après, puisque je reprendrai en sens inverse le chemin suivi depuis l'embranchement, puis la grand-route qui mène à la *main gate*. Il n'a pas plu, la boue aura donc eu le temps de sécher... Soyons patient, attendons notre heure !... Peu après, j'entends dans mon dos un « *Supa olchief !* » (Bonjour, chef !) prononcé dans un gros éclat de rire ; c'est un Européen, aux manières expansives et cordiales, la quarantaine, grand, la carrure athlétique, les yeux bleus et la chevelure noire bouclée, qui vient serrer la main du chef avant de se retourner vers moi en disant : « Ah ! mon ami, enfin, tu es là. Mais je t'ai attendu toute la journée d'hier et même ce matin ! »

Stupeur. Instantanément, je comprends qu'il me faut jouer le jeu et je lui réponds du tac au tac : « Je sais, j'aurais dû te prévenir, mais pour rien au monde je n'aurais raté l'*emurata* du fils du chef !... » Il s'assied à côté de moi, tandis que j'ai gardé un œil sur le regard soudain désarmé de mon « geôlier ». Désemparé, il a pour toute réplique cette navrante remarque de pleutre : « Ah ! c'est votre ami ! C'est bien... »

Un peu plus tard, mon sauveur me glisse à l'oreille : « Je m'appelle Christopher, je travaille en tant que médecin pour le compte d'une ONG autrichienne... J'ai senti que vous étiez dans le pétrin ! Ce n'est pas la première fois, cet homme peut être dangereux... J'habite au-dessus du cratère, vous me suivrez avec votre voiture, à la fin du repas. Vous avez bien mérité une douche ! »

5

– 1990 –

INTRONISÉ AÎNÉ

L'année dernière fut de la folie. En numérologie, 1989 correspond au chiffre neuf. Neuf, encore neuf, toujours neuf... sans doute n'est-ce pas un hasard. En tout cas elle fut ponctuée non seulement par mon escapade la plus invraisemblable au Ngorongoro, mais aussi par ma participation à l'*enkang olorikan* (la cérémonie du village des tabourets) près d'Entepesi.

À mon retour de Tanzanie, à la fin de juin, et avant de rendre ma 505 au concessionnaire Peugeot de Nairobi, j'étais bien sûr passé par le village de *papaaï*. Ayant appris de sa bouche que les quarante-neuf maisons du village rituel des tabourets venaient d'y être construites, je l'emmenais dès le lendemain à Embolioï. J'avais hâte de connaître le site où se clôturerait le cycle initiatique de ma classe d'âge, débuté voici vingt ans. L'*enkang olorikan* est un moment capital dans la vie d'un homme maasaï, car c'est à cette occasion qu'on le reconnaît enfin, après toutes ces années d'apprentissage et d'interdits, comme une personne douée du plus parfait des équilibres, et qu'on lui remet le foret à feu, le fameux *olpiron*, qui jadis a fait jaillir la flamme de sa génération. À compter de ce rituel, qui dure quatre mois, au sein de villages spécialement conçus à cet effet comme celui que je m'apprêtais à découvrir, non seulement il devient un aîné, c'est-à-dire un homme qui n'est plus dans la dualité, mais un aîné tellement accompli qu'il a désormais les pleins pouvoirs pour allumer à son tour le feu créateur d'un nouveau groupe d'âge. D'élève, il devient professeur.

Takuna, en tant que porte-parole, vivait déjà depuis deux mois sur place. La phase finale de cette grande fête collective, la plus importante après l'*eunoto* des moranes, aurait donc lieu dans les deux mois à venir. Je convins avec Yiaro qu'il me tînt informé dès qu'il aurait la date de la célébration de cette dernière étape pour les *Ilmerisho*, dont je faisais partie. Même si Selenoï m'avait béni quelques années auparavant en vrai Vainqueur en me faisant consommer la viande de la levée de l'interdit, je ne voulais la manquer pour rien au monde. Mais Yiaro, comme tous les Maasaï d'ailleurs, ne m'envoyait des lettres que lorsque je n'avais rien à attendre. Il ne me prévint donc jamais. Sans doute avait-il perçu en son for intérieur que je serais de toute façon présent, en temps et en heure !

Par le plus pur des hasards (huit jours avant, j'avais manqué mon avion), je suis rentré à Paris le 14 juillet 1989, me retrouvant au cœur d'un autre type de célébration – le bicentenaire d'une révolution pas tout à fait intérieure ! Sans doute pris par l'ébullition ambiante, j'eus l'idée, a priori parfaitement irréaliste en ce sacro-saint mois de congés, de rassembler les hommes et l'argent pour repartir au Kenya filmer l'*enkang olorikan*. J'avais à peine deux semaines pour le faire et l'on me répliqua aussitôt : « C'est impossible, tu n'y arriveras jamais ! » Au lieu de me décourager, cette fatalité qui semblait paralyser tout le monde, jeunes comme vieux, me parut suspecte et me donna au contraire l'énergie nécessaire à la réalisation d'un projet auquel je n'avais jamais songé auparavant. C'est précisément cela qui m'avait mis la puce à l'oreille : *d'où me vient cette idée ? Pourquoi ne s'en va-t-elle pas ? Et si c'était important ?* Plus j'y pensais, plus j'étais convaincu que c'était une opportunité à saisir absolument. Après tout, l'image était incontournable dans notre monde et l'occasion m'était offerte de montrer les Maasaï autrement !

Il était bien sûr hors de question que je me lance seul dans l'aventure d'un film. En être l'auteur ou le coauteur, oui, mais de là à le réaliser entièrement... il y avait un Rift, et je n'étais pas assez inconscient pour le franchir ! De toute façon, aucune chaîne n'aurait voulu d'un film réalisé par un débutant. L'idée était donc bien de moi, mais le projet se ferait en équipe et avec de vrais techniciens de l'image. Je pensai naturellement pour m'accompagner à un ami qui avait réalisé plusieurs documentaires au Kenya ; mais il était déjà en tournage et déclina mon offre. Le jour même, un autre ami me mit en contact avec un jeune cinéaste qui, lui, s'avérait libre : Cédric Klapisch. Il venait d'être remarqué au Festival de Cannes, où il avait été nominé pour un documentaire-fiction sur les frères Lumière. Cela acheva de m'éclairer sur le bien-fondé de mon entreprise, mais compta aussi certainement dans l'aval rapide de Canal+ pour coproduire le film. La machine était lancée ; plus rien ne l'arrêterait ? Voire...

Pour réunir les gens et l'argent, tout avait baigné dans une telle facilité que j'avais naturellement pensé qu'il en irait de même pour la phase du tournage proprement dit. Pourtant, une fois sur place, tout est allé de travers. Loin de moi le désir de blâmer qui que ce soit, mais nul doute que j'ai beaucoup appris de ce tournage. En particulier sur moi ! Avec le recul, je peux affirmer aujourd'hui que s'il y a un responsable de la situation très inconfortable qui fut la mienne l'an dernier, c'est bien moi ! Autant j'avais su communiquer mon enthousiasme pour décider l'équipe et obtenir les fonds, sans stratégie aucune, autant sur place j'ai quasiment d'emblée déclaré forfait, par manque d'expérience et donc de préparation. Un comble ? Pas vraiment. Jusque-là, ma vie chez les Maasaï s'était passée dans la chaleur d'une relation exclusive. Le seul effort que j'avais eu à faire, si l'on veut, avait été de lâcher prise par rapport à mon schéma d'avant, tout imprégné des angoisses du temps qui passe et de l'impatience qui va avec. En septembre dernier, j'ai débarqué avec un van bourré de techniciens et de « machines à un œil », installant le camp de base à proximité du village cérémoniel.

Ce serait toutefois mentir que d'affirmer que cette intrusion perturba mes amis, ma famille, les Maasaï en général. Il leur en aurait fallu un peu plus, car leur mode de vie consiste justement à s'adapter d'une minute à l'autre à toutes les situations. Non, c'est moi qu'elle gêna ! moi, qui ne l'ai pas supportée. Je me suis immédiatement senti mis à l'écart, alors que je m'y suis mis tout seul. Perdre son pouvoir, son contrôle sur une situation ou des êtres est une véritable remise en question à laquelle je n'étais pas prêt. J'ai donc diabolisé les autres, le réalisateur et son équipe, au risque de tout faire exploser : adieu ! veau, vache, film... J'avais le sentiment qu'ils faisaient bloc contre moi, alors que leur connivence provenait simplement du fait qu'ils s'entendaient bien et avaient l'habitude de travailler ensemble. Cinq semaines à tenir ainsi dans un climat de plus en plus irrespirable ! Or, au lieu de m'en prendre à moi-même, je pestais contre la terre entière, si bien que je finis par me désintéresser tout à fait du contenu du film. Enfin presque... Quelque chose en moi m'alerta qu'il ne serait pas bon de tout lâcher, même si je n'arrivais pas à me remettre totalement dans le coup. En outre, des sommes importantes avaient été engagées sur la foi de ma seule énergie à défendre les Maasaï. Renoncer eût été faire montre de lâcheté, je ne me le serais jamais pardonné. Alors j'ai tenu ; nous nous parlions par gestes ou par mouvements d'humeur – pas très sain ni encore moins efficace lorsqu'un film doit refléter avant tout la vérité et le vécu de son auteur.

Mon idée initiale était de tenter de restituer en images la sublime énergie des Maasaï, dont j'avais moi-même été pénétré jusque dans chacune de mes cellules. La cérémonie, au fond, n'était qu'un prétexte. On me suivit certes sur cette voie, mais face à mon inertie et mon peu d'entrain à donner du rythme et du sens, la mise en pratique quotidienne demeura par trop mécanique pour atteindre ne fût-ce qu'une partie de cet objectif ambitieux. Ce qui sauva le film du naufrage, ce fut sans conteste l'attitude paisible, ferme et tout en douceur de ma famille qui, sans mot dire, prit les choses en main. Ils savaient ce que je ressentais, le trouble qui m'avait littéralement submergé et m'empêchait d'être lucide puisque je n'étais plus en accord avec moi-même. Je pense sincèrement qu'ils ne m'avaient jamais connu ainsi et je n'en étais pas fier. Mais, comme à leur habitude, ils répondirent sans effet de force et avec amour à mon appel de détresse. Petit à petit, sans que personne ne les eût priés de jouer les acteurs, ils devinrent naturellement les héros du film : Takuna, fier, sûr de lui, porte-drapeau de la tradition en ces jours de basculement définitif vers l'aînesse ; mais aussi son cadet Kimakon qui, ayant perdu ses certitudes de morane en même temps que ses tresses coupées par les autorités comme on coupe leur terre, s'était engagé de dépit dans la police. Fier et libre d'un côté, amer et contraint de l'autre ! *Papaaï,* serein et goguenard en toute circonstance, et *mamaï,* railleuse et enjouée, finirent de mettre tout le monde d'accord. Le film était sauvé !

Il le fut d'autant plus que je réussis à en imposer le titre : *Maasaïitis*[1]. J'y tenais beaucoup car cette expression, que je traduirais par « maladie d'amour pour les Maasaï », avait été popularisée par les Anglais dans les années quarante, autour d'une histoire qui ressemblait à la mienne. Certes, je n'avais jamais été un administrateur colonial de la réserve maasaï comme Jack Driberg, mais celui-ci, tout comme moi, avait été aimanté par les Maasaï au point qu'il avait fini par tout quitter pour aller vivre avec eux. Aussitôt achevés, non sans mal, le montage de mon film et son commentaire, l'idée de retourner à Entepesi s'imposa : il fallait que je revienne seul, chez moi, avec les miens pour moi tout seul ! Pour me ressourcer, mais pas seulement. J'avais un peu honte de ce qui s'était passé et je traînais ce malaise depuis mon retour à Paris, à la fin du mois d'octobre. Or, sur le moment, j'étais tellement mal que je n'avais jamais réussi à en parler à mon père ni à ma mère, et encore moins à Takuna. Je me rongeais en conséquence les sangs depuis tout ce temps-là, imaginant que ma famille m'avait jugé comme un fils indigne. Ma connaissance intime des Maasaï aurait pourtant dû m'affranchir d'un tel empoisonnement de l'esprit, car je n'étais pas sans savoir qu'ils sont constamment dans la vie, jamais dans la spéculation ni le jugement. Mais j'étais sous l'emprise tyrannique de mon mental, j'avais perdu le fil. Et puis, *papaaï*, au dernier jour de la cérémonie des tabourets, m'avait confié qu'il me faudrait revenir seul « pour qu'Ole Peron soit réellement béni par son *olpiron papaaï* ! » Outre son jeu de mots, qui ne m'avait pas échappé, cela signifiait que l'un des « aînés-pères spirituels » qui avait jadis allumé le feu de ma

1. Le film (52') a été diffusé pour la première fois sur Canal+ en 1991. Sur fond de cérémonie finale de ma classe d'âge pour accéder à l'aînesse et des questionnements de ma famille, le film interrogeait l'encerclement des Maasaï par la politique, l'école et le tourisme.

classe d'âge et qui avait eu, tout au long de ces années, un rôle éducatif éminemment respecté (l'équivalent chez nous de ce qu'apportait le parrain, du moins dans la dimension spirituelle qu'il avait autrefois...) devait consacrer mon passage à l'âge adulte.

Mardi 3 août, *Entepesi, avec papaaï, 12:00*

J'observe l'horizon en m'abritant d'une main des rayons assassins du soleil de la mi-journée, découvrant avec la même stupeur qu'à mon arrivée, il y a deux semaines, des pâturages brûlés, figés et vidés de toute substance nourricière. Le ciel est d'un bleu délavé, presque blanc. À perte de vue, les collines, les monticules dénudés et les herbages – si tant est qu'il en reste – semblent coulés dans le cuivre et luisent d'un éclat inhabituel. Détaillé par une lumière cruelle, le paysage a la teinte sèche et brûlée de certaines poteries, et l'herbe, lorsqu'elle a la chance d'émerger d'un sol crevassé, est impitoyablement grillée à des kilomètres à la ronde. Plus proches de nous, des couronnes de broussailles noirâtres se sont agglutinées sur les pentes de la montagne aux Lions, tels des nids géants construits à la hâte pendant la nuit par des milliers de migrateurs en quête d'herbe verte ! « Des dizaines de familles qui vivent habituellement de l'autre côté de l'Olkerie y ont trouvé refuge parce que, comme tu le sais, Entepesi et Kiloo sont surnommées *emorua naaïrowua*, la "région chaude". Même lorsque la sécheresse sévit partout ailleurs, ici les vaches ne succombent pas facilement et les taureaux demeurent féconds », me rappelle *papaaï* pour la énième fois. Je sais aussi que le fait de l'appeler région « chaude » pourrait prêter à confusion dans ce contexte de dessèchement, alors qu'il ne signifie rien d'autre que « frais », à l'image du lait qui, à peine trait de la vache, est encore chaud.

Papaaï et moi sommes assis sur des tabourets, adossés au maximum au mortier de bouse de la façade arrière de sa nouvelle maison, afin de bénéficier d'une illusion d'ombre. La vue plongeante sur la sécheresse en cours me fait culpabiliser de m'être laissé envahir par le plaisir de la saveur fumée d'une timbale de lait frais que *mamaï* vient de m'apporter. Mais, ici du moins, les pis des vaches amaigries ne sont pas encore totalement asséchés, me dis-je pour me donner bonne conscience. *Mamaï*, plus que jamais, ne sait que faire pour me rendre la vie des plus agréable. D'ailleurs, depuis mon arrivée, toute la famille, même éclatée en deux villages comme c'est le cas depuis l'an dernier, m'apporte à profusion des signes d'amour, comme s'ils pressentaient mon impérieux besoin d'être rassuré. En fait, ce n'est même pas un pressentiment, ils le savent. Il n'avait qu'à voir leur enthousiasme, lors de nos retrouvailles. C'était à celui ou celle qui me convaincrait de ne point m'engager pour les jours suivants dans des activités trop accaparantes, comme pour m'inciter à faire le deuil de quelque chose en me confrontant à la réalité et non en me divertissant. Je n'étais pas dupe, ayant déjà vu par le passé comment les Maasaï procèdent lorsqu'une personne est confrontée à la perte d'un être cher. Ils lui donnent des preuves d'amour, toujours et encore, jusqu'à ce qu'elle accepte de vivre avec l'absence. Si ce sont des jeunes dont c'est la première fois, les aînés se mobilisent et les emmènent plusieurs jours loin de leur village pour leur parler de la vie qui ne s'arrête jamais. S'agissant de mères ou d'épouses, les autres femmes se chargent de faire à leur place, le temps qu'il faut, les tâches les plus ardues telles que la collecte de l'eau et du bois. Et elles le font avec une humeur encore plus joyeuse qu'à l'accoutumée.

De la sorte, la vie redevient très vite supportable... Leur attitude joyeuse m'a redonné un entrain que je n'avais pas connu depuis des lustres, si bien qu'en fin de compte j'ai retrouvé avec bonheur les activités simples que j'affectionne le plus : marcher, accompagner les vaches dans les pâturages, les faire s'abreuver dans le lit de la rivière et... discuter avec *papaaï*. La coquine Neranto et la très sage Naserian me manquent ; j'ai beaucoup repensé à nos longues journées passées dans les herbages avec les troupeaux, lors de mon premier séjour à Entepesi. Sept ans déjà ! Elles ont trouvé un mari et sont malheureusement parties vivre assez loin d'ici. Je ne les ai pas revues. Mais ceux qui les ont remplacées n'ont rien à leur envier. Ce sont cette fois les propres enfants de Takuna : son fils aîné, Kintalel, dix ans, et sa fille Noolmiato, neuf ans. *Papaaï* a préféré laisser la garde de ses animaux à son fils, dont le village est à un kilomètre à peine d'ici. Chaque soir, après une journée de pâturages avec les troupeaux cumulés de leur père et de leur grand-père, Kintalel et parfois Noolmiato viennent jusqu'ici nous amener une vingtaine de vaches pour l'approvisionnement en lait frais. À l'aube, ils sont de retour pour les récupérer après la traite matinale. Je les accompagne un jour sur deux, et assurément avec eux non plus je ne m'ennuie pas une seconde. Ils passent leur temps à rire, je n'ai jamais vu ça. Leur ressemblance est d'ailleurs à mon avis sûrement due en grande partie à cette aptitude, mais aussi au fait qu'en riant, ils font voir tous les deux cette marque esthétique si particulière et si charmante qui est vraiment la spécificité des Maasaï : le vide généré au milieu de la bouche par l'extraction des deux incisives inférieures. Ils ont subi cette opération tout récemment, du moins en ce qui concerne Noolmiato, après la poussée de la seconde rangée de dents. Au départ, cette pratique était motivée par un facteur de survie : on pensait, à juste titre, pouvoir alimenter le malade du tétanos incapable d'ouvrir la bouche à travers l'ouverture ainsi ménagée. Aujourd'hui, elle est davantage synonyme de conformité, voire de beauté.

Noolmiato me fait beaucoup penser à sa tante Neranto, avec son air malicieux et toujours sur la retenue, pour mieux surprendre son interlocuteur l'instant d'après en explosant bruyamment de joie. Je la taquine comme jadis la petite sœur de Takuna, en esquissant des pas de course puis en lui courant après, à la seule différence qu'elle a deux ans de moins que Neranto à l'époque, et je finis donc toujours par l'attraper. Avec la si touchante spontanéité de l'enfant, c'est invariablement une cascade de rires qui vient couvrir les deux mots qu'elle tente alors de prononcer à mon encontre : « *... torrono Xabio !* » (Xavier est méchant !)

L'autre jour, alors que j'étais resté à la maison avec *mamaï*, des cris au-dehors, toute une effervescence, me poussèrent à aller aux nouvelles. C'était Kintalel. Aidé d'une dizaine d'enfants de son âge des villages environnants, il avait réussi à traîner jusqu'ici un python de Seba d'au moins quatre mètres de long. Il nous raconta, avec une grande sérénité, comment tout cela s'était passé. « Je n'ai rien pu faire, tout est allé si vite. J'ai à peine eu le temps de voir sa queue déséquilibrer d'un seul coup le mouton et le faire tomber qu'il l'ingurgita entièrement. J'ai crié pour appeler à l'aide. Je savais que Sitonik et les autres n'étaient pas loin avec leurs vaches ; ils ont accouru sur-le-champ et nous l'avons transpercé de nos lances ! » Les cloches tintent tout autour de nous, j'ai l'impression d'être sur un îlot luxuriant entouré de lave en fusion, ou encore dans l'arche de Noé ouvrant toutes grandes les portes du paradis de l'herbe aux dernières vaches rescapées.

Un bruit derrière moi. Je me penche de côté et j'entrevois une jeune femme qui se dirige à un trot menu vers l'extrémité de l'enceinte où se trouve la seconde habitation du village. C'est Nekisayio, l'épouse de Meeli, la seule à être demeurée avec *papaaï* et *mamaï*. Elle est pliée en deux, la tête tendue à l'extrême pour compenser le poids qui la tire en arrière. Maintenu parallèle au sol, son front est cerclé d'une épaisse bande de cuir qui emprisonne dans son dos une cargaison de bois sec. Le fardeau n'est pas déchargé qu'elle se précipite déjà vers nous pour nous saluer, tout en gloussant d'une joie enfantine. Elle est ravissante, très féminine : je suis fier de ma belle-sœur ! Penchée en équilibre instable en direction de mon père, elle susurre un timide « *ng'asak* », tandis que *papaaï*, tout en lui imposant sa main droite sur le sommet du crâne, lui rétorque avec affection : « *na siankiki !* » (Ô ! Femme). Je l'entends marmonner en retour un inaudible « *ééô !* » (Oui ?). Et lui de continuer : « *Takuényà !* » (Comment vas-tu ?) pour recevoir finalement de sa belle-fille en écho et sur un ton très haut perché : « *iko !* » (Bien !). Quant à moi, je la vois hésiter : *que fais-je de lui ?* Elle avance, elle recule, visiblement la pauvre ne sait plus du tout sur quel pied danser ! Après avoir tergiversé, elle se décide enfin à s'approcher de moi, optant pour courber également sa tête à mon attention. Vu que je suis de la même génération que son mari, elle n'était pas obligée de procéder de la sorte pour me saluer ; j'en rajoute alors de façon très ostentatoire, du genre « Ô ! Femme... », en effleurant sa tête d'un geste bienveillant avec ma main droite grande ouverte ! Mais ça la fait pouffer, puis elle titube tant elle rit avant de s'écrier, plus du tout timide : « *Xabio ! She !... Koree ilpapit ?* (Ma parole, Xavier ! Qu'as-tu fait de tes cheveux ?)

— *Mme Olmurrani nanu ! Olpayian kitok nanu tena kata !* » (Je ne suis plus un morane ! Je suis devenu un homme important !) En fait, dès le premier jour, comme d'habitude devrais-je dire, à chaque fois que je reviens à Entepesi, j'ai attrapé des poux, et comme d'habitude, *mamaï* s'est chargée de me raser entièrement les cheveux. Bien sûr, je porte un chapeau cloche, mais comme je me déteste avec, je l'enlève dès qu'il y a du monde, a fortiori s'il s'agit de femmes... Elle savait pertinemment que je n'avais plus rien sur le caillou ! Mais elle l'a fait pour s'amuser, les femmes ici adorent ça ! Et *papaaï* boit visiblement du petit lait, car une sorte de flamme joyeuse vient de s'échapper comme par mégarde de ses yeux écarquillés. Dès qu'elle repart, je remets le fameux couvre-chef qui me couvre de ridicule ; il vaut encore mieux cela qu'une insolation, j'en suis convaincu pour l'avoir expérimenté en maintes occasions ! Je tente de respirer à pleins poumons malgré le manque d'air, mais même sans air je me sens plein de vie et d'énergie, comme toujours lorsque je suis ici. Et ceci, alors que du village de plusieurs dizaines de maisons que je connus jadis durant vingt-huit mois, il n'en reste plus que deux ! J'ai soudain une question à poser à mon père ; je me tourne vers lui à l'instant où il mord dans un bout d'*emakat* (pierre de sel critallisé) pour le mélanger au tabac qu'il est en train de mâcher. Selon *papaaï*, et les aînés en général, l'association des deux permet d'être mieux reliés avec la force créatrice.

« *Papaaï* ! Comment se fait-il que vous en soyez vous-mêmes arrivés à cette absurdité, s'isoler ainsi, alors qu'avant, la vie communautaire rendait la vie meilleure ? » Il rit beaucoup de ma question, avant de me répondre avec son cœur, un rire plein de bonté et de sagesse, plein d'humour aussi ! « Comme avant, les gens continuent de s'aider mutuellement du mieux qu'ils peuvent. On peut toujours compter sur ses amis et ses parents. Pour le moment oui, les *inkanasan* (grands villages où plusieurs familles vivent ensemble) ont disparu, comme celui dans lequel nous vivions jadis avec toi. Dans de tels villages, tu le sais, nous n'avions jamais de soucis. Une difficulté était immédiatement résolue par un soutien sur place. L'entraide était la règle et il y avait nul besoin de la réclamer, tant nous étions ouverts les uns envers les autres. Donner son soutien était tout à fait spontané. Pour les enfants, rien n'arrivera jamais à égaler ce que leur offre un grand village. Comme ils sont nombreux et d'une grande joie de vivre, ils sont d'une grande autonomie déjà ; ils jouent entre eux sans nous perturber, bien au contraire, et sont notre plus grande fierté. Ils s'inventent des jeux avec les vaches dans les enclos ou avec l'*enkukuo* (charbon de bois) et vont d'une maison à une autre quérir les histoires fantastiques que leur content leurs grands-mères sur les moranes, les chasses au lion ou les raids de bétail. C'est ainsi que la transmission s'opérait jusqu'à aujourd'hui, les plus grands les apprenaient par cœur et les contaient à leur tour aux plus petits. Nous autres, on leur apprenait plein de petites choses essentielles de la vie pastorale, comme enlever une épine du sabot d'un mouton ou aider à mettre bas les veaux et les agneaux. Et bien sûr, on leur fredonnait les chansons à retenir, qui expriment l'orgueil de posséder un troupeau et l'amour qu'il suppose de leur part pour obtenir leur nourriture favorite, de la viande et du lait... Avec cette nouvelle façon d'habiter seul, nous essayons juste de faire comme avant, en cas de problème, nous allons dans les villages voisins requérir du soutien... »

Papaaï ne s'est énervé à aucun moment, il m'a parlé avec la voix sereine d'une personne qui a instantanément intégré cette nouvelle donne dans ses cellules. Cela suppose qu'il soit capable de voir très loin, pour ne pas rester bloqué par un tel événement, a priori traumatisant (en tout cas pour moi qui suis un amoureux inconditionnel de leur culture et de leur mode de vie). Je sais que les Maasaï sont tout sauf des rationalistes, mais je m'obstine et lui repose ma question différemment, car il ne m'a pas vraiment répondu : « Pourquoi ne pas avoir refusé la subdivision de vos terres ?

— Un jour, je te dirai la vérité, la vraie, la profonde. Aujourd'hui, je me contenterai de te dire que, quoi qu'on fasse, ce ne sera jamais bien. On avait les *sikim* (*group-ranches*), avec des titres modernes de propriété collective, et pourtant on n'a jamais perdu autant de terres que pendant que tout ça a duré. Maintenant, chacun s'est installé sur un bout de terrain censé lui appartenir, avec l'espoir d'être mieux protégé. Nous verrons bien, *ti Enkaï !* À mon tour de te poser une question : as-tu réfléchi au sens du nouveau nom que les prophètes de Tanzanie ont donné l'an dernier à ta classe d'âge ? *Ilkitoïp !* C'est un mot difficile à décrire, il résume les notions de vie, de protection, de générosité et de compréhension. C'est tout ça à la fois. Et puis, il faut se pencher sur le passé. Ce nom a déjà été donné voici un siècle, à nos ancêtres de la main droite, au moment où les Blancs pensaient à une stratégie pour nous voler nos terres... La vie est un éternel recommencement ! »

***Lundi 9 août**, sur la rive ouest de l'Olkerie, avec papaaï, 9:00*

Sons liquides, interjections, bêlements, meuglements, braiements forment soudain une curieuse polyphonie alors que nous venons d'atteindre la berge de la rivière. La chaleur est déjà anormalement suffocante et j'ai revissé la cloche de toile sur ma tête d'œuf ! Je marche dans les pas de *papaaï* depuis deux bonnes heures, car il s'est mis en tête de collecter des racines et des plantes pour soigner l'horrible cloque apparue au réveil de chaque côté de ma main gauche. C'est bien la première fois que je m'inquiète pour ma santé depuis que je séjourne chez les Maasaï. Mais ce matin j'ai été horrifié en découvrant cette sorte d'ampoule aux striures jaunâtres de part et d'autre de ma main, comme si, par une sorte de maléfice expéditif, on était venu me la clouer durant la nuit. Je me souviens bien de m'être gratté la main toute la journée, hier ; ça me démangeait beaucoup. Mais il y a ici tant d'insectes minuscules qui provoquent ce type de démangeaison, surtout lorsque l'on marche dans l'herbe, que se frotter toutes les parties du corps avec les ongles devient vite une seconde nature. Rien d'anormal à cela et l'on ne s'en inquiète généralement pas !

Là, c'est tout à fait autre chose, au point que j'ai failli tourner de l'œil, non pas à cause de la douleur mais à la simple vue de ma plaie. Selon *papaaï*, ce n'est rien. S'il le dit, je le crois. Selon lui, seuls les Maasaï sont immunes contre cet insecte qui m'a infligé une telle frousse. Ce serait une mouche appelée onchocerque qui, si on a le malheur de l'écraser sur la peau en frottant, peut provoquer cloques ou ampoules purulentes, voire rendre aveugle. Mon père vient de s'engager à droite sur un chemin sinueux longeant la berge à découvert, à la lisière de grands acacias qui par leur majesté et leur grâce lui ressemblent ; j'y reconnais l'incroyable finesse de ses longues jambes et sa démarche si aérienne. Une telle osmose me surprend encore. De temps à autre, le geste sûr, il inspecte des arbustes à leur base ou encore caresse amoureusement la peau des arbres comme pour s'assurer de leur complicité ou de leur verdict. « Coupe-moi un peu de cette écorce-là, et de celle-là aussi ! » fait-il en m'indiquant des arbustes rabougris qui ne paient pas de mine. Un peu plus loin, il défait un nœud à un bout de son *olkarasha* intérieur pour en sortir un minuscule récipient de bois, avant de faire une incision à la base d'un commiphora tourmenté. Il en sort un liquide jaune citron très épais, qu'il s'empresse de récolter dans le précieux écrin. « Tu t'en appliqueras sur la main touchée avant le coucher, et tu boiras aussi une soupe que *mamaï* t'aura préparée avec ces produits subtils que la nature m'a procurés. Dans deux jours, ta main ressemblera de nouveau à l'autre », ajoute-t-il, en esquissant un sourire de gosse. Tout cela a à peine pris une heure. Infatigable, *papaaï* me fait signe que nous remontons au village. Ma main va déjà mieux !

***Jeudi 12 août,** Entepesi, jour de ma bénédiction, 7:30*

Les pâturages ont pris feu, le village n'est plus qu'une flamme orange et une flamme violette s'est embrasée au niveau de mon cerveau émotionnel, même si ça ne se voit pas. Une chose est sûre, ce que j'ai filmé l'an dernier en étant demeuré extérieur à moi-même et étranger aux autres, je m'apprête ce matin à le vivre de l'intérieur. Sans que j'aie eu besoin de le demander, *papaaï* l'a prévu de longue date, en fait depuis l'épisode du film où il m'a vu me débattre dans mes contradictions et su que je n'étais pas prêt à recevoir l'ultime bénédiction. Je demeurais encore dans la dualité, mon initiation n'était pas terminée.

Ce matin, c'est ainsi du moins que mon père l'a estimé, je vais enfin être à la fois confirmé dans mon statut d'homme accompli et officiellement nommé au grade de jeune aîné. En scrutant ma main gauche où je ne décèle plus qu'une très vague trace, je me dis que j'ai déjà été béni. Je me sens particulièrement calme, j'ai bien dormi et je ne crains pas l'avenir. Je suis heureux aussi parce que cette consécration va définitivement dissoudre les frustrations de l'an dernier. Takuna arrive à l'instant et me prend dans ses bras en m'interpellant à dessein par le nouveau nom de notre classe d'âge : « *Olkitoïpi !* » Il est accompagné d'un ancien magnifique qui arbore une barbe d'une blancheur immaculée. Je le salue, un peu ému car il a été choisi pour être mon parrain. Nous n'attendons plus que *papaaï*, qui est rentré chez nous chercher le tabouret, mais il en ressort bientôt en nous réprimandant de l'avoir attendu. Sacré *papaaï* ! « Allez vous placer au centre de l'*emboo* ! » nous morigène-t-il, comme si nous étions des gamins. L'ancien si noble tout à l'heure en perd l'équilibre de rire ; Takuna lui me frappe le dos d'un air entendu. Arrivé en maugréant pour la forme, mon père tend le tabouret à l'ancien toujours secoué par son fou rire. Ma bénédiction semble bien partie pour être mémorable. Finalement, mon parrain, tout chenu soit-il et malgré son hilarité contagieuse, réussit à coordonner suffisamment ses mouvements pour sortir d'un petit conteneur en calebasse une mixture gris clair de bouse et de cendre. Ayant posé le tabouret sur une peau de bœuf noire de jais, il place un peu de cette substance sur le fond du siège tandis que mon père se précipite pour y ajouter les poils de la queue d'un taureau et d'une génisse, qu'il a conservés pour moi à l'occasion de la cérémonie collective. L'ancien, qui s'est maintenant assagi – du moins il ne rit plus –, se saisit de l'une des deux calebasses oblongues qu'il a apportées et y verse à son tour, je suppose, quelques gouttes d'hydromel et de lait. Puis il se relève, à présent très solennel, avec le tabouret qu'il rapproche de ses lèvres pour cracher dessus aux quatre coins cardinaux avant de me l'offrir en me précisant bien, droit dans les yeux, qu'il reflète mon aînesse et mon autonomie individuelle, moi qui suis désormais un membre à jamais reconnu de la classe d'âge des *Ilkitoïp*.

Cette fois-ci, pas de film, pas de photo, juste moi en face des Maasaï qui m'ont adopté. Saurai-je me montrer digne de la confiance qu'ils ont su m'accorder durant toutes ces années ? Saurai-je retranscrire tout l'amour qu'ils portent en eux ? Est-ce un signe ? en tout cas, la couverture rouge qui recouvre le torse de l'ancien glisse subitement à terre sur... une bouse ! Personne ne rit. Je la lui ramasse, il me remercie, « *Ashe !* », en me regardant avec insistance comme s'il cherchait à me dire autre chose, mais quoi ? Je continue de porter à bout de bras le tabouret, tandis que mon parrain impose ses mains quelques centimètres au-dessus et prononce ces paroles bénites : « Enkaï dit que tu es à l'instant même un *Olkitoïpi* ; Enkaï dit que tu es un aîné ; Enkaï dit que tu es devenu responsable ! Enkaï saura t'aider à prospérer ; *Olkitoïpi*, mon *olpiron*, sois parfumé ! *Olpiron laï* (mon fils spirituel), vis en paix et heureux avec beaucoup de vaches et de nombreux enfants ! Que ces paroles soient ta bénédiction ! » Pas une mouche ne vole, bien que je sois debout à l'endroit idéal pour les plus perturbatrices de toutes les voltiges. Ceci fait, il se saisit de la seconde calebasse, dont il ôte le capuchon avant de la pencher au contact de ma bouche afin que je boive de cet autre liquide tiède qu'elle contient et qui n'est autre que du lait. « *Naaï ! Naaï ! Naaï !* » s'écrient-ils tous les trois de concert.

Au tour de *papaaï* de me bénir, alors qu'il me donne un chasse-mouches et une tabatière, les deux autres attributs de l'aînesse maasaï : « Enkaï a voulu que tu viennes jusqu'à nous ! Enkaï a voulu que nous te choisissions ! Enkaï a voulu que tu sois un Maasaï ! Qu'Enkaï te protège dans ta nouvelle vie ! Que tu sois parfumé ! »

Lundi 16 août, *Esilalei, près du village de Selenoï, la nuit, 4:00*

Plusieurs fois, j'ai été tenté de rebrousser chemin, croyant entendre des bruits de pas ou des craquements et distinguer des silhouettes furtives pleines de menace. J'avance lentement, mais heureusement juste derrière Takuna. Car si l'obscurité n'est pas profonde grâce à l'éclat de la lune encore assez ventrue, ma lampe torche emprisonne dans son faisceau bien peu de chose. Devant, derrière et sur les côtés, je devine se découper dans l'encre du ciel les branches contorsionnées des commiphoras, avec tous les mystères qu'ils recèlent. À mesure qu'on avance, ils sont de plus en plus touffus. Je n'ignore pas qu'Esilalei (dérivé d'*osilalei*, « commiphora ») a été nommée d'après cette végétation que l'on trouve ici en abondance, et cela ne me rassure guère. Mon imagination plus que débordante voit partout des prédateurs grotesques prêts à faire une bouchée de ma frêle personne. Il y a maintenant une bonne heure que nous fouillons le coin de ce côté-ci de l'Olkerie ; nous avons même traversé son lit pour suivre des traces a priori assez fraîches, jusqu'à ce que nous nous rendions à l'évidence qu'il fallait rebrousser chemin, faute de visibilité dans un fouillis végétal inextricable. J'ai eu chaud, très chaud même, sur le point de défaillir tant l'endroit m'a fichu une peur bleue. Mais j'ai voulu jouer les braves devant mon frère qui demeure très affairé. L'enjeu, il est vrai, est d'importance. Nous cherchons des vaches, pas moins d'une dizaine, et pas n'importe lesquelles en plus puisqu'il s'agit de celles du mari de Selenoï. Pour le moment en vain ! Bien sûr, nous ne sommes pas les seuls à chercher, mais la région est vaste et nous avons dû nous répartir par petits groupes. Je suis d'autant plus honoré de faire équipe avec le porte-parole des *Ilkitoïp* que je viens d'être définitivement confirmé comme l'un d'eux. Je ne voudrais pas les décevoir en ayant peur : le mot n'existe pas dans leur vocabulaire...

Depuis le début de ce séjour, c'est la troisième fois que je participe à une traque nocturne de vaches égarées. Du jamais-vu chez les Maasaï, même si à chaque fois nous les avons récupérées. C'est peu de dire la risée dont seront à jamais victimes les hommes convaincus de négligences aussi lourdes. Voilà une nouvelle conséquence désastreuse à rajouter à la liste déjà longue des effets pervers de l'abracadabrante privatisation ! Comme les deux autres jeunes aînés que j'ai aidés, il est à parier que le mari de Selenoï a édifié une clôture d'épineux trop étroite et d'une hauteur insuffisante ! Dans les *inkanasan*, cela n'est jamais arrivé, pour la simple raison que la moindre erreur est aussitôt repérée et réparée. Lorsqu'on vit seul dans un tel environnement après n'avoir connu toute sa vie, comme d'ailleurs ça s'est fait depuis des millénaires, que des repères de vie communautaire, une telle erreur d'appréciation est après tout parfaitement normale. Mais le problème, c'est qu'ici elle se paie cash ! C'est le jeune frère du mari de Selenoï qui a couru jusqu'au village de Takuna pour donner l'alerte, peu après minuit. Le mari de la plus belle femme du monde n'est pas présent, semble-t-il. Il aurait quitté le village avant-hier pour se rendre de l'autre côté des Maparasha Hills et mettre en lieu sûr, chez des amis souffrant moins de la sécheresse, plus de la moitié de son troupeau.

« *Pakiteng laï !* (ma vache !) Regarde ça... », chuchote mon frère en pointant sa torche sur une zone sableuse visiblement piétinée par les sabots de plusieurs bêtes. Penchés ensemble, nous redessinons une à une les multiples traces, lui avec son index et moi mentalement, jusqu'à ce qu'il en conclue qu'il s'agit à coup sûr des dix vaches fugueuses. « Reste bien derrière moi ! Surtout, pas un bruit. Nous n'avons plus qu'à suivre les empreintes, elles ne doivent plus être loin », fait-il en se hâtant déjà dans la direction indiquée par les traces. J'accueille cette nouvelle avec une exultation totale, pour ne pas dire un sentiment de complétude. Lorsque je longe à sa suite la lisière de plus grands acacias, je crois percevoir du mouvement dans l'inquiétante obscurité qui s'étend à l'infini derrière le halo ridicule de ma lampe, mais je me convaincs une fois encore que je suis en train de fantasmer, qu'il n'y a rien. Voyant que mon équipier de choc a lui aussi remarqué quelque chose, je balaie à nouveau l'obscurité de mon faisceau, de gauche à droite, et soudain, la lueur vacillante de ma lampe accroche plusieurs masses encore indistinctes. Je n'ai pas eu le temps de dire ouf que Takuna s'est glissé jusque-là, découvrant dans mon projecteur l'image extraordinaire d'un homme réconcilié avec lui-même au milieu de petites vaches brun-rouge tout à fait dociles, qui se laissent caresser à l'image de déesses sacrées, fécondes et nourricières. Elles lui répondent amoureusement par des coups de langue appuyés pleins de reconnaissance.

Un vers de Paul Éluard me revient spontanément : « On ne mène pas la vache à la verdure rase et sèche sans caresses ! » Même si ici, c'est au contraire pour qu'elles rentrent au bercail. Des dizaines de poètes ont mentionné les vaches dans leurs œuvres et l'émotion particulière suscitée par la relation de l'homme à leur beauté placide ; mais nul mieux que l'*Atharva Véda*, le texte sacré indien, n'a décrit avec une telle évidence ce que Takuna, le visage illuminé de bonheur, est assurément en train de ressentir. Je connais ce texte par cœur, pour l'avoir toujours dans mes bagages lorsque je voyage : « La vache est le ciel, la vache est la terre, elle est le Sacré, elle est tout sous le soleil... » Pas étonnant, me dis-je en méditant sur la joie extrême qui se dessine sur les traits de mon frère, que dans leur religion, Enkaï ait fait don aux Maasaï de toutes les vaches du monde. La vache reste et restera chez les Maasaï l'animal sacré et la mère nourricière par excellence...

Au-dessus de l'horizon, l'indigo du ciel s'éclaircissait et nous n'avons mis qu'une demi-heure pour parvenir au village de Selenoï et mettre à l'abri le trésor que nous avons eu tant de bonheur à découvrir. Maintenant, c'est la promesse d'un autre trésor, alors que le feu crépite et que flottent des senteurs essentielles aussi puissantes que familières. Nous sommes, Takuna et moi, assis sur l'*eruat kitok* et nous buvons une tasse du thé au goût caramélisé exquis que Selenoï vient de nous préparer. Je suis ému comme la toute première fois que je l'ai vue. Et j'ai beau ne pas l'avoir revue depuis l'an dernier, je sens une chaleur m'envahir qui ne provient pas de l'âtre. Tout le temps où Takuna lui racontait le récit de notre exploit, elle a braqué sur moi son regard impassible, avec cette grâce intérieure, ce port majestueux dont rêvent en vain les mannequins. Et si c'était elle qui avait fait s'échapper les vaches de l'enclos pour me revoir ? me dis-je, tout somnolent de plaisir. Non, bien sûr que non, elle n'aurait pas eu besoin d'un tel stratagème pour y parvenir, mais l'idée me plaît qu'elle eût pu y songer. Avec mon frère à mes côtés, elle n'est pas libre de me parler, mais ses yeux lumineux me renseignent bien plus que des mots. Je m'endors doucement, très doucement...

6

— 1993 —

DE L'*EUNOTO* À LA SORBONNE

En mettant le mois dernier un point final aux quelque mille pages que compte ma thèse, je me suis dit qu'il est long et rude, le chemin qui, de l'enfer, monte vers la lumière ! Mais ça en vaut la peine... Non pas que je me sois senti soulagé d'en avoir fini, pour cela il aurait fallu que je sois prisonnier de quelque chose, mais à l'instant précis où ça s'est produit, j'ai senti que je ne redouterais plus rien. Ce sont les peurs qui nous empêchent d'avancer sur notre chemin ; mais nous entretenons nous-mêmes ces supposées peurs, pour justifier notre peu d'empressement à affronter la vie. La valeur de celle-ci ne réside assurément pas dans le nombre de ses jours, mais dans l'usage que l'on en fait, et l'on n'en tire des satisfactions qu'à la condition d'accepter d'y mettre sans compter toute sa volonté. Ne l'y aurais-je pas mise moi-même, comment aurais-je pu puiser ailleurs qu'au plus profond de moi l'insoupçonnable énergie qu'il m'a fallu pour avoir la patience de vivre mes propres expériences et de lire celles des autres ? Je suis parti vivre des mois chez les Maasaï alors que je n'y connaissais rien ni personne. J'en suis revenu avec l'objectif qui ressemblait à une gageure de vivre à Paris sans me perdre dans l'indifférence et l'impatience. Et, miracle, j'y suis arrivé, je crois – non, j'en suis sûr ! Et maintenant, que va-t-il se passer d'autre dans ma vie ? J'ai fini un cycle certes, mais j'ai aussi franchi un palier dans le lâcher-prise et la confiance en soi ; je ne m'attends donc pas à vivre *autre* chose, je commence à vivre tout court.

J'ai été initié chez les Maasaï pour cela, mais je puis affirmer que l'exercice de la thèse y a aussi contribué. Aujourd'hui, à défaut d'initiation organisée susceptible de contribuer à la construction intérieure des jeunes gens, notre pays n'a plus grand-chose d'autre que la thèse à leur offrir, si tant est qu'ils en fassent le choix bien sûr, pour les faire accoucher d'eux-mêmes... Je n'ai guère attendu. Une semaine après avoir achevé la rédaction, je m'envole à nouveau vers le pays maasaï, à l'invitation de Kenny. Moins de trois mois avant que je ne participe moi-même au rite de passage moderne que constitue la soutenance de thèse, comme par hasard (encore une fois, bien sûr, ce n'en est pas un), je m'apprête à assister au rituel collectif *eunoto* qui clôt officiellement l'éducation traditionnelle des moranes, comme si l'homme de mon rêve avait mis toute sa conscience dessus pour que ça se passe précisément ce mois-ci et que je fasse le plein de l'énergie maasaï avant de devoir m'affronter aux jeux de pouvoir de l'arène universitaire.

Cette cérémonie de la « plantation » (*eunoto*) est en effet non seulement la plus prestigieuse d'entre toutes, mais, aux dires de Kenny, les moranes qui sont dépositaires d'une culture forte mais menacée profiteront de cette ultime célébration de leur liberté pour se lâcher et aller au bout d'eux-mêmes. Je bous d'impatience, même si ce ne sont pas des obsessions de collectionneur qui me taraudent. N'ai-je pas vécu l'intimité de bon nombre de rituels ? Cependant, durant toutes mes années maasaï, l'*eunoto*, dont j'ai pu mesurer l'intensité de la charge émotionnelle en visionnant des documentaires, s'est dérobé à ma curiosité ! Ma classe d'âge avait déjà conclu le sien lorsque j'ai débarqué la toute première fois à Entepesi.

J'en viens d'ailleurs et j'y ai passé un mois de juillet fabuleux, avec *papaaï*, *mamaï*, Takuna, Kintalel, Noolmiato, Nekisayio et Yiaro que je n'avais pas revus depuis le tournage, lors de la cérémonie des tabourets. Ils m'ont tous fait des joies comme si nous ne nous étions jamais quittés. Il n'y a guère que ma princesse Selenoï que je n'ai pu revoir, partie à Arroï, le village de ses parents, pour prendre soin de sa mère souffrante. Mais je n'ai pas eu le temps de ruminer ma déception, trop occupé à mener avec force suspense une véritable enquête policière afin de découvrir pourquoi Takuna peinait tant à réunir les quarante-neuf vaches dues à l'*oloïboni* pour l'ultime bénédiction qu'il avait donnée, en 1989, à ma classe d'âge des *Ilkitoïp*, dans le village des tabourets. Le soutien apporté par un *loïbon* est d'ordre divin ; par conséquent, on doit toujours le remercier en lui offrant des vaches. Après chacune des deux plus grandes cérémonies de passage que sont l'*eunoto* et l'*olngesher*, dont il fixe les dates en accord avec la position de la lune et surtout bénit les participants, ceux-ci doivent lui donner quarante-neuf vaches. Sans ce don, qui légitime en le clôturant l'ensemble du cycle initiatique d'une classe d'âge, il est strictement impossible d'enclencher un nouveau cycle pour les générations suivantes...

La coïncidence de l'événement avec la thèse que je m'apprête à soutenir, à savoir que l'individualisation des terres permet dorénavant à la politique de s'engouffrer au cœur de la tradition pour définitivement la détruire, est frappante, puisqu'il en est la parfaite illustration. Je m'en serais bien passé, et Takuna aussi ! En manigançant pour qu'il ne réunisse pas les quarante-neuf vaches, les politiciens ont entendu geler le processus de formation d'une nouvelle classe d'âge, de telle sorte que les *Ilkitoïp* ne puissent devenir les pères spirituels des nouveaux adolescents. « *Esiasa ake !* » (c'est de la politique !) en a conclu *papaaï*, demeuré serein, comme détaché de ces contingences...

Je suis actuellement en route vers Kajiado, à l'arrière débâché d'une vieille Land-Rover, assis comme je peux sur d'énormes sacs de sucre et d'*ugali* (farine de maïs). Alors que ma tête tape régulièrement contre les barreaux latéraux en métal auxquels je me raccroche, je pense avec nostalgie à mes années mobylette, bien loin déjà. Autres temps, autres mœurs ! Je me souviens d'une photo prise à contre-jour où l'on ne voyait de moi, juché sur ma monture des temps modernes, que des contours fantasmatiques épousant d'invraisemblables formes. Le coupe-vent qui recouvrait mon sac à dos me donnait l'air d'avoir été gonflé à l'hélium...

***Jeudi 3 août**, entre Kajiado et Kilonito, 11:00*

« *Maapeti !...* » (Allons-y !) s'écrie Kenny que j'ai rejoint à Kajiado, où il a désormais son bureau. La Jeep, à l'origine de couleur crème, est repeinte en ocre par une épaisse couche de latérite. Paul, le chauffeur de Kenny, peine à actionner les essuie-glaces, qui s'embourbent dans les grumeaux de terre agglomérée sous l'effet du jaillissement sporadique d'un mince filet d'eau. Deux heures plus tard, alors que je m'étais assoupi, je découvre avec stupéfaction que nous sommes toujours à Kajiado. Imperturbable, Paul descend puis remonte l'unique grand-rue de la ville, agrémentant ses allées et venues d'arrêts aussi fréquents qu'incompréhensibles. Le lot habituel... Je me rendors. Je suis réveillé en sursaut alors que la voiture parachève la partie du voyage consistant en une vallée étroite et encaissée, au creux de laquelle la piste accidentée se fraye un passage parmi une longue chaîne de collines à la roche très grise. D'énormes camions nous croisent, nous couvrant à chaque fois d'un nuage de poussière compact qui s'insinue partout à l'intérieur de l'habitacle, dont les vitres sont pourtant remontées. Le sol est défoncé et le chemin escalade une succession de buttes, véritables montagnes russes où la terre se réduit en poudre et accroche çà et là comme par miracle quelques boutiques en tôles, à la fois perchées et enfouies dans l'atmosphère délétère d'un no man's land qui aspirerait à se « civiliser ». Ce bourg porte bien son nom : Kampi ya Mawe, en swahili « Carrière de Pierres », enlisant la sécheresse pour l'éternité.

Ici, l'exubérance de couleur et de végétation a disparu au profit d'un désert grisâtre ponctué de rares buissons d'aubépines vieilles et rabougries. S'étageant en couches horizontales grimées par les sédiments en suspension, les branches épineuses de mimosas isolés, défeuillés, leur donnent la silhouette d'arbres de Noël dont la peinture blanche aurait perdu de son éclat après les fêtes. Kenny se retourne vers moi pour m'apprendre avec fierté qu'il est désormais le « père », *olpiron*, d'une nouvelle classe d'âge en formation : « L'*enkipaata* (cérémonie de la danse, qui inaugure une nouvelle classe d'âge) de mon groupe aura lieu juste après l'*eunoto* auquel tu vas assister. J'en serai le maître de cérémonie. Mais nous ne commettrons pas le crime politique qui, chez Takuna, vient d'entacher gravement la tradition !... »

Avec lenteur, nous entamons une descente raide, trois cents mètres de dénivellation à travers des éboulis. La piste accidentée n'est plus qu'un roc impraticable et le paysage a la teinte sèche et brûlée de certaines poteries.

L'environnement s'apparente en bordure à une cuirasse de latérite ferrugineuse, de la même couleur rouge et probablement de la même fertilité que la brique. Au sortir de ce ravin encaissé bordé d'épineux bas, j'ai devant moi des kilomètres de terrain découvert, un désert beige ponctué d'acacias élancés comme de fiers navires aux voiles carguées. Je me laisse gagner par le calme de cette nature, accentué par la sensation de glisse qui vient de se substituer aux vibrations et autres soubresauts. À la vue des chairs pourrissantes de deux vaches en décomposition avancée étendues sur le bas-côté, les pattes en l'air, ma sensation de vie libre sur cette terre paisible se change en inquiétude. Les prédateurs sont-ils repus au point de négliger une telle offre ? Se peut-il que le sol soit à ce point jonché de ces cadavres en putréfaction ? « Le "Maasaïland" est devenu la poubelle du Kenya ! » me déclare Kenny en se retournant vers moi. À vrai dire, le lien entre ces deux carcasses putrides et cette sentence sans appel m'échappe. « ... À mon retour de Loïtokitok, la semaine dernière, j'ai traversé Amboseli, et j'y ai vu plusieurs hippopotames morts ou sur le point de l'être. La sécheresse n'en était pas la cause, car la végétation autour des marais était encore bien verte. Les parcs sont le dernier réceptacle à ordures touristiques mais aussi industrielles et chimiques du pays, et par extension ce qu'il reste de nos terres commence à servir d'entrepôt aux déchets de toutes sortes de la société de consommation ! » m'explique-t-il, sans se départir aucunement de son calme. Vêtu d'une chemise blanche impeccablement repassée, Kenny irradie toujours cette même quiétude et cette énergie assez puissante pour soulever la montagne Blanche. Alors ? Un lourd silence s'installe au moment où, apeuré par le *tac-tac* de notre vaisseau, surgit un minuscule dik-dik de Kirk dont j'ai juste le temps d'apercevoir la robe gris pâle enveloppant un corps délicat à peine plus imposant qu'un lièvre.

Nous arrivons à Mile Forty-Six, station ferroviaire du bout du monde où les convoyeurs de soude, dans leur lente remontée de l'« enfer » de Magadi, font une première halte. En nous éloignant, la Jeep se lance dans une ronde sinueuse à travers une végétation clairsemée au pied des contreforts de collines désertiques. Le rouge, l'orange et le brun viennent compléter le jaune dominant, et notre itinéraire, cerné de barricades et de broussailles, est vite devenu tortueux. Les courbes que nous empruntons et les nombreux détours que nous effectuons épousent des obstacles de fortune faits de l'entassement de branchages d'épineux. « C'est la privatisation de nos terres qui est en marche, me dit Kenny en marquant une pause. Le problème, c'est que beaucoup de ceux qui ont ainsi délimité leur futur ranch, suite au premier bornage réalisé par les services officiels, se sont empressés de le faire parce qu'ils ont été avantagés. Ces barrières d'épineux que tu vois sont autant de sources, actuelles ou à retardement, de graves conflits interindividuels. Le piège tendu par l'individualisation se referme inexorablement. » L'incongruité de la situation ressort d'autant plus que la nature lui oppose un démenti formel, elle qui prend un malin plaisir à se venger en desséchant toujours plus ces terres depuis longtemps désertées par les ruminants. L'absurdité est à son comble.

Le soleil a éveillé une agréable sensation dans mon dos, et j'ai l'impression que ma sueur et mes courbatures elles-mêmes sont bienfaisantes. Les couleurs fauves des paysages qui défilent aspirent mon imaginaire alors que Paul, au sortir d'un virage en épingle, active le crabot, déverrouillant ses roues motrices. Le vague chemin, qu'il connaît par cœur, vient de s'incliner vers la gauche, découvrant loin, par-delà des arbustes de petite taille, la beauté brute de toute la région. La lumière me fait cligner les paupières. L'éclat du soleil est aussi vif que s'il était au zénith. Mes songes sont interrompus lorsque la voiture s'engage à l'intérieur de limites concentriques plus hautes et s'immobilise devant un bouquet d'arbres chétifs et dénudés. Mes yeux accoutumés à ce dédale de clôtures végétales m'ont empêché de voir que la barrière d'épineux que nous venons de franchir encercle un village, celui de l'*eunoto* !

***

Je suis assis sur une branche morte en lisière de forêt, à côté d'un cousin de Kenny. Grand et légèrement enrobé, il a l'humeur joviale qui correspond à l'air bon et généreux qu'il dégage au premier coup d'œil. Je ne suis donc pas étonné d'apprendre qu'il est l'un des aînés superviseurs de ces moranes en fête. Une telle tâche est confiée aux « compagnons d'âge idéaux », à ceux que l'on surnomme avec grand respect les *inkaminin*, à la fois généreux, sociables, toujours disponibles et surtout au sens de l'humour très affûté. Celui-ci est en effet décapant. « Je suis un grand ami de Kenny, malgré mon embonpoint. On m'appelle Peter ! » me dit-il dans un anglais approximatif, du ton de celui qui se tourne en dérision, avant de poursuivre en français : « Comment ça ba, ça ba bin ? » Il me dit ne pas savoir lire, mais qu'en revanche il ne perd jamais une miette de ce qu'il entend à la radio. Et de continuer en commentant l'actualité internationale, de la guerre en Bosnie, où sont partis de nombreux jeunes Maasaï, à l'intervention américaine Restore Hope en Somalie. Ses paroles coulent comme la lame de son coutelas sur la viande grillée, dont il me tend des bouts à une cadence si rapide que mes mains n'ont que le temps de les saisir et de les accumuler. « Tu sais, tes Maasaï du côté d'Entepesi ne sont pas les seuls à connaître des problèmes politiques !... » m'annonce-t-il en affectant un air compassé. Mais, la seconde suivante, ses yeux espiègles, qui se remettent en mouvement, me font réaliser la profonde coïncidence entre sa remarque et la question que je me posais au même instant intérieurement. Cela m'arrivait souvent avec *papaaï*, Kenny et même Yiaro ; avec l'effet de me convaincre que les Maasaï ont jadis été de remarquables adeptes de la télépathie. Il poursuit avec malice : « Tu n'as peut-être pas encore remarqué, mais le village de l'*eunoto* ne totalise que trente-neuf maisons, alors qu'il est supposé en avoir quarante-neuf ! À cause de différends politiques entre les aînés du foret à feu, survenus après que Magadi est devenue une division administrative, les moranes des *imanyat* de Magadi et Toroseï n'ont envoyé ici que dix représentants. Du jamais-vu, chez nous ! » parachève-t-il, tout en ne se prenant guère plus au sérieux, ayant sagement compris que face aux débordements inhérents à la politique, l'unique parade était le rire.

Alors que Peter s'est tu, je perçois, au timbre haut perché des voix et à la surexcitation ambiante, que l'assistance s'est féminisée. Nous sommes bientôt submergés par des femmes de tous les âges, les mères des moranes car des *isurutia*, deux spirales de cuivre spécifiques à ce statut, pendent sur leur poitrine. Le changement de décor s'est opéré si brutalement que j'ai la sensation de m'être assoupi entre deux actes d'une représentation théâtrale. Les drapés unis teints en rouge des initiés ont été remplacés par les imprimés aux couleurs vives et aux motifs en tous genres que les mères portent comme elles veulent sur leurs *ilkarash* plus codifiés. Assises en cercle par petits groupes de dix ou quinze, je ne distingue plus que les sphères agitées de leurs crânes lisses dansant au-dessus d'une végétation buissonneuse. Des aînés, chargés de morceaux de viande rôtie qu'ils transportent au creux d'un tissu accroché à la taille, s'activent à les restaurer.

« Les Maasaï respectent les femmes car ils les craignent beaucoup, me dit Peter sur un ton doctoral. Vous avez aussi peur des femmes, en Europe ?

— La communication n'est pas chose aisée dans le monde moderne... », lui dis-je, sans m'avancer beaucoup. Je préfère revenir à ces femmes que j'ai devant les yeux : « ... Mais je connais une légende maasaï qui raconte qu'autrefois les femmes étaient maîtresses de leur sort. Elles vivaient entre elles avec d'immenses troupeaux d'élans qu'elles avaient domestiqués et ne voyaient les hommes que pour échanger et procréer.

— *Ee pae !* » (Oui, bien sûr !), répond-il, médusé. Sans me laisser le temps de finir, il enchaîne avec gourmandise : « C'est parce qu'elles ont été négligentes avec leur bétail que Dieu les a contraintes à rejoindre les hommes. » Il me tapote l'épaule, puis se lève pour retrouver les autres « parrains » groupés autour du feu qui a servi à cuire la viande. Les moranes convergent en rangs serrés de l'autre côté d'une flamme devenue vacillante. Ce lieu est symbolique, car c'est en allumant un feu à l'aide d'un bâtonnet pivotant sur une plaquette de bois que ces aînés ont, quelques années plus tôt, créé leur classe d'âge. Le feu marque chaque étape de son cycle rituel, et c'est lui qui les fera renaître dans l'autre monde, celui des hommes mûrs. Ce cercle humain entourant le foyer symbolise aussi l'identité maasaï et l'idéal d'égalité qui s'y rattache. Les aînés exercent leur pouvoir éducatif sur les jeunes générations, sans exiger d'elles qu'elles se conforment à des relations de commandement-obéissance. La subordination hiérarchique, en principe fondée sur l'âge biologique, n'existe que pour distinguer ceux qui ont atteint la pleine maturité sociale de ceux qui, pour y parvenir, doivent franchir les nombreuses étapes d'une lente initiation. En voyant les jeunes membres de cette classe d'âge déjà unis par de très puissantes solidarités, je réalise pourquoi l'histoire maasaï n'en est pas moins fertile en cas de désobéissance à l'égard des anciens. Se sentant de plus en plus responsables vis-à-vis de leur société tout entière, à mesure que progresse leur apprentissage, ils prennent parfois sur eux d'appliquer le proverbe « la sagesse n'a pas toujours les cheveux blancs » !

En dépouillant les archives coloniales, j'ai ainsi été bouleversé par le compte rendu d'un cas de ce type. L'action remonte à une journée de septembre 1918, au cours de laquelle les moranes de la section Purko outrepassèrent la recommandation de leurs aînés de ne pas attaquer le poste administratif d'Ololunga, près de Narok. Ils le prirent d'assaut dans le but de s'opposer à l'ouverture d'une école et à l'enrôlement de force des enfants. Face à la passivité voulue des anciens, qui considéraient toute résistance comme futile et dangereuse – attitude justifiée lorsqu'on lit en conclusion que cette opération a fait quatorze morts et soixante blessés parmi les moranes –, ils se sont sentis investis d'une mission destinée à sauver l'honneur de la société maasaï en même temps qu'ils sauveraient les enfants de ce qu'ils avaient perçu comme une forme d'esclavage exercée par l'État...

Les pères spirituels brandissent leurs longs bâtons blancs, imités par les moranes dès qu'ils ont fini de les bénir : « ... Que Dieu vous aide à prospérer... Vivez en paix et heureux... » Bientôt, l'air que je respire se remplit de connivence avec eux et semble vouloir me transmettre, à travers leurs *« naaï, naaï, naaï »* scandés dans les graves les plus purs de leur âme, la promesse d'un bonheur à venir. À quelque distance de là, mon oreille saisit le rythme plus aigu de voix féminines qui leur font écho en vibrant d'une même harmonie. Tandis que les hommes continuent d'agiter en l'air leurs bâtons de berger, j'entrevois les femmes, qui se sont groupées en une longue haie d'honneur à l'orée de notre antre feuillu. La mélodie qu'elles chantent se fait pressante. Sans doute s'agit-il d'une invitation à les rejoindre. Avançant dans leur direction, les hommes, tous âges confondus, se sont mis à la file, faisant tournoyer leurs bâtons avec une excitation montée d'un cran. Je me lève et décide de me poster à l'entrée de l'étroit goulet formé par les deux longues rangées de femmes qui se font face, dans lequel les hommes de tête se sont engouffrés. La procession s'étire sur une seule file, les femmes fermant la marche sans cesser de chanter, soit en solo, soit à l'unisson. De concert avec le ronflement lancinant des hommes qui nous parvient de loin, l'ensemble musical engendre de fantastiques vibrations. Ici, tout est musique, l'homme et la femme sont la musique, et pour cela, nul besoin d'instrument particulier. Depuis son plus jeune âge, c'est en lui-même qu'un musicien apprend à la transporter.

Avant de rencontrer les Maasaï, j'avais toujours considéré le fait de chanter comme une véritable humiliation. Je suis encore traumatisé par le souvenir d'une fin de soirée chez des amis, à Paris, où j'avais dû chanter, quand mon tour était venu, en lisant laborieusement sur une partition de chansons françaises les paroles qu'un autre accompagnait à la guitare. En arrivant sur le plateau, en vue du village cérémoniel, les chants s'interrompent et la file se désagrège en une fraction de seconde. Le bel ordonnancement s'est mué en une pagaille indescriptible. Hommes et femmes courent en tous sens pour se munir de longues verges feuillues. Si les premiers, nonchalants, peinent à se déplacer tant ils sont hilares, ce n'est pas le cas des secondes dont le sérieux s'affiche sur les visages déterminés. Leurs jupes ont beau leur battre les chevilles, elles ne paraissent guère entamer leur vivacité ni leur rage. Les hommes font l'effet d'avoir été anesthésiés, et je suis moi-même sans réaction lorsque, à dix mètres à peine de l'endroit où je tente de me faire oublier, une meute de jeunes femmes se ruent sur un aîné dégingandé, qui demeure coi alors qu'elles lui assènent une série de coups pas feints du tout. Le malheureux se trouve trop près de la brochette pourpre qu'elles convoitent et que j'aperçois, plantée dans le sol brunâtre, sec et friable. Je viens seulement de réaliser que nous sommes rentrés, au moment où je m'y attendais le moins, dans une phase très réputée de lutte humoristique entre les deux sexes pour la conquête de la viande. Si je ne savais pas qu'il s'agit là d'un combat où les hommes s'arrangent plus ou moins pour laisser leurs femmes l'emporter, je ne l'aurais pas deviné, car les coups qui pleuvent à présent de tous côtés ne semblent pas du tout simulés. Les moranes, demeurés en retrait, s'y mettent à leur tour et fondent sur les femmes en mimant la férocité, mais les tressaillements rieurs de leurs traits ont tôt fait de les trahir eux aussi. Un autre groupe d'aînés fonce sur une femme qui était sur le point de s'emparer de la brochette, et le manège des coups redouble d'intensité. Les branches fouettent l'air, je les entends siffler et se rapprocher de mes oreilles. Les femmes sont montées comme sur des ressorts et prennent du plaisir à fouetter les hommes, jeunes ou vieux. À l'instant où je vais prendre une photo de la scène tumultueuse et que je me colle à l'oculaire de mon appareil, un coup cinglant m'est porté par derrière sur la nuque. La surprise et la douleur me font vaciller, mais j'ai encore la présence d'esprit de prendre mes jambes à mon cou, car la femme qui en est l'auteur se précipite sur moi pour réitérer son agression. Je n'ai pas rêvé, la frappe était réelle, me confirmant que la gent féminine ne rate jamais une occasion, même s'il s'agit comme ici d'un rite d'inversion où la bonne humeur est de mise, d'en remontrer à l'homme. Essoufflé, je me poste à l'écart pour reprendre mes esprits. L'événement n'est pas passé inaperçu, les yeux rigolards des femmes étant à peu près tous braqués sur moi, au point qu'elles en oublieraient l'objectif de se saisir du morceau de viande. Moi qui voulais me faire tout petit, c'est réussi ! Je viens de me faire humilier comme les autres ; mais n'était-ce pas le but ? Non seulement je dois l'accepter, mais je peux être fier d'avoir contribué à la pleine réussite de ce jour mémorable. C'est ainsi que j'interprète l'attitude de Kenny, qui se jette de joie dans mes bras, comme si je venais d'accomplir un authentique exploit. Une clameur me fait tourner la tête. Les femmes exultent, elles ont profité de ce relâchement d'attention pour subtiliser la brochette. Une à une, elles portent le trophée bien haut au-dessus de leurs têtes. Cette fois, ce sont elles qui ont pris les rennes du cortège. Les chants recommencent, qui laissent éclater leur bonheur sans calcul.

Alors qu'elles pénètrent le village de l'*eunoto*, Kenny me fait pivoter dans l'autre sens et m'indique le bas de la dépression. Une forme cahotante s'extirpe à grand-peine du creux que nous venons de quitter. « Je dois rentrer pour mes animaux, me glisse-t-il. Nous reviendrons demain au lever du jour, c'est promis ! » Dans la voiture, Kenny et Paul sont tellement impatients de raconter des anecdotes sur ce qu'ils viennent de vivre qu'ils parlent tous les deux en même temps. Au centre du village en pleine effervescence que nous longeons, deux drapeaux semblent se défier au sommet de l'interminable courbe d'une branche qui fait office de hampe. Les couleurs vives du rectangle national contrastent avec le bleu uni du fanion de l'*emanyata*. Les moranes, rassemblés en demi-cercle, rivalisent, par vagues successives de deux ou trois danseurs, à qui bondira le plus haut. Cent mètres plus loin, à l'est de ce périmètre habité, mon regard interroge une seconde structure villageoise, miniature celle-là. Exactement comme si des enfants l'avaient construite pour imiter leurs parents. Je dénombre, à la périphérie d'un cercle imaginaire, neuf maisons, ou plutôt neuf cabanes de branchage, recouvertes de peaux. Kenny, qui a lu dans mes yeux, y répond : « Plus on approche de la conclusion de l'*eunoto* et plus le village se concentre en un lieu restreint et dépouillé. En supprimant les divisions physiques, on consacre l'union de tous les membres de la classe d'âge ! » De retour chez Kenny, le soleil couchant a strié le ciel apaisé de longs rubans de nuages blancs et roses qui s'effilochent jusqu'à ne plus être...

***Vendredi 11 août,** arrivée au village de l'eunoto, 7:30*

Kenny étant parti à Narok pour son travail, je suis allé à pied plusieurs jours de suite depuis chez lui à Indupa jusqu'au village cérémoniel. Quinze kilomètres aller, quinze kilomètres retour... ! En pure perte, car rien de marquant ne s'est passé depuis l'autre jour. Et puis avant-hier, j'ai eu une poussée de fièvre – paludisme ? En tout cas, elle a baissé d'un coup après que Kenny a abattu une chèvre et m'en a fait boire la graisse mélangée à une décoction d'écorces. Dans la voiture, aujourd'hui, la vie a repris le dessus.

Je me sens comme purifié. Des souffles de vent me fouettent le visage en m'apportant un subtil parfum d'herbes sèches. Je laisse ma peau absorber la force du soleil levant lorsque des bruits sourds, répétés, des ronronnements épais constitués de très basses fréquences, se mêlent à ces senteurs. Tout excité, je suis le premier à descendre de la Jeep. De loin, on dirait une corde rouge, très tendue et immobile, reliant deux cercles. De près, je me sens transporté sur une planète évoluant dans un lointain cosmos. Je sens soudain l'histoire de ces moranes en ligne se mélanger à la mienne, au rythme étrange de sons étouffés, expulsés du tuyau torsadé d'une corne de kudu. Les quarante-neuf moranes les « plus méritants », sélectionnés, selon l'explication que me crie Kenny à l'oreille, par leurs pairs et leurs parrains sur la foi des résultats acquis à l'école traditionnelle de l'*emanyata*, ont profité de mon absence pour être rasés. Ce sont eux qui mènent la procession, l'air grave, leurs crânes encore humides d'argile et un trait de craie blanche barrant leurs fronts. Ils semblent se raccrocher aux coups réguliers de cette trompe animale, qui traduisent sûrement au-dehors leurs roulements du dedans. Les visages n'affichent plus aucune expression et leurs yeux fixent un ailleurs dont ils seraient les seuls à connaître l'existence. Serrés les uns derrière les autres, certains effleurent d'un doigt la main droite de celui qui les précède, tandis que tous portent trois longs bâtons de bois blanc qu'ils font reposer en paix à leur côté, à chaque pas ralenti. La paix, et plus jamais la guerre, c'est à travers les *ing'udisin*, les bâtons de berger, la future mission de ces hommes en passe d'accéder à l'âge mûr. En tête du cortège, l'*Olotuno* (le Planteur), en d'autres termes le leader spirituel de toute cette génération, tout récemment élu, les arbore plus ostensiblement encore, ayant paré de deux plumes d'autruche le sommet de ses substituts de lances en bois. L'émotion est palpable. J'ai moi-même l'impression d'avoir été vidé intérieurement pour permettre à ces si riches et si denses sensations d'imbiber mes cellules, me marquant à vie. Je me sens de plus en plus avec eux, comme si j'avais partagé leur vie de morane, comme si je comprenais tout ça, comme si je l'avais déjà vécu, intimement. Une force invisible est en train de me pousser corps et âme dans l'huile essentielle de leur vérité. Je me coule en elle sans lui opposer la moindre résistance.

Par un effet d'optique lié à ma position en contrebas, les moranes me semblent étrangement sortir du tronc d'un arbre en surplomb et de l'enchevêtrement de ses branches défeuillées. Tout tend vers le haut, les hommes, leurs bâtons, le tronc, les branches. Ces mille regards qui portent loin sont les mille rameaux de l'arbre dans leur élan vers le ciel. L'arbre suspendu au-dessus de leurs crânes rouges semble lui aussi tirer sa sève d'en haut. Il me fait penser à l'arbre de vie que Dante nous fait rencontrer, dans *La Divine Comédie*, au vingt-quatrième chant de son « Purgatoire »... À droite, au cœur du village composé de neuf maisons provisoires, je compte quarante-neuf femmes, les mères des moranes honorés d'avoir été les premiers à être rasés. Elles achèvent de bâtir à la hâte un vaste enclos de peaux de vache, blanches ou noires, érigées sur le pourtour de pieux plantés à mi-hauteur. Cette circonférence de peaux figure peut-être, comme jadis le jardin clos de Dante, l'accès au paradis terrestre. Mais à entendre les gémissements insistants de la trompe, à voir tous ces regards graves, visiblement frappés de nostalgie, ils lui tourneraient plutôt le dos. Je lis sur leurs visages la lutte intense qui les met aux prises avec eux-mêmes, avec un passé tout frémissant d'exploits accomplis pour sonder les limites de leur liberté. Cette liberté, à l'évidence, ils luttent encore pour ne pas la quitter. Ils se sont arrêtés à dix mètres de l'enclos de peaux.

Même leurs voix se sont tues. Leur attitude figée est à n'en pas douter à la mesure de la confusion extrême de leurs sentiments, au point que je les crois statufiés. Je tâche de me faire tout petit, pas tant pour éviter toute intrusion intempestive mais surtout parce que, face à ce concentré de beauté et de liberté parfaitement inaccessible, je viens juste de prendre conscience que je ne suis pas encore tout à fait un Maasaï... Dans le périmètre de peaux, j'entrevois un aîné qui pose une jupe de cuir souple sur les naseaux d'un énorme bœuf noir. C'est ainsi que les sacrifices rituels se passent chez les Maasaï, par suffocation. Le bœuf a cessé de tressaillir mais l'aîné continue de presser sur le mufle. Son sacrifice est codifié, le bœuf devient une véritable icône, image sacrée de la plus haute importance. On l'a positionné sur le dos, tandis que sa tête pointe vers le sud et sa queue vers le nord, évoquant la provenance historique du peuple maasaï. Quant à ses flancs, le droit est dirigé à l'est et le gauche à l'ouest, associant les côtés « favorable » et « défavorable » du bœuf aux directions du soleil levant et du couchant. Tout ceci est destiné à rappeler la généralité de leur migration du nord vers le sud et la particularité de chacun qui, dans son court périple sur cette terre, voyage de la vie vers l'après-vie, c'est-à-dire métaphoriquement d'est en ouest...

Je ferme les yeux, tant le silence qui règne est devenu une présence et un guide. Jamais auparavant je n'avais ressenti à ce point combien le silence était habité, combien il était tout sauf le vide. Mais il a suffi que je le pense pour qu'il soit rompu par une voix enjouée... Celle de Peter, qui autorise à l'instant même ses protégés à pénétrer le cercle magique. Il me gratifie d'un clin d'œil. Il avait disparu depuis notre première rencontre, et le voilà qui réapparaît au moment où je l'attendais le moins. Sa gaieté est décidément toujours aussi communicative. Je souris à détailler sa gestuelle ainsi que sa tenue. Il est vrai que le long drapé jaune d'or qui l'habille de pied en cap ne passe pas inaperçu ; le soleil de huit heures en accentue l'éclat, comme si la couleur criarde de l'imprimé ne suffisait pas. Je ris vraiment lorsque, adoptant un air martial, à la façon d'un major de l'armée britannique, il plie le bras droit et referme prestement sa main sur l'extrémité d'un *esiare narok*. La partie de la robe du bœuf entre le cou et l'abdomen est tranchée. L'animal a cessé de vivre depuis longtemps et l'officiant lui perce à présent le cœur, faisant affluer son sang dans l'ouverture béante. Drapé dans une tunique bleu ciel, l'homme-médecine dépose dans cette poche aménagée une poudre qui protégera l'avenir de tous ces postulants à la vie d'adulte. Un à un, porte-parole et leaders rituels en tête, ils viennent s'agenouiller et, comme on embrasse une icône, plongent le visage dans le liquide sacrificiel. Les secondes qu'ils passent ainsi, immobiles, les lèvres immergées, sont interminables. Et lorsqu'ils se relèvent, une nouvelle teinte de rouge barre le bas de leur visage sur toute la largeur.

Chez nous aussi, le sang de l'agneau, remplacé aujourd'hui par de l'eau, était à l'origine le sang d'un taureau sacré. Enfant, je me souviens être tombé sur un livre qui m'a beaucoup marqué. On y parlait des courses de taureaux en Espagne comme d'une version ultérieure du même sacrifice. À Mérida, on avait construit des arènes au-dessus d'une antique chapelle romaine consacrée à Mithra, où les centurions se dévêtaient et étaient rebaptisés par le sang d'un taureau blanc avant chaque combat, pour recevoir la force de lutter contre leur ennemi...

Une vibration sourde roule dans le lointain. Mes yeux se braquent sur un tout petit point rouge animé dans la toile bleue de l'horizon. Comme ragaillardis par le sang du sacrifice, les centaines d'initiés se précipitent hors du cercle de peaux et laissent éclater leurs émotions jusque-là contenues, par des cris brefs et perçants. La trompe sonne en accéléré, les voix produisent des sons de plus en plus aigus, les bâtons clairs pointés au-dessus de leurs crânes rouges se découpent dans le ciel clair. « C'est l'*olamal*, ils reviennent de la montagne où ils sont allés chercher l'*enkorien*, sculpté dans le tronc d'un olivier sauvage, me dit Kenny, jamais avare d'explication.

— Pour quel usage ?

— Comme tu le sais, c'est l'un de nos arbres sacrés. Le support du drapeau de l'*emanyata* provient de cet arbre et maintenant c'est au tour de l'*osingira*, la "grande maison des rituels", au centre de laquelle il sera planté. »

J'aperçois non plus un point, mais une ligne compacte de moranes serrés les uns derrière les autres, se mouvant avec lenteur. La vibration s'est changée en clameur. En une ondulation unique due à une danse exécutée à l'unisson comme si leurs corps n'étaient plus qu'un, la file des « buveurs de sang », emmenée par Lekukeï, porte-parole des moranes et lui aussi proche cousin de Kenny, vole à la rencontre des porteurs sacrés. Je les suis, absolument surexcité. Lorsqu'ils se retrouvent à cent mètres de l'autre groupe, leur progression se fait brusquement sinueuse, telle la reptation d'un python qui exécuterait une danse ensorcelante à l'approche de sa victime. L'*Olotuno* est passé en tête, comme pour dire que sans lui *eunoto* et classe d'âge ne signifient rien. Il est, comme le soleil resplendissant à l'arrière-plan, un rappel du Tout qui dissout toute forme de dualisme. Le tronc d'olivier sauvage qu'il s'apprête à planter au centre de l'*osingira* symbolisera non seulement la cohésion d'une génération, mais aussi l'équilibre et la complétude, en un mot l'unité intérieure de chacun d'eux. Dans nos sociétés asphyxiées par le matérialisme, ces rites de passage font cruellement défaut. Je le ressens si fort, à les voir, que mon esprit et mon corps sont soudainement en manque. Chez nous, tension et dualité règnent en maîtres, il n'est donc pas étonnant que nous demeurions toute une vie prisonniers de l'indécision et du manque de confiance en soi...

La musique est douce, les rires dominent. Pourtant, les moranes des deux groupes se rencontrent par vagues qui moutonnent sur un rythme empreint d'une indicible vigueur. Défilant l'une l'autre en sens contraires, les deux lignes humaines se passent en revue tandis que les hommes se congratulent en effleurant le haut de leurs épaules d'un coup bref. Les tresses de ceux qui n'ont pas été tondus volent en tous sens, le stress de tout à l'heure n'est plus. Lekukeï mène à nouveau son groupe, cette fois composé de l'ensemble des moranes, continuant de brandir toujours plus haut leurs bâtons... Je suis allé m'asseoir un peu, à l'ombre d'un acacia parasol, car je suis pris de vertiges. C'est trop en même temps, trop à voir, trop à entendre, trop à assimiler ! D'autant que j'ai encore la fâcheuse habitude de vouloir simultanément ressentir et analyser, ce qui m'épuise. *Laisse-toi aller, calme ton mental, vis l'instant présent !* Je me retiens de me relever pour courir rejoindre les moranes dans l'enceinte sacrée. C'est alors que Kenny revient auprès de moi avec un morceau de viande rôtie, embrochée sur deux branches croisées.

« Prends ça, nous avons tout le temps. De toute façon, il faudrait être un oiseau pour assister à la plantation du tronc tant il y a de monde, et puis, ce sont les moranes que ça regarde, pas un ancien comme toi ! » me lance-t-il en riant comme un enfant farceur, mais surtout pour tempérer ma volonté de tout embrasser. Lekukeï l'accompagne, et je sens que c'est tout sauf anodin. Je remarque ses yeux sombres qui scrutent mon être, comme pour m'insuffler son énergie en or. En tout cas, si les yeux sont les fenêtres de l'âme, la sienne doit être impénétrable et majestueuse. J'y vois sur-le-champ des plaines infinies et sauvages, des rivières impétueuses, des arbres élancés et protecteurs, des montagnes sacrées, mais aussi la volonté de respecter tous ces éléments pour continuer d'être libre. Il a su rester un Maasaï vivant dans l'un des plus beaux sites de notre planète terre, c'est évident. C'est sans doute le message qu'il a voulu me transmettre car, sans avoir prononcé un traître mot, il part rejoindre ses compagnons d'âge. Accroupi, je mange la viande, mais je ne suis plus du tout à ce que je fais. Mes yeux vagabondent dans le ciel, là où des vautours, toujours plus nombreux, semblent vouloir se rapprocher du miroir bleu, comme s'il allait leur réfléchir la promesse d'un festin sans commune mesure avec les maigres reliefs du sacrifice d'ici-bas...

Au cœur du village de peaux, les maîtres de cérémonie se sont levés pour déposer les pièces brunes de viande rôtie sur un lit de longues tiges vertes semblables à des roseaux. Courant en tous sens, les jeunes moranes ne sont pas longs à se rassembler à l'extérieur du village rituel des neuf maisons. Les centaines de gorges, dansant au-dessus de l'arc en mouvement, expulsent une immense rumeur caverneuse. Les porte-parole pénètrent le cercle, qu'ils parcourent en ondulant doucement, dans le sens des aiguilles d'une montre, jusqu'à en faire le tour complet et être les premiers à s'asseoir à droite de l'entrée. Les autres suivent en cadence, se serrant les uns à côté des autres. L'alliance des couleurs, rouge, vert, paille, est puissamment belle. L'*osingira*, à deux pas de là, domine le cercle, brillant comme un panier géant qu'un vannier aurait renversé pour achever d'entrelacer les fibres végétales. Ils sont tous assis, prêts à recevoir la bénédiction de la viande du sacrifice. Je surprends Kenny, l'œil attendri rivé sur moi, plus attentif à guetter mes réactions qu'à suivre dans le détail les évolutions d'un rituel qu'il connaît par cœur. Je me suis posté derrière Lekukeï. Devant moi, six aînés de bleu vêtus avancent deux par deux. Les trois paires, transportant chacune des morceaux différents, viennent d'entamer le cercle humain à bénir dans le sens contraire des aiguilles d'une montre. Les deux premiers parrains portent une pièce très lourde, la poitrine du bœuf, et, par trois fois, en essuient la tranche de l'extrémité supérieure sur le visage du Planteur. À deux reprises et sans faire usage de ses mains, le leader rituel bloque la viande avec ses dents. Il en arrache un bout, qui est beaucoup trop gros à mâcher. On l'autorise à cette phase à se servir de ses mains. Les rires fusent, lui-même est fou de joie. Les aînés suivants ne sont pas trop de deux pour tenir plusieurs organes de l'animal sacrifié, parmi lesquels je discerne le cœur, le diaphragme et les poumons. Les mots de Selenoï me reviennent en mémoire, ceux qu'elle a prononcés un jour de septembre 1983, à Entepesi, en me mettant aux lèvres plusieurs morceaux de viande, tous différents, afin d'harmoniser les tendances opposées !...

Les cinquième et sixième aînés ferment la marche en distribuant à chacun une poignée de petits dés de viande rouge. Un silence surnaturel a enveloppé l'enceinte des peaux alors que je lève les yeux au ciel. Loin dans les profondeurs, la structure des nuages s'éclaire de la lumière en nappe du soleil couchant. Les moranes se lèvent et s'insurgent contre le fait d'avoir une taille insuffisante pour atteindre la voûte céleste. Ne tentent-ils pas d'y parvenir en dressant leurs bâtons le plus haut possible au-dessus de leurs têtes ? Le tumulte a repris, plus soutenu, plus cadencé aussi. Les initiés se faufilent vers l'unique sortie du premier cercle d'une façon que je n'avais jamais observée auparavant. Il en émane une première impression de désordre. Mais elle n'est autre que mon désarroi devant la capacité de ces centaines de jeunes hommes à passer si vite et si spontanément d'un état de recueillement à une surexcitation exprimant par leurs corps magnifiques la joie intense qui les habite. Le désordre s'avère une vraie chorégraphie : les moranes bondissent en tous sens, les pieds joints et, malgré leur nombre et le resserrement du passage, jamais ne se gênent. Au contraire, des cris brefs et perçants pour unique chant, ils paraissent rechercher l'éclatement de l'ego pour parvenir ensemble à des qualités supérieures d'élévation, d'ivresse et de joie extrême.

Une fois dehors, c'est une seule file qui progresse maintenant à pieds joints vers l'une des neuf sorties du second cercle, comme me le souffle Kenny qui me fait l'effet d'avoir rajeuni de dix ans, lui qui fait déjà si jeune ! Je cours, tout essoufflé à ses côtés. Même à pieds joints, ils ont une avance considérable sur nous. J'aperçois les premiers en train de franchir la ligne concentrique, dans la poussière rougeoyante du soleil déclinant, et j'entends les sons intérieurs de la corne de kudu venir à mon secours tel le signal d'une corne de brume...

***Dimanche 13 août**, en route pour le village de l'eunoto, dernier jour ? 6:30*

L'air matinal est pur, je ne vois pas un nuage. En me délectant du spectacle du soleil d'un rouge mat, j'ai du mal à croire que d'ici trois ou quatre heures, il sera redevenu d'un blanc incandescent. Kenny, demandé ce matin d'urgence assez loin pour son travail, je n'ai eu d'autre choix, dès l'aube, que de remettre mes jambes en train, ce qui n'est pas fait pour me déplaire, loin s'en faut. J'aime tellement marcher dans ces lieux magiques où je me sens si plein d'énergie et où j'échafaude toujours mille plans à la minute. Je revis à chaque fois mes premières années inouïes à Entepesi...

J'ai décidé de couper en ligne droite pour atteindre au plus vite l'*emanyata* à travers les herbages cendreux et rêches. Mais je suis en train d'apprendre à mes dépens que la ligne droite n'est pas nécessairement le chemin le plus court, du moins lorsqu'elle vous oblige à d'invraisemblables détours, comme c'est maintenant le cas. J'y suis contraint par une rangée continue de grosses branches épineuses, entassées pour former une succession de barricades infranchissables. « La privatisation des terres ! » soupiré-je, dépité. La nature est somptueuse malgré la sécheresse, malgré la folie des hommes, et c'est tout ce qui compte pour moi à ce moment de la journée. Des cailles naines détalent en courcaillant entre les bouquets d'herbe jaune et cassante, et les petites perdrix des plaines sillonnent l'espace en quantité invraisemblable. Je ne rencontre ni vache, ni âme qui vive, à croire que la nature a définitivement repris ses droits. Il ne doit pas être très loin de midi lorsque je suis en vue du périmètre sacré... entièrement vide ! Où sont donc les moranes ?

« Ma ami, ça ba bin ? » Je me retourne pour voir Peter fondre sur moi en imitant une vache qui broute ! Le champion de l'autodérision insiste pour que j'aille prendre le thé chez lui, à l'autre bout de l'enclos qui paraît plus grand ainsi vide. Peter tombe toujours à point nommé, comme surgi de nulle part. En tant que superviseur, c'est à coup sûr un don remarquable. Je trempe mes lèvres dans un liquide plus proche de l'eau bouillante sucrée que du thé au lait. Peu après, il abandonne son rôle de vache pour celui, beaucoup plus risqué, de reporter de guerre en Bosnie. Il empoigne son club en guise de micro et s'exprime en anglais à propos d'un incident survenu à Sarajevo :

« Un détachement de moranes en tenue de combat a été lâché dans la ville, à huit heures quinze ce matin, heure locale, pour arrêter des espions français. Intimidés par leurs lances menaçantes, ceux-ci se sont aussitôt rendus aux soldats maasaï des forces UN !... » Les saltimbanques, qu'ils sautent en l'air ou s'essaient aux acrobaties de l'esprit, existent aussi chez les Maasaï et même parmi les plus « traditionnels » d'entre eux, c'est d'ailleurs ce qui me les rend encore plus proches.

De longues minutes passent ainsi... Jusqu'à ce qu'un remue-ménage à l'extérieur me sorte de ma torpeur. Je sors de sa maison comme le ferait un lapin affolé de son terrier enfumé. Les moranes sont de retour. Je les aperçois par centaines dans un panache de poussière, et leurs clameurs brèves et répétées me font croire que notre village est attaqué par des Apaches ! L'enceinte de l'*osingira* est prise d'assaut. Je me faufile entre les lignes, dont l'une part à droite au tout dernier moment, une autre à gauche, tandis que j'aperçois neuf initiés, singulièrement jeunes et portant des couvre-chefs en plumes d'autruche, que l'on autorise à prendre place à l'intérieur de la maison sacrée. Vu leur âge, ils n'ont sûrement pas passé beaucoup de temps dans une *emanyata*. Pas étonnant qu'ils aient été sélectionnés pour leur pureté ; j'en conclus que tous les autres ont eu des relations sexuelles avec des femmes mariées, car seuls ceux qui n'en ont pas eues peuvent pénétrer l'*osingira* !

Après une brève accalmie, les moranes reviennent, perçant mes tympans de leurs petits cris qui s'amplifient à cent mille watts. J'entends aussi les cornes de kudu défiant les clochettes de métal qui frappent des centaines de cuisses en tintinnabulant. Leur sentiment de puissance a décuplé. De leurs pas de danse, à pieds joints, à cloche-pied ou à vives enjambées, ils tentent à présent, en nombre massif, impressionnants, d'investir l'*osingira* que leurs pères prétendent à mains nues protéger de toute violation. Leurs corps sont maquillés de longues lignes d'argile blanche. Les bâtons de paix sont brandis, menaçants. Les mères les encouragent, la plupart dansant avec eux. Je ne sais plus où donner de la tête et tente comme je peux de prendre une photo dans la tourmente. À chaque tentative, je manque d'être piétiné par cette horde magnifique. Toute la communauté maasaï présente est en extase devant ce spectacle d'une rare intensité. La cohésion du groupe se dessine en même temps que prend fin, en cette joute ultime, le temps d'immense liberté des moranes. Telles les vagues, les moranes engloutissent l'*osingira*, puis refluent hors de l'enceinte. Par groupes de vingt ou trente, ils l'encerclent et la quittent, réitérant l'opération maintes et maintes fois. Comment un peuple encerclé par tant de forces contraires peut-il continuer d'être habité par un tel souffle ?

Sans nouvelles de Kenny, je décide de rentrer avec Mohammed, un colporteur pakistanais venu dans sa vieille guimbarde proposer aux mères maasaï et aux moranes tout un bric-à-brac. Il m'offre de dormir dans la tente du *watchman* de son dépôt de Kilonito, à deux ou trois kilomètres d'ici. Je serai ainsi à pied d'œuvre dès la première heure pour venir assister au rasage de tous ceux qui ont gardé leurs tresses jusqu'à l'ultime journée !...

Dans la tente du watchman (gardien de nuit), 21:00

À ma stupéfaction, la tente, une tente de l'armée couleur kaki, n'est qu'une simple toile gorgée de poussière ! Je m'étends à même le sol, dans mon sac de couchage. Dans le courant de la nuit, deux intrus pénètrent mon antre ; les gardiens du dépôt ? Ils sont ivres, menaçants. La peur s'installe. Ils ont suspendu une lampe tempête à un arbre situé devant l'entrée. Je me lève pour aller l'éteindre, puis me glisse à nouveau dans mon duvet. Les deux hommes ont disparu ! Je ne parviens pas à me rendormir. J'ai froid, un vent fort souffle par rafales. Je décide de finir la nuit dehors, au moins je ne souffrirai pas de cette odeur de poussière âcre qui m'oppresse. Emmitouflé dans mon sac, dont je me sers comme d'une couverture, je m'assieds sur une vieille souche dans cette sorte de terrain vague clôturé au milieu de nulle part. Malgré le froid vif, la nuit est magnifique. En séjournant chez les Maasaï, dans leurs villages situés au cœur d'une faune sauvage abondante, j'ai appris la légèreté de l'âme que le jour ne connaît pas. Tout autour, la vie animale reprend ses droits. Le ciel lui-même, semis d'étoiles brillantes comme des diamants, devient un conte pour enfants, comme l'étoile claire de la Vierge que je remarque à l'est au ras de l'horizon. Si la pluie doit venir, c'est de là qu'elle arrivera... mais quand ? Juste au-dessus de ma tête, je reconnais Rigel et Bételgeuse de la constellation d'Orion qui, par la mouvance de leur éclat, me font l'effet de grossir à vue d'œil. Certaines étoiles sont entourées de la lumière diffuse d'une nébuleuse. Loin, au-dessus de la dépression qui plonge vers Magadi, un chacal jappe à trois reprises puis déverse son âme dans un hurlement poussé à pleine gorge, comme si le son descendait lentement des étoiles, comme si c'était la voix de quelque carnassier des temps anciens dont la tristesse aurait traversé le ciel. La liberté doit ressembler à ce que je ressens à cet instant précis. La liberté, par culture interposée ! C'est tout cet air pur, ce séjour durant lequel je revis tout simplement, qui me font croire la chose possible. L'encre du ciel s'éclaircit, on dirait l'aube. Je crois qu'il est temps de me mettre en chemin...

L'*emanyata* s'éveille à peine, encore groggy des festivités virevoltantes de la veille, à moins que ce ne soit la retenue précédant le rasage qui signe la fin des moranes. C'est bien cela, je ne tarde pas à m'en rendre compte. Tandis que Peter m'offre une tasse de thé devant chez lui, les mères se sont rassemblées tout autour du village, dos à leurs maisons respectives, et commencent à raser la chevelure mythique de leurs fils qu'elles ont mouillée avec du lait. Elles se sont réparties par groupes de deux, l'une et l'autre penchées à angle droit en bordure d'une peau claire sur laquelle deux de leurs fils sont assis et se font face. Elles ont le geste lent. Des cris s'élèvent, mais ils ne sont pas tonitruants comme la veille. Ce sont des cris d'animal blessé, qui s'accompagnent de soubresauts lancinants, douloureux. Plus près de moi, un morane, l'écume aux lèvres, a projeté ses bras raides vers le ciel. En obligeant mes yeux à faire un tour complet de l'enclos, je remarque qu'aux quatre coins, les jeunes adultes sombrent un à un dans des spasmes incontrôlés. Si l'émotion est la plus forte et les submerge, c'est qu'elle est proportionnelle à la liberté qu'ils ont connue, et je comprends qu'ils ne souhaitent pas y mettre un terme. Les mères tentent de les calmer en les cajolant comme des bébés. Je ne me résous pas à les photographier, tant l'émotion me gagne à mon tour, mais l'image que j'en garderai ne suffit-elle pas ? Lorsque tous sont rasés, on leur couvre le crâne d'argile humide de couleur ocre. Ils se rassemblent à l'écart et demeurent comme pétrifiés. Ils ne parlent ni ne dansent... du rouge plein la tête, je me remets en route. Au moment de quitter l'*emanyata*, vers huit heures, je vois débarquer deux Américains corpulents dans des chemises hawaïennes, blancs comme des cachets d'aspirine, au volant d'un 4x4 flambant neuf avec plaques rouges diplomatiques et inscription en grosses lettres du PROGRAMME DES NATIONS UNIES POUR L'ENVIRONNEMENT. Zooms en batterie, caméscopes en bandoulière. Ils ne me voient même pas et m'entendent encore moins quand je leur annonce sur un ton goguenard qu'ils arrivent trop tard !

Dimanche 20 août*, en route vers Sajiloni, le « village des longs bâtons », 6:30*

Il est six heures et demie, je m'apprête à quitter Kajiado. Je me sens reposé malgré la musique zaïroise et les rires alcoolisés de l'hôtel borgne où j'ai passé la nuit ; mais sans le rituel de la première tasse de thé, il me faut toujours plus de temps avant de naître vraiment à la magnifique journée qui s'annonce. À vingt minutes d'ici, Kenny m'a emmené hier à Sajiloni chez les Maasaï les plus touchés par la privatisation et la perte des terres, jusqu'à l'emplacement d'un village cérémoniel de vingt-neuf maisons. Il m'a présenté à son demi-frère, le fils cadet de la seconde épouse de son père « endormi » (décédé). La célébration pour laquelle Kenny m'a fait venir ici et tient absolument à ma présence concerne à nouveau des moranes, mais des moranes qui, selon son explication, sont tous écoliers et n'ont guère connu la vie en *emanyata*. Chez ces Maasaï, m'a-t-il prévenu, l'*eunoto* « de la main gauche » d'une classe d'âge est remplacé par une fête beaucoup plus restreinte qui se passe à l'intérieur d'un village appelé *enkang ong'udisin*, le « village des longs bâtons ». La bénédiction finale, pour ne pas dire la fête proprement dite, ne durera qu'une journée, même si vingt-neuf de leurs mères ont construit, plusieurs semaines auparavant, le lieu rituel dans lequel ils vivent depuis un mois. Le laps de temps qui correspond aux grandes vacances scolaires. Après l'*eunoto* que je viens de vivre, je me dis, non sans condescendance, que je peux bien faire plaisir à Kenny en y passant la journée. Mais toute la tension accumulée ces deux dernières semaines s'est relâchée, mon attention et ma curiosité aussi. Au fond de moi, je sais que j'irai à cette fête sans pression, mais également sans cette joie qui vous fait soulever des montagnes et donc sans grande illusion sur l'intérêt que je pourrais en retirer.

Après une petite hésitation, me revient en mémoire le chemin à prendre, derrière l'église catholique. Un chemin qui descend en pente douce en direction d'une légère dépression. J'observe un nuage ardoisé qui flotte devant le soleil rougeoyant avant de s'effilocher. Malgré une extension anarchique de son espace semi-urbanisé, je suis surpris de la rapidité avec laquelle les constructions sans fard du chef-lieu de district se sont effacées de mon champ de vision. Les plaines roussies ondulent déjà à l'infini et, au creux de chaque plissement, je m'imagine en train de franchir une dune s'étirant face à la mer. Mais au lieu d'un scintillement mouvant, je suis comme agressé par un miroitement plus massif et statique. Des dizaines de véhicules de type *matatu* (taxis collectifs) sont garés aux abords d'un cercle imparfait abritant vingt-neuf paniers renversés, le « village des longs bâtons ». Une foule hétéroclite est déjà à pied d'œuvre malgré l'heure matinale. Les hommes de tous âges, debout, procèdent à l'échange des nouvelles ou rient bruyamment. La plupart ont revêtu leur plus beau costume de ville, que certains ont recouvert d'un drapé à carreaux bleu ou rouge. À cause de la fraîcheur ou pour se souvenir qu'ils demeurent maasaï avant tout ? Le long des coupoles de bouse, les femmes se sont assises par cercles de vingt ou trente et s'occupent de la nourriture des convives, les unes se brûlant les doigts à faire grossir leur tas de *chapatis* (galettes de riz), les autres moulinant sans compter pour faire durcir la pâte de l'*enkurma* (brouet à base de farine de maïs), d'autres encore transvasant des montagnes de riz d'un blanc étincelant dans un fait-tout géant. Je ne réalise pas sur-le-champ que l'homme d'une trentaine d'années venu à ma rencontre en faisant montre de la même propension enthousiaste que Kenny à être à l'écoute et dans l'accueil des gens est son demi-frère. Contrairement à hier soir où il arborait une paire de jeans et un tee-shirt, ce matin les *ilkarash* conscieusement noués à l'épaule le travestissent en un Maasaï ordinaire. Je vois bien qu'il en éprouve une grande fierté, probablement sa façon à lui de respecter un événement exceptionnel tel que celui-ci. « Mon jeune frère, c'est le grand là-bas, en troisième position dans la file ! » s'exclame-t-il, ravi, en me désignant un être filiforme ayant grandi trop vite, parmi plusieurs dizaines de garçons sagement rangés à la queue leu leu tels des écoliers avant le début de la classe. Il me confirme ce que Kenny m'a expliqué hier : « C'est la main gauche de "ceux qui n'ont jamais connu la défaite", ils sont presque tous scolarisés et ils ont été moranes tout au plus durant les vacances. C'est pour cette raison que leur cérémonie a lieu ce mois-ci. Chez nous, la main gauche d'une classe d'âge ne va jamais à l'*eunoto.* » Je n'en vois aucun avec les lobes d'oreilles percés. Ils n'ont pas non plus la noble chevelure des moranes, simplement de l'ocre rouge sur des cheveux bien trop courts pour être tressés. C'est à peine si l'assistance s'intéresse à eux lorsque, en file indienne, le bâton de paix à l'épaule, ils esquissent des petits pas de danse en cambrant timidement leurs corps, poussant la tête en avant et psalmodiant des sons rauques. Ils font plusieurs fois le tour intérieur du village tandis que des aînés sacrifient par suffocation un bœuf à robe blanche au centre d'une enceinte de peaux. Juste appliqués comme le seraient chez nous de jeunes communiants, ils viennent ensuite s'abreuver rituellement du liquide encore chaud du sang de l'animal mêlé d'hydromel et de lait. Le groupe reconstitué, ils reprennent leur ronde initiatique et la monotonie de pâles figures trop rapidement apprises. Je les sens en total décalage, comme moi d'ailleurs, complètement extérieur à l'événement. Des hommes se succèdent pour me commenter les images dans un anglais approximatif. Ils s'enhardissent. L'un d'eux m'empoigne le bras avec violence. Il flotte dans un imperméable bleu foncé de la police dont les dimensions ne correspondent pas à sa petite taille. « Ce sont des rites de sauvages, vous avez l'autorisation d'être là ?... », me répète-t-il cinq, six fois, sur un ton de dément. Le demi-frère de Kenny accourt pour me sortir de ce mauvais pas et, pour capter mon attention, m'indique deux aînés agenouillés. L'un fait pivoter entre ses mains un bâtonnet frictionnant de plus en plus vite une plaquette issue du même bois, pendant que l'autre s'est courbé et souffle dessus profondément. « C'était notre façon d'allumer un feu. Aujourd'hui, on ne l'utilise plus que pour nos cérémonies, mais c'est un bois sacré qui provient de l'*oseki* (*Cordia ovalis*) », me rassure-t-il.

Un à un, les moranes-écoliers prennent position entre deux aînés qui les bénissent en les aspergeant, devant et derrière, d'hydromel et de lait contenus dans deux calebasses oblongues. Puis ils reprennent à la file leur parcours circulaire. Je suis complètement noyé dans une épaisse fumée provenant du rôtissage de la viande qu'on a posée sur un treillage en bois. Alors que les écoliers se sont dispersés dans la brousse environnante, les femmes, par groupes plus restreints de quatre ou cinq, continuent de préparer à manger devant leurs maisons : *chapatis*, viande bouillie et... pommes de terre ! J'ai très faim, mais nul ne semble pour l'heure disposé à me servir quoi que ce soit. Le *shopping center* de Sajiloni est à seulement un kilomètre, m'explique-t-on. Je m'éclipse.

Le ciel à présent plombé ajoute à mon état, mélange de morne tristesse, d'ennui et de mélancolie. Sajiloni se résume à quelques baraques en tôle vendant l'habituelle pacotille des colporteurs. À défaut de nourriture, je bois une Tusker dans ce qui ressemble davantage à une prison qu'à un centre commercial, où le tenancier est désemparé de voir un étranger débarquer tout seul. La mine encore plus déconfite, je repars vers le village des longs bâtons, mais il suffit que le soleil réapparaisse et avec lui les couleurs pour que je ressente à nouveau très fort l'empreinte d'un lieu et l'emprise d'une culture. Je croise un homme en treillis qui me dit être le chef et me déclare comme une évidence : « La culture maasaï existe encore ! Vous étudiez notre culture, je crois... »

Les jeunes se présentent à l'entrée de l'enclos rituel, où les attendent leurs pères pour les bénir avec la poitrine, le cœur et les poumons du bœuf. L'entrée de la circonférence de cuir est différée par un corridor d'une dizaine de mètres, délimité de chaque côté par une muraille d'épineux. Je me prépare à assister à cette ultime étape, un peu mieux disposé qu'en début de matinée, lorsqu'un invraisemblable désordre rompt la monotonie d'un rituel exécuté jusque-là sans passion. La colonne se désagrège sans préavis, tandis que des écoliers ayant poussé pour être les premiers tombent avec fracas sur les clôtures d'épines. Une irrésistible impulsion se propage à la file entière, devenue cataleptique. L'effet de surprise est total, les cris aigus et répétés fusent de toutes parts. Le phénomène de transe est violent et la panique palpable et visible. Des dizaines de corps se débattent à terre convulsivement, soutenus par ceux de leurs rares compagnons restés lucides. Les aînés accourent à la rescousse, je ne sais plus quoi faire ni où aller.

Tout près de moi, un écolier qui ne doit pas avoir douze ans se déplace à contre-courant de la danse frénétique, les yeux fixes, les bras seuls balancés au rythme de longs mouvements du corps, dans une sorte de transe paisible. L'intensité est telle que me vient l'image d'un champ de ruines jonché de cadavres après la bataille. Mais des cadavres qui auraient les bras en croix et trembleraient de tout leur corps. Ils sont de plus en plus nombreux à parvenir jusqu'à l'assistance, se déchaînant, inconscients de leurs forces décuplées, sur leurs mères désemparées. Elles qui s'étaient approchées pour assister en masse à la bénédiction de la viande poussent à leur tour des hurlements de peur et de désespoir. Elles fuient en ordre dispersé vers la sortie du village. Deux d'entre elles se précipitent sur moi, me repoussant sans ménagement vers la maison la plus proche. « Nous allons te donner à manger ! » prétextent-elles d'une voix elle aussi précipitée trahissant leurs craintes. Il me paraît pour le moins surprenant qu'elles aient eu la présence d'esprit de me soustraire à un tel spectacle, avant que ma stupéfaction ne cède la place à la peur. Plus que tout, elles ne veulent pas que j'interprète de travers de tels débordements. Le sang du bœuf est censé féconder le sol et redonner vie à la nature, c'est aussi un sacrifice baptismal qui situe l'homme dans le strict respect de celle-ci. Pour moi, la transe de ces jeunes Maasaï reflète leur angoisse de n'avoir pas reçu l'enseignement complet de la tradition. Ils ont du mal à se situer entre la vérité vécue de leurs parents et celle apprise dans les livres d'école. Lorsque je suis autorisé à sortir de la maison où deux femmes m'ont servi de la viande bouillie avec des pommes de terre, un calme irréel plane au-dessus de l'enclos. Les jeunes gens sont adossés au cercle de peaux et se passent à tour de rôle un coutelas pour découper leur ultime cube de viande, en mémoire de la cohésion du groupe. La bénédiction de la viande a tout de même bien eu lieu ! Il ne subsiste aucune trace de la tempête qui a secoué le village. Les jeunes adultes se lèvent en silence pour rejoindre deux aînés qui les aspergent à nouveau de lait et d'hydromel. Ils gagnent avec autorité le centre du village. Ils ne sont plus les mêmes. Il leur a peut-être suffi de ne plus pouvoir maîtriser leurs corps, pantelants et gémissants, l'espace d'un instant, pour se sentir initiés de façon durable à un état profond de paix intérieure. Les écoliers gauches qui déambulaient ce matin se sont métamorphosés en véritable main gauche de « ceux qui n'ont jamais connu la défaite à la bataille ». Au signal de leur jeune porte-parole, ils dressent leurs longs bâtons blancs vers le ciel en perçant l'air de cris brefs et joyeux. Leur groupe donne l'effet d'un corps qui s'enroule et se déroule au son mat des bois clairs entrechoqués. Femmes et jeunes filles les ont rejoints, la peur en moins et des parures en plus. Si la plupart de ces moranes n'ont pas connu l'enseignement en *emanyata*, cet événement est là pour me prouver que même la section maasaï la plus touchée dans son être et dans ses terres n'entend pas se laisser engloutir dans le ventre mou d'une pseudo-construction nationale. Les apparences sont parfois trompeuses, j'en tremble encore.

Le frère de Kenny me rapporte une timbale de thé bouillant. Je me dis que Kenny est décidément très très fort : penser à m'amener ici pour que je comprenne très concrètement qu'il est vain de se nourrir de clichés et d'a priori... Car, après ce que je viens de voir, d'entendre, de sentir et ressentir, j'espère vraiment qu'en ce qui me concerne l'habit ne fera plus jamais le moine !

Vendredi 14 octobre, *Appartement Decanal, Panthéon-Sorbonne, 15:30*

« ... Chez les Maasaï, les relations entre les hommes sont davantage valorisées que les relations entre les hommes et les choses... Leur spiritualité agit écologiquement car la très lente initiation qui est offerte à chacun d'eux lui donne la connaissance et la sensibilité pour qu'il soit en mesure de ne pas vivre dans la dualité et qu'il respecte la Terre-Mère en dehors de toute appropriation. Leur culture de l'être est également unique pour avoir généré à grande échelle des savoir-faire susceptibles d'avoir façonné les “meilleurs pâturages du monde” et favorisé l'épanouissement de la plus grande richesse et variété en faune sauvage de la planète... Mais le développement, conçu comme si l'homme n'existait pas, est arrivé ! Un maître mot celui-là, un terme désignant un mouvement qui, par analogie avec le vivant, apparaissait à la fois comme naturel, souhaitable et inéluctable... Une seule chose comptait dans les années soixante-dix et quatre-vingts, mais aujourd'hui, c'est pire encore, car on ne la remet même plus en question : la transformation systématique de la nature et des relations sociales en biens et en services marchands... Pour la première fois de son histoire, l'Occident ne visait plus à exporter une culture, mais à dissoudre toutes les cultures pour y substituer un mode de vie purement négatif, fondé sur le culte de la consommation-rentabilité et sur l'obsession de la croissance techno-économique... Ainsi, les Maasaï, au lieu d'être célébrés pour leur culture unique de l'échange et du don, sont devenus mondialement célèbres pour la seule image folklorisante qu'on a bien voulu garder d'eux dans le monde aseptisé des safaris paisibles pour un tourisme de masse en mal d'exotisme : celle du "guerrier buveur de sang" !... La seule chose à faire selon moi est de renforcer la société traditionnelle au moment précis où elle est appelée à évoluer... en revalorisant ses productions telles qu'elle les conçoit. La terre ne peut devenir humaine que dans le respect des différences... »

Je suis assis sur une chaise minuscule et mes mains s'animent sur la table toute simple sur laquelle reposent les deux volumes de ma thèse. Je parle avec fougue pour la défendre, mais je ressens très fort que ce sont les Maasaï qui parlent à travers moi, comme j'ai eu le sentiment durant toutes ces années initiatiques qu'ils ont guidé ma main pour l'écrire. Je suis au milieu du gué : les cinq professeurs devant moi qui m'écoutent, médusés probablement de m'entendre malmener l'idéologie économique au lieu de m'en tenir aux Maasaï, et derrière mes amis, ma famille, venus en masse assister à ma délivrance. C'est vers eux que j'aimerais me retourner, car c'est à eux que s'adresse mon message, pas à ceux dont les réponses et les théories survivront de toute façon à mes découvertes et à mon vécu. Et puis, juste derrière moi, n'y a-t-il pas Kenny Matampash ole Meritei, l'homme de mon rêve ? Comment aurais-je pu vivre cette journée historique sans lui ? Comment aurais-je fait sans lui ? J'ai la sensation d'être branché sur son âme. Par dédoublement, mon âme s'est déplacée jusqu'à lui et, tous deux, nous fixons la nuque de cet impertinent pour l'aider à aller jusqu'au bout !

Mon temps de parole est limité à vingt minutes, pourtant il me semble que je parle depuis une éternité. « ... Les Maasaï étaient la plus grande référence culturelle de la vallée du Rift, on les appelait les "Lords of East Africa", et ils sont devenus une minorité parce qu'on les méprise pour leurs valeurs réellement humanistes... » Mes mains se sont arrêtées de parler en même temps que j'ai réintégré mon corps. On se racle la gorge, les mouches s'il y en a revolent, ça susurre dans mon dos ; mais très vite, sans que je puisse esquisser le moindre geste, les professeurs me mettent dans le viseur ! Cela fait partie du jeu, je ne l'ignore pas, mais cela fait tout de même drôle d'entendre à présent les reproches pleuvoir sans discontinuer.

« ... Vous dites que ce qui menace de tuer les Maasaï, c'est notre rationalité quantifiante et ce qui en découle, l'accumulation sans limite... que l'accumulation apparente des richesses est en réalité l'appauvrissement de la nature humaine et que, derrière encore, c'est le renoncement à la nature elle-même et aux désirs ! Vous dites que le capitalisme que nous vivons comme un progrès n'est autre qu'une ascèse. L'homme perdrait le contact avec son propre corps, avec ses sens, avec la sensualité ! Vous ne trouvez pas que c'est un tout petit peu exagéré ? » me dit l'un, tout marri. Quand il en a fini, je lui réponds ceci avec le plus grand calme : « Notre inconscient est devenu inhumain, peuplé d'abstractions étrangères à la vie réelle. Les Maasaï sont loin d'imaginer que nous puissions receler des esprits laborieux, froidement raisonnables, économes et j'en passe. Et c'est en effet bien pourtant cette nature déshumanisée dont on voudrait les parer pour remplacer leur "habit de lumière" ! (*Une pause, pour dramatiser, et c'est l'estocade.*) Nous vivons actuellement nous-mêmes un véritable drame à vouloir maintenir notre identité dans le cadre d'une modernité intrinsèquement destructrice de toute identité... » Un autre universitaire, sans doute refroidi par ma pugnacité, s'en tient maintenant à des critiques de méthodes et de forme...

Quand mon directeur de thèse prend à son tour la parole, le ton est remonté dans les octaves de l'affection et de l'admiration, de l'humour aussi : « Vous savez, mesdames et messieurs, notre Maasaï... je ne l'ai plus vu pendant des années ; et puis, un jour, c'est-à-dire il n'y a pas si longtemps, il est venu me voir avec ses mille pages !... J'ai toujours cru en lui, parce que j'ai d'emblée décelé chez cet étudiant le désir de connaître en profondeur une civilisation porteuse de sens. L'Afrique a besoin de chercheurs désintéressés comme Xavier... Il a œuvré dans l'ombre toutes ces années pour faire sortir du ghetto académique les sciences sociales qui sont pourtant à la base de l'humanité. Je l'en remercie ! »... Au bout d'un interminable suspense, à bout de souffle, il y a enfin la reconnaissance. Le jury a délibéré dans une pièce voisine, il est de retour, tous debout, c'est la proclamation. Vais-je être condamné ? Mais, à quoi ? Après toutes ces critiques ! En fait je n'attends rien, mon plus beau cadeau étant d'avoir réussi à achever cet édifice de ma vérité que je viens d'exposer solennellement sous les lambris de la Sorbonne, en la présence sacrée de Kenny. C'est ma plus grande fierté, ma plus grande récompense. Un nœud au plexus solaire m'informe tout de même que je ne reste pas indifférent aux résultats.

Je suis éberlué : on m'offre tout à l'unanimité, doctorat, félicitations, inscription au prix de thèse, et même, comme on dit dans le jargon, l'« habilitation à diriger des recherches » ! Je ris intérieurement, car mon œil vient de capter dans l'encadrement de la fenêtre de gauche l'inscription sur le fronton du Panthéon, juste en face : *Aux grands hommes, la Patrie reconnaissante* ! Justement, aux grands hommes ! S'il y en a bien un dans ces appartements qui ont logé au XIXe siècle le doyen Decanal, c'est Kenny, qui vient d'accourir dans mes bras me remettre un club et un chasse-mouches de porte-parole maasaï. « Il les a bien mérités, ces insignes de la tradition ! » fait-il devant l'assemblée médusée, en riant de joie. Il poursuit : « J'aimerais vous conter l'histoire d'une chauve-souris. Quand on la regarde, on pense que c'est un oiseau, mais si on l'observe de plus près, c'est un mammifère. Un jour, lors d'une réunion entre oiseaux et mammifères, la chauve-souris est allée voir les oiseaux. Mais ils lui ont dit : "Oui, tu voles, mais mon Dieu ! tu as des mamelles, des dents, tu n'es pas des nôtres. S'il te plaît, va chez les mammifères !" Alors, elle est allée voir les mammifères. Les mammifères lui ont dit : "Mais tu voles. Nous, on ne vole pas. Tu n'es pas des nôtres, retourne chez les oiseaux !" Que s'est-il passé ? La chauve-souris est restée pendue. Ni oiseau, ni mammifère, d'accord ? C'est ça, le contexte africain actuel. Beaucoup de sociétés sont devenues des chauves-souris, ni Occident, ni tradition !... En choisissant de venir vivre parmi nous, Xavier a choisi son camp. Il témoigne en retour de ce que nous ne voulons pas devenir à notre tour, des chauves-souris. Je suis fier de lui car il n'a pas flanché, il est allé au bout de notre vérité, au bout de lui-même, simplement, et au nom des Maasaï, au nom de notre culture et de notre mode de vie pastoral, au nom de nos vaches, je lui dis *ashe naleng* (merci beaucoup !). »

7

— 1996 —

RÉVÉLATIONS DANS LA FORÊT DE L'ENFANT PERDU

Me voici de l'autre côté de la barrière. C'est du moins ce que les gens croient. En ce qui me concerne, je n'ai bien sûr pas changé. Je dirais même que c'est exactement le contraire puisque, me sentant de plus en plus construit intérieurement, j'ai eu le sentiment que je n'aurais strictement plus rien à perdre avec tout ce qui n'était pas moi. Et tout ce qui n'était pas moi, c'était le monde universitaire, que j'ai rejoint juste après ma soutenance. Il est agréable de se voir tout à coup proposer des titres, tous plus ronflants les uns que les autres, surtout après avoir vécu ce que les autres ont pu appeler une traversée du désert. Bien sûr, au fond de moi, ce n'en avait jamais été une, puisque j'ai toujours su que cette prise de distance était le passage obligé vers la libération intérieure, qui mène à la découverte magique de sa « légende personnelle ». Il n'empêche ! Je me suis laissé tenter, bien que jamais dupe de ce qu'une telle acceptation supposait de moi en retour. Des compromis, oui, certainement, j'étais naturellement capable d'en faire ! Après tout, n'était-ce pas ce que je n'avais cessé de faire, depuis ma première rencontre avec les Maasaï, lorsque ma force d'adaptation avait été mise à rude épreuve à chaque retour en France ? Si la limite entre compromis et compromission peut paraître bien floue au plus grand nombre – on n'en est plus à un petit mensonge près lorsqu'on a abdiqué avec soi-même –, j'ai instantanément su en revanche, projeté aux marches de cette nouvelle frontière, que ce n'était pas mon monde et que, jamais de la vie, et encore moins pour sauvegarder les apparences, je n'accepterais de la traverser.

Depuis près de trois ans que j'ai le statut d'enseignant-chercheur, selon l'expression consacrée, je n'ai jamais aussi peu cherché ! Cherché quoi, d'ailleurs ? Personnellement, je n'avais plus rien à chercher puisque je m'étais trouvé. Alors on s'invente des sujets de recherche avec de beaux titres, on vous accorde des crédits parce que vous aussi vous avez des titres, tout aussi magnifiques, vous allez deux semaines sur le terrain dans le meilleur des cas, puis vous prenez votre plume et vous alignez les concepts les plus innovants pour attester du bien-fondé de la confiance et des deniers misés sur vous. Tout cela est fort bien. Et puis, au cas où vous ne sauriez que faire de votre temps libre, il vous reste les réunions entre collègues ! Ah ! les réunions de département, un vrai morceau de bravoure. On se jauge, on jargonne, on théorise, on juge aussi – surtout ceux qui ne sont pas là –, et au total on passe des heures à se vider intérieurement. Au cas où vous ne l'auriez pas compris, on vous rappelle sans cesse que vous n'êtes que maître de conférences, pas « agrégé des universités », et l'on vous fait bien sentir que le mieux est d'éviter de faire des vagues : « Vous ne seriez de toute façon pas pris au sérieux ! Soyons un tout petit peu sérieux... »

Ce que j'avais pu apprendre chez les Maasaï n'avait pas d'équivalent en France, où l'on continuait de penser que la personne qui avait les diplômes les plus reconnus était la plus compétente et donc la seule habilitée à délivrer la bonne parole. Cela dit, il m'est arrivé ce qui arrive parfois, quoique fort rarement, aux innocents (au sens littéral de ces gens qui ne nuisent pas à autrui car ils ignorent l'existence du mal). Au début de l'année, j'ai été nommé en tant que représentant de l'université de La Réunion à la session annuelle de l'Institut des hautes études de défense nationale qui allait avoir lieu sur l'île durant deux semaines. Mon expérience de la « défense nationale » se limitait aux fameux « trois jours » que j'avais effectués en 1978 à Guingamp. Je me souvenais fort bien de m'être fait réformer de mon propre chef : j'avais joué la comédie ; non pas que je ne voulusse pas effectuer mon service militaire (on m'avait même proposé de le faire à l'ambassade de France à Nairobi), mais pour la raison très simple que j'avais déjà tout organisé depuis le bac dans le seul but d'aller vivre chez les Maasaï. Je n'avais par conséquent pas une minute à perdre et encore moins deux ans, quand bien même à Nairobi. Ça avait marché et j'avais continué mon chemin. Or j'allais me retrouver assis deux semaines durant à la table du chef d'état-major des armées françaises ! La vie affectionne la comédie, c'est pour cela que je l'aime, et que j'aime les Maasaï, dont le sens de l'humour est lié à cette vérité première. J'ajoutai ma scène personnelle à cette comédie le 18 janvier, au neuvième jour de la session, en interrompant la séance pour annoncer fièrement : « Gabrielle vous annonce qu'elle est née ! » Pour moi, c'était une priorité absolue, qui laissait derrière elle tout le reste, une exclusivité que je ressentais avec force. Mon côté masculin, j'imagine, mon énergie de guerrier. Non pas celle qui engendre la guerre mais celle qui pousse à l'action, sans l'ombre d'un doute. Cette partie de soi qui a le courage d'avancer et qui sait protéger ce que l'on a créé.

Et maintenant, d'où venait Gabrielle ? Il faut revenir à ma soutenance de doctorat, encore une fois. Juste après celle-ci, on m'avait en effet proposé d'animer un séminaire d'anthropologie politique à la Sorbonne. Une étudiante très brillante (qui ne savait pas encore qu'elle donnerait naissance à un ange) participait à ce séminaire ; j'en suis tombé amoureux et nous sommes partis ensemble lorsque j'ai été recruté peu de temps après comme maître de conférences de science politique par l'université de l'océan Indien. Ce poste me conférait l'étiquette d'un statut professionnel acquis une fois pour toutes, en me permettant de goûter aux charmes de la vie de couple à temps plein, bref, le bonheur d'une entrée de plain-pied dans le monde des adultes... Pourtant, aujourd'hui, je me rends compte que je ne suis pas fait pour cette vie-là ; pire, qu'elle m'ennuie. La faute n'est pas imputable à ma jeune épouse, que j'ai bien conscience de rendre malheureuse, mais la vie moderne me barbe. Je ne me sens pas bien, je ne suis plus relié. Même la nature luxuriante d'ici ne m'inspire que du dégoût. *Il est temps de réagir, Xabio !*

En acceptant ce poste à La Réunion, je m'étais dit que la proximité géographique avec le Kenya me donnerait l'opportunité de me rendre souvent en pays maasaï. J'ai vite déchanté, d'une part parce que ce qui paraît proche sur une carte ne l'est pas forcément dans la réalité, d'autre part parce que les voyages que j'y fais tout de même (chaque année depuis mon installation sur l'ancienne île Bourbon), ne me libèrent pas totalement du nouveau poids qui oppresse mon cerveau émotionnel. Je ne me sens plus libre, voilà ce qui ne va pas. Alors, pour tromper l'ennemi, en l'occurrence moi-même, je déménage tous les six mois : en deux ans, nous avons déjà fait le tour de l'île... Autre subterfuge, je voyage au loin, mais au lieu de voyages au fond de moi comme ce fut longtemps le cas chez les Maasaï, ce sont désormais de bien piètres séjours hors de moi auxquels je cède, qui me ramènent inexorablement à ma solitude et celle-ci s'épaissit un peu plus à chaque fois. Ma vie est devenue une véritable dérive, ou une fuite en avant. Le piège se referme vite sur vous, ça oui ! Par exemple, sans que j'en fasse la demande, on m'a proposé dès mon arrivée de prendre la direction d'un laboratoire de recherche en géopolitique dans l'océan Indien. Eh bien, je me suis senti contraint d'accepter, même si je pressentais la suite, fier d'avoir été estimé apte à remplir cette fonction. Je me suis sans doute dit : Ça y est, je suis dans le bain, je suis reconnu, je vais parcourir le monde ! Oui, je l'ai sûrement pensé, c'est humain, mais, dans un effet boomerang, la médaille a vite montré son revers. Je suis allé de ville en ville, de colloque en colloque, trois jours ici, trois jours là, tout cela pour quoi ? Qu'en ai-je retiré ? Un grand malaise, une immense frustration. Mais j'ai beaucoup appris sur l'âme humaine.

Contrairement à ce que je croyais dans ma grande naïveté, le colloque ne sert pas à faire avancer l'état de la connaissance pour la mettre au service d'une humanité malade, mais bien à distraire les participants de cette mission sacrée. Tout en ne se départissant pas de l'air austère qui sied à toute recherche. Une fois présenté sa « communication » (et fait semblant d'écouter celle des autres), on a la chance, m'avait-on dit avec le plus grand sérieux, de visiter des lieux nouveaux et intéressants, de rencontrer des gens nouveaux et intéressants, avec qui nouer des relations nouvelles et intéressantes... En fait d'intérêt, on passe le plus clair de son temps à tenter de décoder le charabia des uns et des autres, mais surtout à échanger ragots et confidences en se divertissant chaque soir tous ensemble. Au total, on boit, on mange, tous frais payés, on délivre sa communication, dont on est fier, et on repart chez soi généralement sans avoir eu un regard pour le pays d'accueil, ou si peu. Je caricature à peine ; en tout cas, c'est ainsi que je le vis... mal, forcément mal ! Alors j'en profite pour en rajouter une couche sur mon combat pour la reconnaissance des peuples premiers. Même et surtout si l'immense majorité de mes « collègues » me croit venu de l'espace ! J'ai remarqué qu'en parlant vrai, on vous écoute davantage. Le problème c'est que, comprenant mieux ce que vous dites, les autres participants finissent parfois par vous insulter ou du moins par vous accuser de ne pas être un scientifique digne de parler dans un tel sérail ! Bref, on vous ostracise. On assimile votre intervention à un plaidoyer, et vous êtes vous-même impitoyablement remisé au magasin des combats d'arrière-garde !

La semaine dernière, à Harare (capitale du Zimbabwe), avait ainsi lieu un colloque sur la gestion communautaire des ressources naturelles et le développement durable. J'y ai relayé sur un ton passionné le combat tout simple que mènent les Maasaï depuis des années pour conserver le droit de gérer leur forêt, la forêt primaire de Naïmina Enkiyio (l'Enfant perdu). Les « spécialistes » n'ont pas supporté – je l'ai compris après coup – que je leur soutinsse une vérité observable et quantifiable, à savoir que des gens supposés archaïques et illettrés n'avaient pas attendu de recourir à des notions sophistiquées à la mode telles que la gestion communautaire ou le développement durable pour préserver leurs ressources, en particulier leur forêt : non seulement elle est demeurée intacte depuis les origines, mais elle se trouve même en pleine expansion. Un comble ! Ils m'ont alors sorti le dernier couplet élaboré, qui frise la mauvaise foi : « Les Maasaï n'ont pas les outils scientifiques pour la préserver efficacement dans les années à venir ! » En réponse, j'ai cité le cas du Ngorongoro où les Maasaï, en toute bonne foi comme d'habitude et à force d'avoir été serinés par un tel argument spécieux, ont laissé une multinationale de la conservation, en l'occurrence l'IUCN (Union internationale pour la conservation de la nature) prendre en main la gestion du cratère. Comment les en a-t-on remerciés ? En les remerciant, précisément. Expulsés comme des malpropres ! Et pour quel résultat ? Une détérioration sans précédent des écosystèmes.

Mais il est dur de se battre seul contre tous, on a vite l'impression que la terre entière s'est liguée contre vous, qu'elle vous en veut à mort ! Je me raccroche pourtant à l'idée, vérifiable, que les choses les plus essentielles ont toujours été acquises par des individus qui étaient isolés au départ et qui ont dû se battre pour faire valoir leur éclairage de la vie. En rentrant sur mon île, je retrouve heureusement ma fille, dont les yeux rieurs me font instantanément oublier tout le reste, transformant ma dépression en joie intérieure. Elle m'a fait redécouvrir l'esprit d'acceptation et d'ouverture de l'enfance. Comme les Maasaï ! L'important, pour rester authentique, est donc bien de veiller à ce qu'il y ait toujours concordance entre le dire et le faire, comme pour les enfants, afin d'être en accord avec soi-même.

J'ai appris à Gabrielle quelques mots de maa, des noms d'animaux, évidemment. Il faut l'entendre dire *olng'atuny* (lion) ou encore *olowuaru keri* (léopard), suivis d'éclats de rire à n'en plus finir. Elle me donne vraiment l'énergie de continuer. Mais continuer où et comment ? Dans cette arène universitaire où, si vous ne faites pas briller les concepts, vous n'êtes pas pris au sérieux ? J'ai toujours en tête ce qu'a écrit Jean-Jacques Rousseau à ce propos : « Je m'expliquerai, mais ce sera prendre le soin le plus inutile ou le plus superflu, car tout ce que je vous dirai ne saurait être entendu que par ceux à qui l'on n'a pas besoin de le dire. »

Dans quelques jours, je dois me rendre à Genève pour participer, comme chaque année à pareille époque, au forum du groupe de travail de l'ONU sur les peuples autochtones. J'y retrouve tous les ans des Maasaï que je connais. Même s'il ne s'y passe pas grand-chose en vérité, cela permet aux peuples premiers de se rencontrer et d'échanger des expériences. Et peut-être qu'un jour, les droits de l'homme s'enrichiront d'un droit des groupes qui reconnaîtra leur légitimité à vouloir vivre autrement que dans une relation matérielle et productionniste au monde...

En attendant, je suis reparti au Kenya pour retrouver, outre Kenny, Charles ole Sonkoï, le chef de file du bras de fer engagé entre les Maasaï traditionnels et les autorités locales pour le contrôle de la forêt. L'an dernier, le 24 juillet pour être précis, au forum de l'ONU où je m'apprête à retourner, nous nous étions retrouvés assis, Charles et moi, à côté de la fille du ministre kenyan des Collectivités locales, qui dirige une O.N.G. dite « autochtone ». On pouvait s'interroger sur le sens profond de sa présence à un forum censé répercuter les réelles revendications des « autochtones » face à la machine étatique. D'autant qu'elle n'était pas venue seule, mais accompagnée d'une colonie de vingt-quatre personnes travaillant avec son père à tout tenter pour faire de Naïmina Enkiyio une réserve nationale. En face, nous étions trois : j'étais venu seul, il y avait aussi un jeune Maasaï originaire de Naïmina et Charles, qui s'était insurgé contre « l'intrusion de la politique moderne destinée à diviser notre immense cohésion sur l'avenir de notre forêt ! »

Jeudi 9 juillet, Naïmina Enkiyio, forêt de l'Enfant perdu, avec Kenny et Charles ole Sonkoï, 7:30

« À gauche... c'est ça. À droite, maintenant... comme ça, oui. Entre ces deux grands arbres, là-bas. Non, pas ceux-ci, ceux-là. Puis tu vas tout droit ! » crie Charles, assis côté passager, au chauffeur de Kenny. Il lui indique un vague chemin qui a disparu sous la végétation. Nous sommes à plus de deux mille cinq cents mètres au-dessus du niveau de la mer ; dans l'air frais, flottent les notes parfumées de l'*esonkoyo* (plante déodorante préférée des Maasaï). Même dans les cahots et les rebonds, je contemple le paysage, le corps léger, empli de sérénité et de joie profonde. Les arbres et les buissons sont d'un vert tendre, mais à y regarder de plus près on découvre une richesse de formes et de couleurs tout à fait étonnante. Par endroits, des rochers font saillie, mais Paul prend toujours la bonne décision, comme s'il était venu en repérages. Il est vrai que ces espaces caillouteux sont, au tout dernier moment, extrêmement visibles et colorés.

Nous venons de nous enfoncer sous de gigantesques « arbres du Créateur » (*olcani le Nkaï*) qui traînent dans le vent des rubans presque luminescents de mousse ivoirine, tandis qu'à leur pied ressortent les taches ambrées ou rouge sombre d'une invraisemblable variété d'arbustes tropicaux. Depuis le lever du jour, nous n'avons pas arrêté de monter et descendre, l'une après l'autre, des collines couvertes de ce fouillis végétal d'une grande beauté, en suivant les méandres décrits par des coulées d'herbage. Au sommet d'une côte où la vue porte assez loin, Charles ordonne à Paul d'arrêter le véhicule ; nous descendons. Il jette un regard circulaire et... « Là-bas ! » Il nous indique un coin dégagé bordant une épaisse bande de forêt vierge qui forme un écran impénétrable en toile de fond.

Je le suis sur un sentier qui serpente dans les hautes herbes et les buissons. Kenny est resté un peu en arrière avec Paul, mais ils me rejoignent bientôt tous les deux, avec un sarment de bois clair dans la bouche, dont ils me proposent la réplique : une *enkike* (brosse à dents) dont je ne tarde pas à savourer le goût... Charles a semble-t-il choisi l'endroit pour nous montrer quelque chose d'important. Nous arrivons dans un lieu magique où pousse un grand arbre dont l'énorme tronc paraît sortir des rochers, qu'il enveloppe de ses racines géantes. Tout autour, des arbustes florifères dégagent un parfum légèrement capiteux. Charles me propose de m'asseoir sur une roche à quelque distance de cet étrange massif. Je dis « étrange » parce que je n'ai jamais rien vu ni ressenti de pareil. Il vient m'y rejoindre, Kenny et Paul demeurant en retrait.

« Cet arbre, le trouves-tu beau ? me demande-t-il (il émane de cet homme une aura de bonté très proche de ce que Kenny lui-même dégage).

— Oui, très beau !

— Que ressens-tu exactement ? insiste-t-il.

— Je me sens parfaitement bien, en sécurité, un peu comme quand on est amoureux !... dis-je sans réfléchir en fermant les yeux.

— C'est bien !... Rien d'autre ? Regarde bien, détaille-le dans son environnement... »

C'est vrai que plus je le contemple, plus j'admire ses formes et ses couleurs, et plus je me sens léger, comme si le vent qui fouette ses branches les plus hautes me pénétrait ensuite pour que j'aille bien. Et en effet, je suis bien, tout comme Kenny, parti en bondissant comme un gosse en reconnaissance des essences, à la lisière du pan de forêt qui part en pente douce derrière le grand arbre que j'observe. « Je ressens comme une griserie m'envahir, j'éprouve aussi le sentiment d'être relié ! ajouté-je spontanément.

— Relié à quoi ? » continue-t-il.

Je scrute le ciel. Il est maintenant uniformément bleu, alors qu'à l'aube des nuages bas très épais couvraient toutes ces collines d'humidité, et tout au fond de ce panorama de forêt vierge et de coulées d'herbes blondes, j'aperçois soudain le cône étincelant de l'Oldoïnyo Lenkaï, la montagne de Dieu, volcan actif des bords du lac Natron. « Je me sens relié à toute cette nature, complètement rechargé ! » exulté-je.

Kenny nous a maintenant rejoints, très excité par ce qu'il a trouvé : de l'*olmoso* et du *musanduku*, mais aussi de l'*ilkierriampe* (arbres locaux qui ne sont pas encore répertoriés par la botanique occidentale), qui ont tous, selon ses dires, des propriétés médicinales fabuleuses.

« Tu es ici à l'endroit le plus élevé de Naïmina ! » m'apprend Charles, demeuré concentré comme s'il s'agissait d'une révélation capitale. Il enchaîne : « C'est là que se dégage la plus grande énergie, celle que tu ressens en ce moment... C'est ici que notre plus puissant *loïbon*, le prophète Mokompo ole Simel, vient prier, lorsqu'il est chez lui dans son village d'*Olngarua* (les marécages)... Ainsi bien sûr que dans la cathédrale des Sept Arbres située au fin fond de la forêt, à l'endroit le plus dense... Mais, là, je ne peux pas t'y emmener ! » Le silence, même si un oiseau parfois le perce d'un cri inhabituel, est d'une intensité telle qu'il donne envie d'y demeurer plongé pour l'éternité. Alors que je veux lui en demander plus sur ce lieu si particulier qui insuffle cette magnifique énergie à ceux qui le côtoient, c'est lui qui poursuit : « Une forêt vierge plantée sur une montagne crée davantage encore d'énergie. » Je n'ai pas grand-peine à le croire, tant je suis radieux. « C'est ici, m'explique-t-il encore, que Mokompo a hérité de son père Senteu, qui les avait lui-même reçus de Mbatiany, tous les pouvoirs spirituels de la communauté maasaï.

Et la forêt est la première entité faisant partie de cet héritage. Il a pour mission sacrée de la protéger de toute intrusion. C'est ici qu'il ressent très fort le lien qui unit le ciel et la terre, ici encore qu'il prie en communion avec Enkaï et reçoit les révélations du Créateur destinées à guider son peuple... » J'entends distinctement depuis la forêt, comme si le volume du son avait subitement été poussé à fond, le son liquide d'une cascade.

« C'est pour cette énergie, pour se sentir bien elles aussi, que les autorités et les institutions de tous bords veulent prendre la forêt à tout prix ? plaisanté-je.

— Même si tu t'es exprimé avec humour, c'est la vérité en effet. Sinon comment expliquer qu'une poignée d'hommes pacifiques ayant la prière pour seule arme aient pu résister aussi longtemps face à la terre entière ? Ce n'est pas seulement pour acquérir quatre cent cinquante kilomètres carrés de forêt primaire et y mettre des *lodges* pour milliardaires ! Mais parce que, en haut lieu, ils savent qu'en prenant le pouvoir sur la forêt, ils prendront le pouvoir sur toute la région et particulièrement sur tout un peuple qui en sait trop sur l'importance d'obéir aux lois de l'intelligence cosmique. Comme ça, ils font d'une pierre deux coups : ils gagnent de l'argent et ils nous éliminent !... »

Je comprends pourquoi il tenait absolument à me faire venir ici avant que je reparte à Genève pour une énième session de bavardages. Il voulait que je comprenne concrètement comment se rechargent nos cellules en énergie vitale. Eh bien ! Je crois que l'objectif est bel et bien atteint.

« Il faudrait que tous les Occidentaux viennent ici pour comprendre le rôle des arbres !... » soupire-t-il, les paumes tournées vers le ciel. « Les arbres filtrent la biosphère et créent l'équilibre de tout notre écosystème.

Ils changent les rayons de lumière en vibration cosmique. Le soir venu, cette énergie cosmique est redéposée dans les forêts pour nous nourrir. Oui, les arbres sont bien les poumons de la planète. Que ferions-nous sans eux ? Peux-tu visualiser ces montagnes sans arbres ? De grands territoires, sans arbres pour purifier les lacs, les rivières et les réserves d'eau souterraines ? Et même des villes, sans espaces verts ? Oui, les Maasaï sont tristes d'être les témoins de l'anéantissement de notre planète ! »

Je regarde tout autour de moi et je me dis qu'il serait bien triste en effet de voir tout cela, qui a existé pendant des milliers d'années, s'en aller en poussière en quelques années à peine.

« Regarde à gauche, derrière ces ébéniers. C'est une zone de marais, c'est là que prennent place nos principaux rituels, que prennent corps nos classes d'âge... » Je me retourne mais ne vois qu'un premier rideau, une myriade de colobes pleins de panache volant de branche en branche à la cime d'une galerie de bambous. Ils me rappellent que Naïmina Enkiyio est aussi une véritable arche de Noé où les grands fauves, les ongulés et les primates côtoient une exceptionnelle variété d'oiseaux. Exemple vivant de la cohabitation des pasteurs avec la faune sauvage qui, il n'y a pas si longtemps, était encore la règle dans l'ensemble du pays maasaï.

« Tout est sacré et nous interagissons avec l'environnement, répète Charles cinq ou six fois. Nous savons cela depuis des temps immémoriaux et nous l'enseignons aux nouvelles générations, c'est cela notre force et notre contribution à la préservation de notre terre à tous... Tu vois, ce grand *osokonoï* (cassier) en contrebas de cette butte. Derrière, en s'enfonçant d'une centaine de mètres dans la forêt, il y a des sources d'eau pure, qu'on emploie entre autres comme moyen de guérison. L'eau que nous mettons à profit pour la guérison coule en flux constant. Elle est vivante et pure comme à nos origines. Ne serait-ce qu'en en buvant, on se sent régénéré. La paix dans notre corps, dans notre esprit et sur cette terre, c'est la même chose, alors pourquoi vouloir tout détruire ? Nous, Maasaï, ne le permettrons jamais. »

J'acquiesce en même temps que je me lève car Kenny, qui s'est éloigné de quelques pas, semble vouloir me parler d'un autre arbre. Mais, au moment où je vais pour le rejoindre, Charles me retient à l'épaule et me glisse comme une confidence : « Repère bien l'endroit, car, l'an prochain, tu ne reconnaîtras plus rien !

— Pourquoi ?

— Parce que d'autres plantes auront poussé. Non seulement notre forêt ne régresse pas, mais elle progresse naturellement d'année en année sans qu'on ait besoin de replanter quoi que ce soit, ce qui prouve bien que l'âme des arbres reconnaît la nôtre. »

Je cours jusqu'à Kenny et me retrouve nez à nez avec un énorme ficus aux racines adventives, mais d'une taille ridicule par rapport à l'autre tronc auquel il est quasiment adossé. « Tu as vu ces deux arbres côte à côte, comment ils ont pris leur élan pour retrouver le ciel ? » me fait-il, ébahi. Charles, qui m'a suivi, ajoute, ravi, comme s'il s'agissait d'une évidence : « Pour survivre et s'épanouir au mieux, le ficus a choisi d'être la plante parasite de cet autre géant de Naïmina qu'est l'*olpilpili*... » Sans transition, Kenny, complètement transfiguré au point que je le crois parti dans l'une des facéties dont lui seul a le secret, se met à chanter comme un haute-contre. Mais, lorsque je saisis le sens de son chant, je me concentre pour l'écouter : « *Kira ilosupuko owang atua, osupuko lang le Karsayia, langorie enkidong e nkalamu, maape kiriama. Kira ilosupuko owang atua, osupuko otonie Mokompo...* (Nous appartenons à ces hautes terres de lumière. Notre culture et notre éducation les défendront, dussions-nous en mourir. Nous appartenons à ces hautes terres de lumière où réside Mokompo.) Jamais nous ne vous céderons à des étrangers. Nos terres, région après région, ont disparu, les plaines chaudes de Mara, les hautes terres fraîches de Mau. Sachons au moins retenir celles de Loïta – qui renferment la forêt. Nos terres, région après région, ont disparu inexorablement, nous l'entendons avec déplaisir. Loïta ! Hautes terres de lumière, vous n'avez d'égal que nos yeux. Nous, la communauté maasaï Loïta, avons mandaté notre messager ole Sonkoï afin qu'il s'en aille communiquer avec tous ceux qui sont malveillants et leur dise de ravaler leur orgueil et leur désir de nous voler nos terres ! »

Charles prend Kenny dans ses bras, tout en m'expliquant que ce sont les femmes qui viennent de créer ce chant pour contribuer à alimenter leur résistance pacifique : « Nos femmes sont les premières à avoir une conscience écologique et à la mettre en pratique chaque jour. Elles savent que Naïmina Enkiyio continue de signifier notre survie, notre âme, notre passé et notre futur. Mais qu'aussi nous en faisons partie, autant qu'elle est en chacun de nous. Elle est tout simplement au cœur de nos vies ! »

Soudain, une phrase du *Petit Prince*, que je n'ai pourtant pas relu depuis l'enfance, me revient à l'esprit : « L'essentiel est invisible pour les yeux ! »...

8

— 2000 —

L'AGONIE PROGRAMMÉE DES MAASAÏ

Je suis revenu à Entepesi pour franchir le cap symbolique de l'année 2000... Cela fait deux ans que je n'avais pas revu ma famille d'adoption, mais cela fait surtout deux ans que j'ai démissionné de toutes mes fonctions universitaires. C'est peut-être présomptueux, mais ce fut de loin la décision la plus facile que j'aie jamais eue à prendre. Comme on dit, j'avais fait mon temps ! De toute façon, j'étais sûr que rester par calcul, confort ou pour toutes ces choses illusoires qui vous maintiennent prisonnier de vos peurs et de vos non-choix ne m'aurait rapporté que des larmes. Je repense, avec le recul du temps, à la pertinence des propos, sur le moment stupéfiants, que m'avait tenus dès mon arrivée à La Réunion, le 9 septembre 1994, un « collègue », le seul de la faculté de droit où j'enseignais qui ne fût pas un *zorèy*, c'est-à-dire un métropolitain, ni même un *zorèy-péi* (Français de métropole vivant depuis longtemps sur l'île). Je me souviens avec une grande précision des traits fins et intelligents de Malbar, Réunionnais originaire d'Inde du Sud, de son visage impassible de bonze tibétain et de ses yeux expressifs qui, lorsqu'ils vous scrutaient, vous mettaient immédiatement à l'aise. Nous nous connaissions depuis à peine cinq minutes qu'il m'invitait déjà à venir discuter un instant en tête à tête dans son bureau. À mon grand étonnement, il me déclara alors : « Tu es une vieille âme. Tu verras, tu ne resteras pas longtemps ici, car tu apprends vite et ce n'est pas un hasard si tu es là : La Réunion est le lieu au monde où l'accélération karmique est la plus forte ! »

Je ne suis donc pas parti la mort dans l'âme, mais soulagé d'avoir recouvré ma liberté. Personne ne m'y avait obligé sinon moi-même, pour continuer d'évoluer. Je quittais un quotidien ciel bleu-les pieds dans l'eau, je me suis retrouvé du jour au lendemain à fond de cale dans le port de la Bastille. Le contraste était rude, même si la péniche hollandaise que m'avait prêtée ma sœur Odile était assurément plus dans la vie que l'anonymat mortifiant d'un appartement. Mais mon logement n'était qu'un détail par rapport à mon souci essentiel. Lorsque j'avais quitté l'île et que, d'un commun accord, Frédérique et moi avions décidé de nous séparer, je n'avais pas imaginé qu'elle pourrait s'installer ailleurs qu'à Paris. Or elle emménagea à Nice ! Pendant un an, j'ai dû faire la navette pour voir Gabrielle, et pendant un an chaque séparation me lacéra le cœur.

Durant toute cette période, j'ai énormément souffert, pas de la solitude – la solitude, je la connaissais et j'étais capable de la maîtriser – mais d'un manque, un insupportable manque. Manque d'amour et de tendresse primordiale, manque de cette indispensable chaleur que l'on ressent chaque fois que l'on prend dans ses bras sa fille de deux ans, manque terrible de sa présence, de ses éclats de rire, manque des jeux inventés avec elle dans l'insouciance purificatrice, manque absolu. Le manque s'est vite mué en un vertige qui me fit perdre le goût de vivre. Je me suis alors souvenu de ce que

Kenny m'avait dit lors de nos premières rencontres : « Seul Enkaï a la puissance de changer le cours des choses, de tourner un événement à ton bien. Crois fermement en son pouvoir illimité, remets-t'en à lui. Concrètement, lorsqu'il t'arrive quelque chose de fâcheux au cours de la journée, que ce soit un simple incident ou une catastrophe, au lieu de ronchonner, remercie Enkaï pour ce qui t'arrive ; tu verras, ton cœur se mettra à chanter... » En suivant ce conseil, j'ai peu à peu repris le dessus.

Ce ne fut pas une affaire de volonté, en tout cas pas seulement, mais de prise de conscience et de mise en application quotidienne. J'ai décidé de profiter de ce moment de vide pour être attentif à mes pensées et les transformer en actions. Simple, à condition d'être obéissant et discipliné, pour ne pas se laisser déborder par les idées noires. C'est exactement ce que j'ai fait au quotidien : dès que le négatif pointait le bout de son nez, j'exprimais ma reconnaissance à Enkaï pour ce qui m'arrivait. Jusque-là, lorsque quelque chose me tracassait, qu'une parole ou un comportement me blessait, je le ressassais pendant des heures, voire des jours, me fragilisant d'autant. J'étais en train de comprendre qu'il est vain et dangereux de se mettre ainsi systématiquement en opposition par rapport à ce qui nous arrive, cela ne fait qu'alimenter nos peurs. En fait, je réapprenais à harmoniser les contraires, conformément à l'enseignement maasaï : à chaque pensée négative, assumée (et c'est très important, il ne s'agit pas non plus de refouler), j'associais une pensée positive – l'équilibre était rétabli. Si les Maasaï affirment que « seules les difficultés nous font avancer », ce n'est pas en effet pour le plaisir de souffrir, mais bien pour que nous parvenions à accepter qu'elles sont complémentaires de l'aisance-abondance, au cœur même de la vie.

Aujourd'hui, deux ans après, je peux dire que cette discipline, quotidienne, a été bénéfique tout de suite à partir du moment où je l'ai réellement décidé. Au bout de quelques journées seulement, je me suis senti plongé dans une paix toute nouvelle, comme si des centaines de nœuds très serrés s'étaient défaits en même temps au fond de moi ! Le négatif, faute de combattant, s'était dissous, ou plutôt transformé. Cette fois encore, *ashe naleng* (merci beaucoup) Kenny !

Pour mettre à profit ma nouvelle prise de conscience, j'ai repris le chemin de l'agence de communication où j'avais travaillé à l'époque où je rédigeais ma thèse, au même poste qu'autrefois... J'ai donc retrouvé mon rythme d'il y a quelque six années : tous les matins, à Montmartre (j'ai aussi retrouvé la terre ferme – fin de la transition péniche), je me lève à cinq heures pour écrire le récit de l'été très riche que j'ai vécu en 1993 à Entepesi et chez Kenny, ce qui me donne une prodigieuse énergie pour toute la journée. J'ai également changé mes habitudes alimentaires de fond en comble, découvrant les produits biologiques et les graines germées, et en fin de compte c'est en moi que la graine fleurit ! Pour couronner le tout, *merci Enkaï !* Gabrielle est revenue avec sa mère à Paris, qui plus est dans un immeuble voisin du mien.

***Mardi 4 janvier**, Entepesi, avec papaaï, 17:00*

L'air est frais et transparent. Les images anciennes affluent à ma mémoire alors que les vaches commencent à rentrer au village pour la traite du soir. Même si ce ne sont plus Kintalel ni Noolmiato, désormais mariée, qui les ramènent, mais un autre tout jeune fils de Takuna, rien n'a vraiment changé. Rien du tout, du moins en apparence. Nekisayio vit toujours avec sa belle-famille et Takuna, qui a une seconde épouse depuis plusieurs années maintenant, réside plus que jamais avec ses enfants – il en a neuf – dans le village d'à côté. Aucun d'entre eux n'est vraiment allé à l'école et tous tentent de survivre en s'accrochant à l'idée, avec les savoir-faire et la spiritualité qui y sont associés, qu'ils sont Maasaï avant tout. Quant à *mamaï*, elle ne bouge pas, à moins que ce ne soit ma présence qui la rende toujours plus heureuse de vivre et volubile. Mais je doute qu'il y ait une seule raison susceptible d'altérer sa bonne nature. Le cours des journées a repris exactement comme je l'avais laissé, comme à chaque fois d'ailleurs, sauf qu'à chaque séjour je dois réapprendre le nom des vaches ! *Sotua* « la paisible », *Nyorra* « celle qu'on chérit », *Supat aï* « la gentille », *Nairang entim* « celle qui reste dans la forêt » sont parmi les dernières venues dans le troupeau de *papaaï*.

Papaaï... Pauvre *papaaï*, il est très affaibli. Dans ses traits, je retrouve toujours mon père, mais il faut maintenant que je le soutienne pour venir de l'intérieur de l'*enkaji* jusqu'à notre coin d'ombre favori à l'arrière de sa maison, face à la montagne aux Lions, et encore ce court trajet prend-il pas loin de trente minutes. Le moindre déplacement inflige une véritable torture à son corps désarticulé et il ne voit pratiquement plus, la blanche opacité ayant eu raison de ses yeux jadis si rieurs. Mais sa joie intérieure et sa clairvoyance sont demeurées intactes, la grandeur de l'homme est toujours aussi palpable et désamorce toute tentation de céder au chagrin. J'en suis loin d'ailleurs, tant la sagesse et le bonheur de mon père m'irradient naturellement. Avec l'humour qui le caractérise, une fois assis tant bien que mal sur son *olorika* (son tabouret), il illustre ma patience à sa façon : « *Meisho enkiteng menkata* » (la vache ne peut pas vêler avant l'heure !). L'entendre hoqueter de rire me fait beaucoup de bien...

Il y a pourtant un changement notoire ici. Avec les petites pluies arrivées seulement le mois dernier, de somptueuses plantes vertes aux grandes fleurs blanches ont fait leur apparition, envahissant littéralement les pâturages de la « région chaude » ! Le spectacle de toute beauté qu'elles offrent est très trompeur. Car cette plante, que les Maasaï appellent *oltiameleteti* et que j'ai toujours connue ici mais en quantité infime, n'est autre que l'*Ipomea kituiensis* dont Kenny me parle depuis un an comme du nouveau fléau qui affecte le pays maasaï, tout aussi gravissime que les sécheresses qui se répètent désormais à un rythme effrayant. « La vie n'a plus le temps de se reproduire », a-t-il conclu, complètement dépité. Sauf pour cette plante, apparemment ! On vit en plein paradoxe : la pluie et avec elle la fin de la sécheresse, les herbes qui reverdissent, qui devraient apporter du bonheur, ne sont plus synonymes de délivrance, car en lieu et place de l'herbe poussent dorénavant ces plantes hautement toxiques qui colonisent en un temps record des régions entières du pays maasaï...

Avec *papaaï*, qui a connu la vraie tradition et la véritable liberté, de celle qui ne s'achète pas, malgré le poids des ans je ne ressens nulle sensation de déchéance ni de tristesse, bien au contraire ! En écoutant mon père depuis à peine cinq minutes, je comprends à sa jubilation restée intacte que tout l'intérêt qu'il ressent dans la vieillesse, c'est précisément celui qu'il y a à vivre au milieu des siens. L'art oratoire allié à l'amour de la vérité fut toute sa vie sa mission et, pour cette lourde tâche, il a été reconnu digne de porter le titre très prisé de « plume légère » (*enkopiro*). Je sens qu'il a une chose importante à me dire, un secret peut-être ; je suis donc tendu pour ne pas en perdre une miette, pour tout comprendre. Bien sûr, il y aura par sécurité l'enregistrement de mon dictaphone, mais c'est maintenant, sur le chaud, dans ma chair, que je veux saisir l'ampleur de ce qu'était sa mission et par conséquent l'éclairage de ce qu'est la mienne, la nôtre. La Terre est en péril, les menaces se précisent... et j'attends tout des révélations de mon père ! Trop ?

Le ciel est maintenant strié de rose et d'or, beuglements et tintements de cloches rivalisent, le ballet des mouches continue dans la lumière rasante. *Papaaï* s'exprime doucement, mais ses paroles ont le tranchant de l'obsidienne : « *Iltauja sidan* (cœurs purs), *encipaï* (joie de vivre), *engenoï* (sagesse), ce sont les qualités pour être un Maasaï, et le monde actuel nous les a reprises. Mais nous ne pouvons pas vivre sans elles... ce n'est pas possible. Pourquoi, nous, Maasaï, affirmons-nous que nous sommes un peuple élu ? Parce qu'on nous a donné la conscience que le plus important est de demeurer relié aux lois de l'univers, d'obéir à ses lois, d'où cette initiation très longue que nous donnons à nos jeunes, pour qu'ils les comprennent et s'y tiennent... D'où aussi notre incapacité à comprendre toutes ces décisions modernes qui ne reposent pour nous sur aucune base intelligible et à y obéir... » Il s'interrompt pour mordre un bon coup dans sa carotte de tabac puis dans un *emakat*, et je suis tout attendri de voir que son visage est redevenu rieur. Puis il prend un soin infini à remonter un pan de sa couverture pour la remettre en toge à l'épaule. Bien qu'impatient d'écouter la suite, je suis gagné par sa joie et c'est elle qui retient mon attention.

« Pour nous, ce qui compte, c'est d'obéir aux lois de la nature et remercier Enkaï de l'abondance qu'il nous procure chaque jour », reprend-il en déployant ses longues mains en direction du ciel. Portée par la puissance de ses propos, sa voix semble elle-même soudainement raffermie. « Nous approprier cette terre, cette eau, cet air, c'est renier Dieu, c'est du suicide. Les hommes savent-ils, dans ton pays, Xabio, qu'ils sont en train de se polluer intérieurement en acceptant toutes ces fausses valeurs ? Si on est pollué intérieurement, comment continuer de respecter la nature et ses lois ?... Nous, Maasaï, nous avons toujours obéi à l'impulsion du cœur, reliés à l'être, car nous savons que c'est la clé pour recevoir les dons d'Enkaï, ne pas avoir de pathologies et évoluer vers le meilleur. Quelles que soient les apparences du moment, c'est la lumière qui gagne toujours ! » Il a parlé quasiment d'une seule traite, ce qui ne lui ressemble pas. Habituellement, chaque phrase est ponctuée d'une courte pause, là non. Je suppose donc que ce qu'il vient de me dire contient l'essentiel de ce qu'il a à me révéler aujourd'hui. C'est du moins ce que je pressens, alors que les premiers *kii wiit wiit* des vanneaux couronnés se font entendre. Mais à peine ai-je le temps de tenter d'assimiler et de comprendre le sens profond de ses paroles qu'il m'empoigne le bras droit, fixant mes yeux de son regard qui me semble, comme d'un coup de baguette magique, avoir recouvré toute son acuité ! Que reste-t-il de si capital à dévoiler qu'il ne m'ait déjà dit ?

« ...Tu le sais bien, Xabio, tu le sais bien !... Nous autres, Maasaï, nous avons compris l'absolue nécessité d'être bien construit soi-même pour respecter les autres. Tu en as fait toi-même l'expérience, n'est-ce pas, Xabio ?

— *Éé*, acquiescé-je assez timidement parce qu'entièrement à l'écoute.

— ... Pour bien vivre en communauté, il faut avoir les qualités humaines requises de pureté, de sociabilité et d'entraide. Chez nous la richesse n'a rien à voir avec le fait de posséder des choses matérielles, celui qui est riche c'est l'*enkaminin*, le "bienfaiteur", parce qu'il sait se montrer généreux et qu'il est sociable, toujours disponible pour aider les nécessiteux, et enfin parce qu'il a un sens de l'humour très affûté, ce que nous aimons par-dessus tout. Dans les débats, il ne poursuit qu'un seul but, celui d'atteindre en toute sérénité le consensus, que nous qualifions d'*anyorraa*, c'est-à-dire rien d'autre que le fait d'aimer (*anyor* signifie d'ailleurs "aimer"). » *Mamaï* choisit cet instant précis, ce qui est plutôt drôle, pour interrompre le flot de son divin mari et nous proposer une tasse de thé ! Elle me tend un quart bouillant avec une sorte d'air entendu... *Papaaï*, lui, ne rit plus ; il veut continuer, il a tant de choses à me transmettre !

« Pour être reconnu comme un *enkopiro*, il a bien fallu que je possède toutes ces vertus, mais aussi et surtout que je dise le droit en sachant écouter et éviter de parler pour ne rien dire. Chez nous, le mot qui désigne le droit, c'est *esipata* qui signifie "vérité". Dire le droit est on ne peut plus facile, il suffit d'être vrai (*asipa*) et de parler vrai (*asip*). Car seule la vérité est à même de nous libérer. Aujourd'hui, ceux qui se disent des politiciens et nos représentants font l'inverse, ils n'écoutent plus, mais par contre nous avons l'ordre de leur obéir... Tout ça pour nous imposer un pouvoir, un contrôle et une manipulation qui n'ont plus rien à voir avec les lois de l'univers et de la nature que nous respectons depuis la nuit des temps. Dire que la première fois qu'il a fallu choisir parmi nous des personnes pour nous représenter, au niveau du district ou à Nairobi, nous avons fait en sorte de nommer les personnes les plus ignorantes de la tradition, celles que nous considérions comme les moins talentueuses. Elles ne nous servaient à rien et nous avions l'intuition que la modernité non plus. De toute façon, nous nous croyions protégés pour toujours par rapport à cette politique-là, à laquelle nous ne nous intéressions pas puisque nous ne la comprenions pas... Aujourd'hui, cette erreur d'appréciation nous a rattrapés ; la confusion la plus extrême s'est installée chez nous pour très longtemps, sous le masque de la politique et de tous ces projets de développement qui nous apportent pour la première fois de notre existence la misère, en même temps que la destruction finale de nos herbages, de nos montagnes, de nos forêts et de nos sources d'eau pure... Tous ces soi-disant représentants ne représentent plus qu'eux-mêmes et leur égoïsme ! Et nous, les "plumes", qui représentons au plus profond de nous-mêmes la culture maasaï, on ne nous consulte même plus ! »

Papaaï est demeuré parfaitement calme et serein, malgré le cri de ses paroles. J'ai le sentiment qu'il pourrait continuer à me parler ainsi pendant des heures de sujets aussi graves, tout en dégageant un réel plaisir et sans s'énerver le moins du monde – comme si le fait de s'exprimer avec des mots choisis libérait chez lui de l'endorphine... Mes poumons se dilatent dans la fraîcheur du soir, et lui continue, de son timbre certes affaibli mais toujours aussi magnétique : « Je vais bientôt quitter mon corps, tu sais, pour passer ailleurs... Je vais vous quitter au moment où vous avez atteint la limite de dégradation de l'environnement et de l'humanité. J'ai fait un rêve : les hommes du monde entier étaient nettoyés à l'eau pure... Trop de cruauté, de violence, de chaos, d'exploitation et de souffrance... Les Maasaï ne comprennent pas que l'on puisse posséder la terre ; les politiciens nous ont obligés à adopter le principe de la propriété privée, que nous avons toujours rejetée comme une chose mauvaise. Le résultat, c'est qu'on est en train par ce biais de nous la voler entièrement... »

Le cœur de *papaaï* me parle encore, alors que ses paroles viennent de faire une pause. « Sais-tu, Xabio, poursuit-il infatigable, que depuis trois ans, un nombre élevé de Maasaï, dont beaucoup de jeunes gens de ta classe d'âge, ont délibérément décidé de quitter leur corps, comme certaines espèces animales qui se sacrifient pour que s'opère le grand nettoyage, pour que ceux qui restent reconnaissent la négativité qui les court-circuite et soient à nouveau reliés aux vraies valeurs ? C'était impensable pour nous d'en arriver là, à décider soi-même, de son propre chef, de quitter son corps. C'eût été inimaginable voici à peine dix ans... Xabio, c'est parce que tu as été un Maasaï dans une autre vie, que tu comprends tout cela, que tu vas transmettre notre message aux peuples de la Terre... Tu as été choisi pour leur dire qu'il faut arrêter de transgresser les lois divines sur lesquelles la culture maasaï a reposé jusqu'à aujourd'hui. Nous avons longtemps résisté, mais je sais que nos valeurs d'empathie et d'amour vont revenir et se propager comme un feu d'herbes sèches avant les pluies ! »

Je mets un temps assez long à comprendre. *Papaaï* me tapote les mains, comme s'il regrettait de m'avoir donné à penser qu'il dramatisait, alors qu'à aucun moment il ne s'est laissé perturber par une quelconque sensiblerie. En fait, je le sens branché sur le fond de ma conscience, sur ce que dit ma petite voix intérieure, parce qu'il sait bien, j'en suis sûr, qu'elle est la même pour tous les êtres humains, à condition de la solliciter. C'est donc à moi qu'il reviendra maintenant de l'éveiller, ou de la réveiller. Ma future mission ! *Ashe naleng, naleng, papaaï laï !* (Merci beaucoup, mon père aimé)... en agissant en vrai Maasaï, je saurai être à la hauteur !

***Vendredi 7 janvier**, Naïbor Ilariak, maison de Selenoï, 19:00*

J'ai repris le chemin emprunté avec la belle et tendre Selenoï un jour de 1983. Des sensations très douces sont remontées à la surface, de mon invincibilité de l'époque... Je suis repassé par la ravine bordée d'acacias parasols et parsemée de rochers ronds où nous nous étions étroitement enlacés. Ce que la vie m'a réservé ensuite m'est revenu et j'en ai conclu que je n'avais pas changé. Je veux dire dans l'idée très concrète que je me suis toujours fait de la vie, à savoir qu'à tout moment elle est prête à nous offrir ce dont nous avons besoin et plus encore, à condition que sans relâche nos pensées correspondent au but que nous poursuivons. Si je n'ai pas changé, tel n'est pas le cas en revanche de la plaine perdue et sauvage de Kerasha, complètement repeinte en blanc par l'invasion des séduisantes fleurs à grandes corolles de l'ipomée à feuilles persistantes, et de ce fait désertée par les ruminants ! Je constate, impressionné, combien un environnement riche, mais fragile, peut se modifier en aussi peu de temps.

Après m'être perdu cent fois, je suis enfin parvenu à Naïbor Ilariak et je viens de retrouver Selenoï. Elle s'est installée ici, chez ses parents, depuis qu'elle a divorcé (eh oui ! les Maasaï aussi divorcent). Son mari, qui s'était mis à boire peu après avoir vendu les trois quarts de son lopin de terre, avait commencé à la battre régulièrement ; les anciens, *papaaï* en tête, l'ont donc autorisée l'an dernier à le quitter, en emmenant ses deux enfants et le troupeau familial dont ils hériteront. Comme elle réajuste la grosse bûche de commiphora sous le fait-tout, les braises assoupies s'enflamment d'un coup. Les lueurs vives du feu dansent à présent sur la douceur magnétique de son si beau visage. Non seulement ses traits n'ont rien perdu de leur expressivité, tout comme elle a gardé sa fierté naturelle de femme sublime, mais avec ses cheveux taillés très haut en triangle et les trois cercles dessinés à l'aide d'un suc végétal autour de ses grands yeux en amande, on se croirait en présence de la reine de Saba en personne ! Elle qui avait tant tardé à donner naissance à des enfants en a maintenant trois : deux filles, l'une de six ans et l'autre de trois, absolument délicieuses, qu'elle a donc eues avec son ex-mari, et... un petit dernier d'à peine trois mois qui suce voracement l'un de ses seins, si mignons, en quête de lait. Elle l'aurait eu avec un amant... de ma classe d'âge ! J'aimerais me pelotonner sur son ventre comme le nourrisson, tandis que m'enlace la berceuse que Selenoï murmure à son fils. Celui-ci sera considéré comme un *olentito*, c'est-à-dire un « fils de fille », et en tant que tel intégré, non pas au clan de son père comme ses deux demi-sœurs, mais à celui de sa mère. La pratique est couramment admise chez les Maasaï, qui ne s'en formalisent pas à partir du moment où justice a été rendue et que les parties sont satisfaites. « *Ng'oto* Peron ! » (mère de Péron !) Je le répète plusieurs fois, pour la taquiner. Dès qu'une femme a un fils, le nom courant qu'elle porte est en effet celui-là : *ng'oto* (mère de), suivi du prénom de son fils. Je m'amuse donc à imaginer qu'elle ait appelé son fils Peron ! Invariablement elle me répond : « Ce n'est pas ton fils, ce n'est pas ton fils !... » en riant, puis en me scrutant avec une infinie tendresse...

Un peu plus tard, elle vient me rejoindre sur le grand lit, toujours avec son petit bout de fils accroché à ses seins généreux. Elle me parle tout en me caressant le visage. La teneur et la gravité de ses propos se rapprochent étrangement des révélations de *papaaï* : « Tout change, tu vois, ici. Tout va très vite, la terre est bouleversée, la confusion est dans les têtes... Mais je sais que quelque chose de grand naîtra de ce chaos momentané. Je ne blâme personne, je suis bien. En étant seule, je veux dire sans mari, j'ai remarqué que je vivais mieux, plus forte, plus concentrée sur ce que je fais, plus confiante dans l'avenir. J'ai rêvé que les femmes sauveront les Maasaï de leur enfermement actuel. C'est parce qu'ils sont moins reliés qu'avant à la nature et à Enkaï que beaucoup d'hommes ont perdu tout espoir... Je t'aime, Peron, parce que tu sais écouter... »

9

– 2003 –

AVEC KENNY MATAMPASH OLE MERITEI SUR LES ROUTES DE FRANCE

« Tu ne crains pas le soleil ? » lance Marc à Kenny en arrêtant sa main qui allait abaisser le pare-soleil. Nous sommes quelque part sur l'autoroute entre Paris et Lyon. Mon ami et complice Marc Bernol s'est proposé pour être notre chauffeur à Kenny et moi, dans notre tournée des grandes villes françaises. Ayant intuitivement ressenti l'urgence d'éveiller les consciences, j'ai fait venir mon *pakiteng* pour qu'il enseigne en direct ce qu'on ne trouve pas dans les livres. Au total, une dizaine de conférences sont au programme dans tout le pays. C'est ainsi qu'après Poitiers et Paris, où l'audience, nombreuse, pleurait en l'écoutant vibrer, nous sommes en route vers l'ancienne capitale des Gaules pour que mon frère maasaï enflamme un nouveau public. Avec Kenny à ses côtés vingt-quatre heures sur vingt-quatre, on ne ressent ni les kilomètres ni la fatigue. La grâce, le rire et la légèreté sont nos atouts, à lui autant qu'à moi, pour transmettre ce que l'on est. C'est cela, je l'ai tout de suite remarqué, qui marque les gens et fait tomber les masques ; les hommes, les femmes et bien sûr les enfants se retrouvent instantanément à travers lui...

« Non, répond-il, j'en ai besoin pour me recharger, comme l'essence que tu mets dans ta voiture, je suppose ! » Marc se tourne vers lui et éclate de rire, plus du tout à sa conduite. Bien que le véhicule continue sa route sans danger apparent, je le rappelle à l'ordre de l'interstice dans lequel je suis coincé, au milieu d'un capharnaüm de livres, de bâtons maasaï et de sacs de voyage. Mais notre chauffeur est beaucoup trop absorbé dans sa conversation avec Kenny pour m'entendre. « Je suis sûr que tu as été un pharaon dans une autre vie, les Égyptiens étaient admirablement synchronisés avec la pulsation vibratoire et énergétique du soleil, qu'ils appelaient Amon-Rê ! » Kenny se retourne vers moi sans mot dire, mais à l'étincelle de ses yeux je ne doute pas que Marc a tapé dans le mille. « Ce que je sais, c'est que des Maasaï ont été des conseillers des pharaons et que prier, en maa, c'est... *aomon* ! » nous apprend-il dans un grand éclat de rire, comme une évidence. Au timbre de sa voix, il ne plaisante cependant pas... Scientifiquement, il n'y aurait absolument rien à ajouter sur le sujet, au risque d'être pris pour un « illuminé » peu crédible. Mais... je pressentais, sans l'avoir jamais exprimé comme Kenny vient de le faire, que des savants qui travaillaient auprès de la chambre du roi sur la tradition originelle avaient mis au courant les pharaons de l'existence des Maasaï et que des ancêtres des *iloïboni kitok* que j'ai rencontrés avaient fort bien pu être emmenés à la cour égyptienne pour échanger certains secrets initiatiques...

Depuis que nous sommes réunis, et tandis qu'on a vraiment l'impression de se connaître depuis toujours – alors que Marc a rencontré Kenny pour la première fois il y a seulement trois jours, à sa descente d'avion –, il s'est déjà passé un million de choses toutes plus étranges les unes que les autres. Par exemple, la rencontre de cette fillette tout à l'heure, qui illustre sans doute ce que mon frère vient de dire à propos de la connexion égyptienne ! Nous étions morts de faim car, pris par les contraintes horaires des conférences et des trajets en voiture, nous n'avions rien mangé depuis la veille. Nous nous sommes donc arrêtés dans l'un de ces temples de la « malbouffe » qu'on appelle restauroutes. Nous grignotions une pizza surgelée absolument infâme dans cette espèce de hall de gare lorsque surgit de nulle part une petite fille que j'aurais fort bien pu prendre pour une enfant maasaï, avec son crâne rasé et son teint mat. Elle s'est ruée – le terme n'est pas trop fort – sur Kenny, a littéralement sauté sur ses cuisses sans demander son reste puis s'est blottie sans bouger pendant de longues secondes au creux de son épaule ! Et ce n'était que le début. Nous avons ensuite vu toute la famille (quand je dis toute la famille, c'est *toute* la famille : le père, la mère, le grand-père, la grand-mère, les frères et les sœurs, les oncles et les tantes, peut-être même les cousins...) se précipiter à son tour vers Kenny, pour finalement former un demi-cercle autour de lui et se prosterner à ses pieds. Je l'ai entendu prononcer à voix basse plusieurs phrases en arabe ; d'après lui, ils étaient précisément... égyptiens ! Banale coïncidence ? Je ne le crois pas. Qu'ont-ils échangé ? Pour quel genre de grand maître l'ont-ils pris ? J'ai eu beau interroger mon frère, il ne m'a jamais répondu. Pourquoi ?

Pour moi aussi, les choses ont bougé de façon étrange ces trois dernières années. À la fin de 2000, alors que, comme chaque jour de la semaine depuis que j'avais repris mon « job » dans la communication, je remontais de la Concorde à Montmartre, j'achetai une carte de la Bretagne. Arrivé chez moi, je l'ai dépliée, j'ai attrapé un stylo, l'ai tenu juste au-dessus les yeux fermés et l'ai lâché ; la pointe est retombée sur Pont-l'Abbé, capitale du pays bigouden, Finistère méridional. Bien que connaissant fort peu cette partie de la Bretagne, je n'ai pas tergiversé. La semaine suivante, j'y trouvais un appartement dans lequel j'emménageais aussitôt. J'avais lancé les dés, mais leur nouvelle combinaison me réservait des surprises que j'aurais du mal à qualifier de hasard.

Le jour de mon arrivée, accueilli par des voiles de bruine qui faseyaient dans la ria au-dessus de navires fantômes amarrés à leurs corps-morts, je fis la rencontre de Mireille, une magnétiseuse installée dans la fière ville de granit depuis de nombreuses années. Elle me rapporta ceci : « Ce matin, j'ai suivi une messe dite par l'envoyé du pape qui nous a révélé que Pont-l'Abbé est un point majeur du globe pour la réconciliation des hommes. » La réconciliation ? Comment ne pas y voir une traduction de l'équilibre pacifique des Maasaï ? J'étais perplexe. Mais ce qui s'ensuivit allait me le faire devenir mille fois plus. Le lendemain, alors que je venais de faire installer la ligne et de brancher un téléphone dont personne encore ne connaissait le numéro, la sonnerie retentit : « Allô ! Monsieur Péron ? Monsieur Xavier Péron ? Ici, le ministère des Affaires étrangères, on vous attend à Vienne, en Autriche, au siège de l'OSCE, la semaine prochaine. Vous venez d'être nommé *democratisation officer* au Kosovo »... Et quel est le rôle d'un *democratisation officer* ? Notamment organiser des réunions de réconciliation (entre les Serbes, les Albanais et les Roms-Tsiganes). Je suis donc parti au Kosovo et j'y ai passé le plus clair de l'année 2001, à tenter sans même m'en rendre compte de mettre en pratique l'enseignement maasaï. Au péril de ma vie, parfois... Comme cette fois où, ayant traversé le fameux pont de Mitrovica qui enjambe le fleuve Iba au volant de ma

Cherokee blindée, j'ai failli tomber dans un piège mortel : mon passager était prêt à ouvrir sa portière à des enfants lorsque, en un éclair, l'homme de mon rêve s'imposa à mon esprit. Dans un réflexe de survie dont je n'eus même pas conscience, je verrouillai les serrures à l'instant où le barrage se formait derrière les enfants pour nous attaquer. Mon ange gardien m'avait encore une fois sauvé. C'est à cet instant que j'ai compris : à travers moi, les Maasaï étaient venus dans les Balkans apporter leur éclairage sur le phénomène ethnique et la résolution pacifique des conflits !

Kenny s'est endormi, mais sa simple présence me remplit, sans doute parce que, comme le proclame Le Cantique des cantiques, « son corps dort et son cœur veille » ! Depuis 1996, l'organisation qu'il a créée pour venir en aide aux pasteurs destitués ou en difficulté, Neighbours Initiative Alliance, n'a fait que croître et, même si les Maasaï restent culturellement très discrets lorsqu'il s'agit de différencier le statut d'une personne par rapport à une autre, je suis quant à moi en mesure d'affirmer qu'il est tout simplement devenu, par sa maîtrise vraiment unique de la tradition et des arcanes de la modernité, LE porte-parole de la cause maasaï.

Mercredi 26 novembre*, salons de l'Embarcadère, Lyon, 20:00*

J'étais épuisé, et maintenant que je suis debout sur scène avec Kenny face à un public venu nombreux et plein d'attente, j'ai recouvré tout mon allant pour traduire la force de ses propos, souvent précis et imagés. J'ai maintenant l'habitude : grande fatigue avant la conférence, grande vitalité pendant et surtout après plus de deux heures d'un véritable one man show où il donne tout, et moi aussi donc, mais avec l'irremplaçable satisfaction d'avoir rechargé tous les heureux élus d'une nouvelle et bien belle énergie... Drapé de plusieurs épaisseurs d'*ilkarash* rouge vif et de parures de perles codifiées, il tient un *olkuma orok* dans la main gauche, libérant à dessein sa main droite pour créer un pont avec le public. Comme si, à travers elle, un fil invisible les reliait en permanence à lui de telle sorte à maîtriser les variations de leur flux émotionnel. En ce moment même, il pointe son index sur les gens médusés, en exhortant chacun à un minutieux examen de soi-même plutôt que de s'empresser d'accuser les autres : « ... Car, comme vous pouvez le constater par vous-mêmes alors que je vous montre du doigt comme je le fais maintenant, pour vous accuser de tous les maux qui m'accablent, vous ne voyez en effet que ce doigt dirigé contre vous. Pour ma part, j'en vois trois : le majeur, l'annulaire et l'auriculaire, qui sont repliés dans ma direction ! Alors, vous voyez, il n'y a rien à faire, ne cherchez plus de bouc émissaire, c'est fini tout ça... »

Le silence est profond. Kenny sait ménager ces plages-là, précieuses, comme autant de prières nous reliant à Enkaï ! Puis, comme on lance une bouteille à la mer : « Vous deviendrez le résultat de ce que vous pensez actuellement... Cela signifie que nous avons tous individuellement et collectivement la responsabilité de notre futur, uniquement par l'idée que nous nous en faisons, à condition que nous ne nous laissions pas polluer par toute cette sinistrose médiatisée qui tend à nous faire accepter la fatalité... J'ai foi dans les nouvelles générations, car elles refusent la froideur implacable du système et revendiquent je le sais un monde où régnerait plus d'amour, plus de lucidité et plus d'humanisme. Personnellement, je sens que plane au-dessus d'eux la sagesse de forces amies invisibles qui les guident vers des rivages inconnus de nous, pour sortir l'humanité du marasme de notre préhistoire... Nous, Maasaï, avons toujours su combien il était vital d'exister aussi naturellement que la nature elle-même, reliés à la terre et à tout ce qui l'entoure, responsables, chacun, dans sa capacité de s'assurer que tout impose respect et dignité. Comment l'homme peut-il posséder la terre ? Une fois qu'il la possède – nous l'avons sous les yeux partout, sous toutes les latitudes et aujourd'hui chez nous –, il peut en faire ce qu'il veut. Pourtant, elle ne nous appartient pas, elle est destinée aux générations futures. Nous sommes juste de bref passage, ayez toujours cela à l'esprit. Respectons-la, c'est un impératif, pour ceux qui vont nous succéder. Si on commence à y mettre des fertilisants, des pesticides et toutes ces choses chimiques hautement toxiques pour l'homme... dans vingt ans, ce sera mort. Et que fera la génération à venir ? Tout cela pour servir la société de consommation : j'en veux toujours plus, encore et encore... »

Mercredi 3 décembre, *jour de la fête de mon saint patron voyageur, conseil général du Finistère, Quimper, 11:00*

Tous les élus de ce département des « terres finies » sont venus accueillir Kenny. C'est la liesse. Nous nous tenons debout au micro au centre d'un immense hall, face à une foule de représentants des associations locales de défense de l'environnement. Kenny, qui vient de recevoir des mains du président un *cromach* (bâton des bergers celtes des monts d'Arrée) gravé à son nom – *Kenny Matampash ole Meritei* –, le scrute un bref instant avant de me le tendre pour garder libre comme d'habitude sa fameuse main droite. La gauche emprisonne déjà, outre le traditionnel *olkuma orok,* un imposant *esiare narok,* le bâton par excellence des aînés dans leur connexion divine. Après les discours de bienvenue très consensuels, Kenny attaque, sur un ton sans appel : « Vous êtes en train d'oublier l'essentiel, en Occident : l'humanité et la solidarité. L'Occidental me paraît bien solitaire, sinistre : il a peur... Mais de quoi ? Quelque chose vous fait défaut, nous sommes tous supposés faire de cette terre un endroit plus vivable, pas seulement pour en tirer plus de productions et plus de profits. La surexploitation de notre Terre-Mère n'engendre que peur et solitude... L'Occident est en train de s'étouffer tout seul ! Une chose me frappe beaucoup : pourquoi achetez-vous de l'eau en bouteilles ? L'eau, c'est la vie. Et vos enfants, vous y pensez ? » Je ris intérieurement en pensant à sa force d'adaptation, car Kenny n'ignore pas qu'à ses côtés se tient Kofi Yamgnane, un Togolais, ancien ministre et actuel vice-président du conseil général, chargé justement de la politique de l'eau ! Le message est on ne peut plus direct et imparable : « ... Savez-vous que plus des trois quarts de la structure physique de votre corps est composée d'eau, soit environ quatre-vingt-cinq pour cent ? Ses fluides les plus importants sont de l'eau transformée ; le sang, la lymphe, le sperme, le liquide cérébral, tout cela : de l'eau transformée contenant des codes de régénération des toxines produites par votre corps. L'eau, comme toute forme d'expression d'énergie de la Terre, peut réactiver ou neutraliser son potentiel énergétique, selon son usage et la personne qui l'utilise. Rappelez-vous que tout dans l'univers est conscient et répond aux ondes que vous émettez. Vous n'êtes pas seuls, vous êtes inter-reliés ; vous devez donc vibrer à l'unisson avec votre habitat, où vous prenez votre énergie et dans lequel vous vous régénérez harmonieusement. Chaque fois que vous polluez les éléments qui composent votre planète, vous engendrez des dysfonctions dans votre corps. À l'heure actuelle, votre conscience est si polluée qu'elle projette de la pollution sur l'environnement. Je suis sûr que vous en ressentez les effets, ça va très vite aujourd'hui. Tout est issu d'Enkaï, tout est sacré ; en ayant cette attitude, cette conscience, vous verrez combien l'harmonie, l'abondance et la paix régneront dans votre esprit, votre corps, votre cœur, et par conséquent sur cette Terre... »

Vendredi 5 décembre, *école primaire de Stang ar Coat, Quimper, 11:00*

Gabrielle regarde bouche bée et écoute l'Afrique, comme les trois cent cinquante enfants de son école, rassemblés afin que, plus tard, ils se souviennent ! Pas besoin de diapositives, de film ni de disque pour les captiver, il suffit de Kenny. En ce moment même, à quatre pattes, il marque son territoire par des jets d'urine sur les buissons et les troncs d'arbre, en grattant le sol, en écorçant les arbres, tout en poussant des cris rauques qui rappellent le bruit d'une scie coupant une branche morte : imitation parfaite du léopard. Puis vient le tour du guépard, dont il arrive à nous faire passer l'expression de tragique dans un visage marqué de larmes sombres semblant couler de l'œil à la commissure des lèvres. L'instant d'après, il observe une proie du haut d'une termitière imaginaire, puis s'approche de sa victime en se figeant à chaque fois qu'il risque de se faire repérer et finalement... déclenche l'attaque de ses pattes longues et sveltes. Un cri de bébé déchire la nuit dans la savane : il est à présent hyène, la démarche chaloupée, le dos légèrement tombant, les mâchoires surpuissantes ! La minute d'après, une reine au cou très élancé et à la démarche nonchalante avance comme au ralenti jusqu'au fond de la classe : la girafe.

Les enfants sont tellement absorbés, à l'unisson, par le spectacle qu'on a presque l'impression que Kenny a répété avec eux pendant plusieurs semaines. Avec une prestance quasi hiératique, il dégage maintenant une formidable impression de puissance, celle du roi des animaux : le lion, symbole de noblesse et de courage, dont il imite à merveille le fantastique rugissement. Tous les animaux du pays maasaï, oiseaux inclus, sont ainsi passés en revue, à la grande joie des enfants éberlués ! Kenny dessine ensuite au tableau noir les empreintes laissées au sol par chaque animal sauvage qu'il vient de mimer, en leur précisant que c'est ce qui permet à ses propres enfants, qui ont leur âge, de les reconnaître...

Mardi 9 décembre, *chez moi, à Pont-L'Abbé, 1:00*

Nous venons de rentrer de chez mon frère Patrick, qui nous avait invités à venir déguster un magnifique plateau de fruits de mer. Après cette chaleureuse soirée bien arrosée, nous n'avons qu'une idée en tête : dormir ! Je propose malgré tout une tisane de badiane à mes hôtes, au cas où il viendrait l'idée à de fort improbables reflux gastriques de troubler leur sommeil. En attendant qu'elle infuse, je jette un coup d'œil machinal au billet de retour de Kenny et soudain le plancher se dérobe sous mes pieds devenus fébriles. Je ne comprends pas, aurais-je mal lu ? Pour moi, c'était pourtant parfaitement clair : son départ était prévu à Roissy-Charles-de-Gaulle, comme je l'avais d'ailleurs annoncé depuis le début, pour le lendemain soir à dix heures et demie. Nous avions donc tout le temps de profiter de cette soirée afin qu'elle demeure pour nous et entre nous un dernier moment fort, clôturant de la meilleure des façons deux semaines que nous avions tous les trois intensément vécues. J'avais même bloqué de longue date pour Kenny deux rendez-vous avec des personnalités de l'Unesco, demain en fin d'après-midi. Nous avions donc quartier libre pour nous réveiller tranquillement et partir en milieu de matinée. C'est à n'y rien comprendre, mais enfin, la réponse est bel et bien là, sans pitié, sous mes yeux : dix heures et demie, et non pas vingt-deux heures trente. C'est-à-dire dans quelques heures ! Jamais de ma vie je n'ai commis une telle erreur. Je suis au contraire vigilant et précis jusque dans le moindre détail lorsqu'il s'agit d'organiser quoi que ce soit ; alors, s'agissant du vol de Kenny, qui doit en plus se rendre en Éthiopie dès son retour et ne peut donc se permettre aucun retard, au risque de bouleverser en chaîne un emploi du temps minutieusement prévu depuis longtemps...

« C'est ce matin ! Le départ de l'avion... c'est ce matin ! » Marc, qui semble le plus frais d'entre nous, ne tergiverse pas une seconde : « Nous avons juste le temps, Xavier. Remplace juste la tisane par du café, je crois que nous en aurons besoin ! » Kenny, royal, n'a pas fait la moindre remarque ; il a le même sourire de joie qu'à la minute précédente lorsqu'il s'apprêtait à goûter aux délices de bons draps douillets, désormais tout aussi prêt à affronter les frimas d'une nuit glaciale. Bien sûr, pour partir, il prend soin de remplacer ses drapés traditionnels par un pantalon, une chemise de laine et un chandail, mais quand même ! Je culpabilise et une pensée m'obsède : avec ce que l'on a bu et à cette heure-ci, comment allons-nous rester éveillés jusqu'à Paris ? Pour ma part, je n'en peux déjà plus. Nous décidons, Marc et moi, de nous relayer au volant toutes les demi-heures ; l'un conduira pendant que l'autre dormira, c'est l'idée. Géniale ? Hum ! Kenny s'approche soudain de Marc pour le prendre dans ses bras et lui dire ceci : « Tu es un être de lumière. Prends mon *esiare narok* en souvenir de moi. Il te protégera, ce sera ta connexion avec Enkaï, avec moi, ainsi qu'avec l'ensemble du peuple maasaï. Si tu vas marcher en forêt avec lui, il te rechargera en énergie vitale. Si tu crées, il t'apportera l'inspiration. Si tu crois, il te donnera l'abondance. *Ashe naleng, naleng !* »

Une corne de brume me berce, je suis délicieusement bien. Mais tout à coup je sursaute et je prends brutalement conscience qu'il s'agit d'un énorme semi-remorque venu à nous toucher pour tenter de nous réveiller en faisant hurler sa trompe ! Il était plus que temps en effet : la voiture glisse onctueusement mais invariablement du bas côté de la voie express jusqu'au rail de sécurité central. Marc, s'il conduit toujours, le fait d'une façon peu orthodoxe : la tête posée sur le volant ! Je crois même entendre le doux son d'un ronflement en provenance de notre chauffeur. À moins que ce ne soit Kenny ? Car, côté passager, lui non plus ne bouge plus et, à n'en pas douter, dort profondément. Ce spectacle est tellement improbable que je mets une seconde – une éternité – à réagir.

De demi-heure en demi-heure, de sommeil grapillé en conduite minutée, nous réussissons malgré tout à atteindre les portes de la capitale. Kenny, lui, dort toujours. Mais il est maintenant neuf heures trente et nous n'avançons plus, visiblement bloqués dans un bouchon. Je craque : « Ce n'est plus la peine. L'avion décolle dans moins d'une heure et on est encore loin de Roissy. Avec ce bouchon en plus... », dis-je à Marc piteusement. Il m'interrompt avec un calme qui me déconcerte, vu les circonstances : « Kenny aura son avion ! » En effet, à peine a-t-il parlé que la voie s'éclaircit d'un coup. Marc se faufile alors, le geste précis, sûr de son fait : nous serons à l'heure. Une véritable gageure en vérité car, même si nous arrivons à temps, je sais qu'il est impossible d'être accepté sur un vol quelques minutes seulement avant le décollage de l'avion ; c'est du moins ce que ma raison affirme.

« Foncez, je vous laisse à l'entrée. Moi, je vais devoir aller garer la voiture au parking du sous-sol : il y a la police, je ne peux pas rester ici », nous crie Marc en arrivant à l'aéroport. J'ai déjà en main le bagage de Kenny. Il enlève mon pardessus et nous courons comme des dératés ; je n'y crois toujours pas. Nous venons de franchir la porte B... Kenny s'immobilise alors et déclare posément : « J'ai laissé le billet dans la poche de ton manteau ! » Il s'est déjà éclipsé en sens inverse. Là, je n'y crois plus du tout. C'est fini, point final. *Tant pis ! nous aurons tout tenté.* Une minute à peine s'écoule et je le vois revenir avec Marc. Celui-ci m'explique qu'à l'instant même où nous avons disparu, une place s'est libérée devant la porte principale. Il reste moins de dix minutes avant le départ de l'avion ; nous courons vers le guichet d'enregistrement du vol KLM pour Nairobi. Nous courons, je n'ai pas le temps de réfléchir, je cours... Il n'y a plus personne. Ah si, j'aperçois deux hôtesses en train de plier bagage et de se lever ; évidemment, l'enregistrement est sûrement clos depuis belle lurette...

« Urgent ! Ambassade ! Kenya ! » Marc a prononcé ces mots tranchants d'une voix ferme. Ils restent en suspension ce qui me semble une éternité, puis j'observe, incrédule, une main hésitante se diriger vers le téléphone et appeler le commandant de bord de l'avion, déjà en bout de piste. À cet instant, je sais que Kenny sera au Kenya ce soir. Je pose sa valise sur la balance qui précède le tapis roulant. Cours, Kenny, cours, ne t'arrête pas de courir, *ayia naa duoo sere, ashe naleng* (au revoir, à bientôt, merci beaucoup)... Comme quoi il importe d'aller jusqu'au bout, il ne faut rien lâcher, une porte finit toujours par s'ouvrir.

ÉPILOGUE

— 2006 —

Seul celui qui reste libre envers et contre tout et tous peut propager et maintenir la liberté sur terre.

Stephan ZWEIG.

Dimanche 8 octobre, Karrec-Hir, pays pagan, grande marée d'automne, coefficient de 114, une heure après la renverse

Cela fait deux heures et demie que je pêche à présent et j'ai le sentiment étrange d'avoir vu défiler en accéléré les images les plus marquantes de ma vie, tandis que d'inquiétantes queues de lions ondulent devant moi entre deux eaux (mais ici ce sont seulement des algues). La bruine s'est encore épaissie et la mer commence à m'encercler. Tout autour de moi, des sternes et des mouettes se laissent tomber comme des pierres pour se régaler d'un banc de sprats. Je suis fourbu mais heureux. Je m'arrête un instant, pose mes haveneaux, soulève la perruque de goémon qui protège mon butin et passe délicatement la main jusqu'au fond du panier, parmi les bouquets aux rostres vengeurs. Il doit y en avoir pas loin de huit cents grammes ! Bien assez. D'ailleurs, si je m'écoutais, je les relâcherais sur-le-champ tant je culpabilise de les avoir ainsi soustraites à leur milieu naturel. Mais leur chair est si délicate sur une tartine de pain grillé au beurre salé...

Je décide de me rapprocher de la dune, non pas que je craigne de me retrouver sur un tas de cailloux soudainement transformé en îlot, car nous n'en sommes pas encore à la seconde phase de crue, la plus forte, celle qui oblige à revenir à la nage le panier sur la tête ! Non, je crois que j'en ai assez, tout simplement. Comme les sternes, qui ont cessé de piailler. Bien sûr, au moment où je me fais cette réflexion, une formation de cormorans se dirige comme pour me contredire précisément là d'où je viens, c'est-à-dire là où les courants de haute mer, ces deux prochaines heures, vont devenir des plus fructueux. Décidément, la nature est mystérieusement réglée selon des signes invisibles pour nous. Si je rentre plus tôt que je ne le ferais habituellement, c'est aussi parce que je suis encore sous le choc de ce que ma mémoire vient de me faire revivre. Sans doute le fait d'avoir juste achevé de tourner un second film sur les Maasaï (avec Kenny pour héros[1] !) n'est pas étranger à cette marée de souvenirs. Je suis bien sûr encore tout imprégné de ce projet.

J'ai voulu marquer les esprits sur le mal qui est fait aux Maasaï depuis tant d'années, sur nos fausses valeurs de l'argent qui les étouffent, sur leur terre réduite à une peau de chagrin. J'ai voulu faire cela justement au moment clé où des Maasaï ont commencé à demander des comptes à la Couronne britannique au sujet des traités ignominieux et iniques de 1904 et 1911. Au moment clé aussi où l'organisation de Kenny est reconnue par l'ONU, malheureusement pour prendre

1. *Maasaï, Terre interdite*, document-quête de 52', coréalisé avec la réalisatrice suisse Kristin Sellefyan, Dev-Tv, TSR, 2006.

en charge la répartition de l'aide d'urgence en pays maasaï, frappé par un cycle de sécheresses sans précédent qui ne semble plus vouloir s'arrêter !

Comme par hasard, simultanément avec ces événements géopolitiques, j'ai rencontré Kristin Sellefyan, une réalisatrice qui non seulement convenait parfaitement à la mise en images de tout cela, mais qui comprenait... Ce film est un cri, selon la propre expression de Kenny, un cri pour dire stop ! Un cri pour la vie ! Un cri pour un nouveau souffle ! Et ce souffle plein de vie donné par un peuple premier toujours en vie malgré le destin lamentable qu'on lui réserve, est – je le sais et je l'affirme en criant à mon tour – le second souffle dont l'humanité a aujourd'hui besoin, car ces êtres encore reliés ont pour mission de nous aider à survivre. Ils constituent un réservoir d'amour et de fraternité, un poumon d'oxygène et un exemple pour nos enfants, et puisque, selon la physique quantique, tout est lié, en prenant leur défense, les plus féroces des exploiteurs seront les premiers à bénéficier du changement d'attitude et finiront par se détendre !...

Le film de ma vie a défilé tout à l'heure en couleurs dans mon esprit ; mais c'est un film en noir et blanc que j'ai sous les yeux en atteignant le sable détrempé de la plage. La brume s'est levée, je tremble – de froid ?

Lexique

QUELQUES MOTS DE MAA (ET DE SWAHILI[1])

Agam : être unis
Aïbonoki : faire des prophéties
Aipok : purifier
Anyor : aimer
Aomon : prier
Asip : parler vrai
Asipa : être vrai

Chaï : le thé
Chapatis : galettes de riz (mot swahili)

Éé : Oui
Emakat : pierre de sel critallisé
Emanyata (pl. *imanyat*) : villages des moranes
Emayian : bénir
Emowuo olkiteng : cérémonie de la Corne du bœuf
Emurata : circoncision
emurata tatene : circoncision de la main droite
emurata kedianye : circoncision de la main gauche
Enkaji : maison maasaï traditionnelle
Enkaminin (pl. *inkaminin*) : bienfaiteur

1. Les quelques mots de swahili qui figurent dans ce lexique sont employés couramment par les Maasaï.

Enkaminino : la générosité
Enkang : village
Enkang olorikan : cérémonie du Village des tabourets
Enkanyit : le respect
Enkipaata : cérémonie de la Danse
Enkishomi : barrière familiale
Enkitok : la femme – quelque chose de grand, de précieux, d'important
Enkoïtoï : chemin
Enkopiro : plume légère
Enkukuo : charbon de bois
Enkurma : brouet à base de farine de maïs
Entaloïshi : poteau
Eruat kitok : grand lit
Esiare narok : bâton de marche en ébène
Esipata : la vérité, le droit
Eunoto : cérémonie de la Plantation

Ilkarash : drapés-robes traditionnels
Ilmao : les jumeaux
Ilmerisho : les Vainqueurs
Iloïboni kitok : à la fois grands prêtres, médiateurs divins, prophètes et hommes-médecine de très grande renommée
Iloopapaaï enkimaï : « pères de mon feu », aînés du groupe d'âge deux classes au-dessus
Iloshon : sections tribales-territoriales
Iltepes : pluriel d'*oltepesi*
Ing'udisin : bâtons de berger
Inkaminin : pluriel d'*enkaminin*
Inkanasan : grands villages où plusieurs familles vivent ensemble
Inkishu : les vaches
Isipolio : jeunes gens récemment circoncis

Karibu : Bienvenue (en swahili)
Kule naaoto : lait caillé

Loïbon : version francisée du mot maa *oloïboni* (homme-médecine)

Mamaï : Mère
Matatu : taxis collectifs

Nanyokie : rouge (comme la terre)
Narok : noir (comme la nuit)
Ng'oto : mère de

Odomong'i : moitié droite (rouge comme les bœufs de couleur rouge)
Oinkat : gnou
Olalem : courte épée
Olamal : délégation rituelle
Olashumpaï : Européen
Olentito : fils de fille
Olkarasha (pl. *ilkarash*) *leatua* : drapé noué à l'épaule et cousu sur les côtés
Olkishuroto : opération punitive orchestrée par les femmes contre un homme et une femme ayant enfreint un interdit sexuel
Olkuma orok : bâton de porte-parole
Olmarei : la famille composée
Olmosori : calebasse à hydromel
Olmurrani (pl. *ilmurran*) : morane
Olngesher : fête de la Claie à viande
Oloïboni (pl. *iloïboni*) : homme-médecine
Olorika : tabouret (à trois pieds)
Olotuno : le Planteur
Olpiron : bâton mâle qui allume le feu – par extension, lien de solidarité entre membres de deux classes d'âge alternées

Oltepesi (pl. *iltepes*) : acacia seyal
Orokiteng : moitié gauche (noire comme les bœufs de couleur noire)
Osingira : grande maison des rituels

Papaaï : père

Ugali : mot swahili pour l'*enkurma* maasaï

TABLE

CET OUVRAGE
A ÉTÉ ACHEVÉ D'IMPRIMER
SUR CAMERON
PAR L'IMPRIMERIE NIIAG
À BERGAME (ITALIE) EN FÉVRIER 2007

Composition et mise en page

NORD COMPO
multimédia

N° d'édition : L.01EBNN000102.N001
Dépôt légal : février 2007